中国近代史学博士论丛

晚清汉冶萍公司体制变迁研究

李玉勤 著

中国社会科学出版社

图书在版编目（CIP）数据

晚清汉冶萍公司体制变迁研究／李玉勤著．—北京：中国社会科学出版社，2009.9

（中国近代史学博士论丛）

ISBN 978－7－5004－8110－2

Ⅰ.①晚…　Ⅱ.①李…　Ⅲ.①汉冶萍煤铁厂矿公司—企业管理制度—研究　Ⅳ.①F429.63

中国版本图书馆 CIP 数据核字(2009)第 158271 号

责任编辑　张小颐
责任校对　王兰馨
封面设计　康道工作室
技术编辑　张汉林

出版发行　中国社会科学出版社
社　　址　北京鼓楼西大街甲 158 号　　邮　编　100720
电　　话　010—84029450(邮购)
网　　址　http://www.csspw.cn
经　　销　新华书店
印　　刷　北京新魏印刷厂　　装　订　广增装订厂
版　　次　2009 年 9 月第 1 版　　印　次　2009 年 9 月第 1 次印刷
开　　本　710×980　1/16
印　　张　15.25　　插　页　2
字　　数　211 千字
定　　价　29.00 元

序　言

李玉勤的博士学位论文《晚清汉冶萍公司体制变迁研究》行将付梓出版，值得祝贺。该书系李玉勤在博士论文的基础上经过修改和补充而成。她在2008年夏通过博士论文答辩后，根据评审委员会委员和答辩专家的意见，对原学位论文进行了仔细的修订和补充。现在出版的这部书稿，就是经过修订的博士学位论文文稿，可谓是潜心之作。

李玉勤博士论文研究的内容，是晚清中国近代企业制度的演变，属于中国近代企业史的范畴。企业史是国内经济史学界多年来研究的热点和重点之一。20世纪90年代以来，通过探索近代企业制度深入考察近代中国社会经济发展的特点，成为中国近代企业史研究中的中心问题之一。中国社会科学院经济研究所、上海社科院经济研究所和各大学为代表的经济史研究机构和不少学者，以近代企业制度为中心议题，发表过多种研究论著，举办过多次学术会议，推动了这一研究课题的深入开展。这些成果从多方面入手，较为全面地展示了中国近代企业制度演变、运作及其存在的特点和问题。迄今，这一领域的研究正在向纵深推进，可以预料，还会有更多值得关注的成果将不断问世。

李玉勤的这本专著，以晚清中国企业史上的钢铁企业汉冶萍公司为例，以主事官员在选择和改变企业制度时的政治动机为线索，具体探讨了晚清时期企业制度发展变迁过程中政治左右经济这一现象和背后的根源。政治与经济间的关系是人所共知的命题，也是史学界久为关注的重点。李玉勤从主事官员政治动机的角度出发探讨政治影响和左右汉冶萍公司体制变迁的过程及其根源，是在老问题中挖掘新的视野，对近代企业制度的研究做出了有益的探索。总体来看，该书稿在以下几方面具有一定的进展和创新意义：

第一，对汉冶萍公司在晚清时代的体制变迁做出了较为全面的梳理。近代以来，伴随着西学东渐局面的形成，西方股份制企业制度也随之传入中国，并逐步与近代中国的企业制度融合接轨。19 世纪 70 年代产生的官督商办企业，实际是一种中西结合的企业制度。20 世纪初，内外形势迫使清政府采取多种措施推进国内企业发展。可是，晚清时期清政府的新政并未能取得明显的成功。作为晚清时期创办的钢铁企业，汉冶萍公司是当时中国兴办的大型企业的典型代表。煤钢铁兼营，地跨湖北、湖南、江西三省，规模庞大；资本额在晚清创办的企业中也最多；回报周期长、经营风险高，对于采用先进企业制度以改变命运的呼唤也最迫切。同时，它在晚清短短的时期中经历了从官办到官督商办再到股份制的体制转轨过程，这在当时是较为少有的。但最终，汉冶萍公司并未因企业制度的转变而摆脱经营的难局，其原因何在？因此，分析汉冶萍公司的转轨失败及存在的问题，对于理解晚清时期中国近代企业普遍存在的问题具有十分典型的意义。李玉勤的专著从李鸿章、盛宣怀于 19 世纪七八十年代主持兴办湖北的煤铁事务着手，对汉冶萍公司经历的官办、官督商办再到股份制企业等体制变迁，进行了较为详尽的梳理，对其背后左右企业制度演变的原因进行了分析，这有助于深化晚清时期中国近代企业制度的研究。

第二，李玉勤以张之洞、盛宣怀等人的个人政治动机着手展开研究，开拓了新的研究视角。中国古代历史上所形成的高度集权的封建君主专制制度，是一种极端自私和残暴的政治制度，封建制度本质上是一种“家天下”的制度，官僚对于皇帝只有人身依附关系，其命运完全操之于皇帝之手。这一政治制度对于封建官僚的影响是巨大的，他们在为皇帝服务的时候不得不考虑到自身的政治利益和安危祸福，以政治为出发点和归宿。晚清政府对地方督抚采用的分化、瓦解、抑制甚至打击政策，进一步加强了封建官僚在办理各种事务时的这种考虑。张之洞、盛宣怀在选择和改变汉冶萍公司的体制时，这一动机是导致其所作决定的主要因素。从根本上说，这一动机也是该企业转轨最终未能获得成功的根本因素。

历史史实本质上是历史人物活动的结果，历史人物活动时必然受其心理活动的影响。当然，在此过程中，个体心理受社会心理的制约，共同影响着历史进程。因此，揭示当事人真实的心理活动如何影响和左右其做出决定，从某一个角度来说，确实更容易接近历史史实的真相和本质。因此，作史者从这个角度来揭示历史人物的心理以及这种心理如何影响和左右历史史实的进程不失为一种探索的新途径。正如梁启超所说：“史家最要之职务，在觑出此社会心理之实体，观其若何而蕴积，若何而发动，若何而变化，而更精察夫个人心理之所以作成之表出之者，其道何由能致力于此，则史的因果之秘密藏，其可以略睹矣。”李玉勤此书以政治动机为线索对汉冶萍公司体制变迁所形成的影响及成败得失，做出了分析和探索，是一种有益的尝试。在作者看来，张之洞、盛宣怀等人在体制选择和改变上，过多地将捞取私利的个人政治动机放在首位，而不是将企业经济效益的最大化放在首位，在体制运作中仍然以传统的经营理念和方式为指导，以加强自身政治地位为出发点来办理企业，导致不可避免地出现种种背离体制精髓的行为。由此，作者进一步得出结论：以体制和主事者的经营理念与动机对于企业的影响而论，企业采用何种体制并不是最重要的，最重要的是主事者的经营理念和动机。如果晚清政府官僚能够摆脱个人政治私利、从发展民族经济和增进国民收入的目的出发，那么，他们所主持的企业无论采用何种体制，都能够带来企业的发展和经济的繁荣，都是具有进步意义的。

事实上，动机分析是很困难的事情，首先是因为人的心理活动十分微妙和复杂，当事人对某一问题的动机可能受多方面因素制约，且一般不会把自己的真实想法公之于众。再者，中国古代社会潜规则盛行，潜规则和明规则交织，封建官僚往往说与思、行分离，说出来的未必是真实想法，没有说或者说的很少的，未必就不是其真实动机。这又为分析历史人物的动机增加了不小的难度。为了能够尽可能地勾画出历史的真实，李玉勤在史料的搜集和考证上花了很大的工夫，总体上还是取得了令人满意的成绩。

第三，将心理史学的研究方法引进到经济史研究领域。动机本身是一种心理活动，因此，动机分析不可避免地要运用心理学的知识和方法来展开研究。李玉勤展开的历史人物心理动机分析，事实上是心理史学研究的一种尝试。心理史学兴起于20世纪的美国，并于70年代后在史学研究领域形成一种时尚，在西方史学界占有一定的地位。80年代以后，国内心理史学研究有所发展，主要倾向是重视人的社会心理问题研究。迄今已经取得一定的成绩。有学者甚至将心理史学研究方法视为深化当代中国史研究方法论的利器。传统史学注重考证，强调论从史出，要求最大限度地发掘、掌握和使用权威史料，从而保证观点的可靠有力。无疑这是正确的。但单纯资料考证式的研究，反过来却又会使历史研究的方法过于单一。心理史学可以在一定程度上弥补这些弱点，在加深历史认识和理解上起到其他理论和方法无法取代的作用。李玉勤以晚清政治环境为时代背景，在分析考量张之洞、盛宣怀等封建官僚在体制决策和选择上的政治动机时，深入分析其个人思想、情感和行为，并通过这种分析探究个人心理对历史史实发展的影响，在分析的同时，进一步探索产生和制约这种个人政治动机的社会环境和基础。这种研究，成效如何固然可以见仁见智，但拓展了研究的思路这一点，想来是有益无害的。

当然，运用心理分析的方法存在一些弱点，如：史料不足，唯心主义倾向等。这也是至今心理史学并未促成历史学研究获得重大突破的原因。但不足固然是不足，本书所做的尝试仍然值得肯定。

第四，在尝试心理分析的同时，本书还运用了“潜规则”这一的概念。这一概念的提出者吴思，通过阅读大量的中国古代历史典籍后认为：中国古代社会存在着潜规则，即与明令制定的明规则相对立、在人们做出决定时往往起支配作用但不公开宣布的规则。吴先生的见解是独到和深邃的。潜规则往往是与法律和社会道德相违背的规则，但却在社会生活中大行其道，致使潜规则和明规则交织并行，人们在决策时需要在两者之间找到一种平衡。这就使人们决策的动机更为复杂化。然而，由于其特点在于起支配作用而又不公开表露的特性，在官方和私人庞大的档案中很难见到潜规则的明确记载，这就为从这个角度来研究历史带来很大的难度。因此，对于希望揭示真实历史人物的初衷来说，潜规则的存在对于传统史学强调史料考证的研究原则是一个挑战。难能可贵的是，李玉勤在研究中注意到了这一问题，对于史料没有记载或少有记载而时人留下了多种传言的事件以及某些显得微妙隐晦的言语等，借助潜规则的概念进行了客观合理的分析和推断。

本书还有不少值得肯定的探索，有一些观点和说法在答辩时得到了专家教授们的一致好评。当然，由于李玉勤是初次采用心理史学研究方法研究历史，一些地方难免存在主观倾向色彩过浓和结论尚有牵强之处，如在分析张之洞采用官办方式兴办企业的价值观等处时，就给人主观色彩过浓的印象。

在复旦大学求学的这三年里，李玉勤学习态度端正，治学作风严谨，有探索和独立思考精神，查阅大量资料的基础上撰成的本书，实属勤奋努力的硕果。值此书出版之际，特以此序言表示祝贺。同时也祝愿她今后在学术研究的道路上取得更大的成绩。

朱荫贵

2009 年 6 月于复旦大学历史系

中文摘要

鸦片战争以后，伴随着西方列强侵华步伐和西学东渐局面的形成，西方先进的股份制企业制度也开始引入中国，促使中国原有的企业制度向股份制靠拢、并逐步向股份制转轨。然而，晚清时期企业制度转轨中存在很多问题，转轨企业的经营成效并未有所改观。19 世纪晚期开始创办的汉冶萍公司，其体制变迁经历了官办到官督商办、再到股份制商办的转轨发展过程，在当时颇为完整。而且，汉冶萍公司属于重工业，投资大，技术要求高，是晚清规模最大的企业，其体制转轨中存在的问题同样具有典型性。笔者通过对决策者采用和改变体制的动机及其经营管理中的代表性案例的考察，试图找到汉冶萍转轨中存在的主要问题和失败的决定性因素，并为晚清企业转轨的失败找到具有普遍性的深层原因。

本书除导言和结语部分外，另有四章。第一章考察 19 世纪七八十年代办理湖北煤铁矿务时的企业体制及其相关问题，主要涉及：李鸿章、盛宣怀所依凭的政治人脉关系，选择和改变体制的原因和湖北煤铁事业夭折的原因等。通过考察发现，李盛决策时的价值观和经营理念没有超脱当时中国封建传统的儒家伦理和官僚心态，将经济事业的湖北矿务企业视为其政治事业的一部分，体制的选择和改变是从个人的政治私利出发。

第二章考察 1889—1896 年间的官办体制及其相关问题，主要涉及：张之洞选择官办汉阳铁厂及原因，张之洞与李鸿章、盛宣怀对铁厂体制的多次争议及实质，张之洞对铁厂的经营运作等。通过考察认识到，无论是张之洞选择官办、选址和人事任用，还是张与李盛的体制争议，都从多侧面展示出封建儒家伦理的支配、清政府“扬张抑李”政策的权谋、官场私利和争斗的博弈等等。体制的选择和改变，是多种政治因素综合作用的结果。

第三章考察 1896—1907 年间的官督商办体制及相关问题，主要内容包括：甲午战争从外部推动铁厂改制，张之洞、盛宣怀之间的政治交易与改制，从铁厂招商章程和人事任用透视官督商办的运作，从 19 世纪末 20 世纪初盛宣怀人生大发迹与铁厂经营亏损的对比透视铁厂改制的实质，20 世纪初的盛袁争夺及对铁厂体制和前途的影响等。通过研究发现，铁厂改制的真实意义在于张盛以改制为契机形成新的政治组合，从而造就了盛宣怀官商两界的飞黄腾达。盛袁争夺对铁厂造成的危害从反面再次印证了这一结论。

第四章考察 1908—1911 年的股份制体制及相关问题，主要研究：盛宣怀合并商办理由分析及其采用政治手段促成这一目标的过程、盛宣怀操纵下的股份制运作及晚清末年企业经营的表面繁荣和隐忧。股份制运作的特征是分权制衡。一般情况下，实行股份制是为了利用其分权制衡的运作模式来提高企业的经营效益。然而，通过考察发现，盛宣怀要求完全商办的目的是为了加强自身对企业的控制，构建的股份制仍然是服务于这一目标的。所谓的股份制不过是一张粉饰现代意义的招牌，本质上和官办、官督商办没有区别。

通过对四个历史阶段的考察，揭示出这样一个史实：晚清末年，汉冶萍公司的企业制度尽管发生了适应历史潮流的变化，也有一定的积极意义，但主要表现在形式上，张之洞、盛宣怀采用和改变体制的动机主要还是为了加强个人政治资本以捞取个人私利。而这正是汉冶萍公司乃至晚清多数类似企业体制转轨失败的根本原因所在。

Abstract

After the Opium War, along with the pace of aggression against China by Western Powers and the formation of western learning spreading to the east situation, the western art system of joint-stock enterprises also began to be imported to China. It greatly enhanced the integration of the ancient Chinese original enterprise system and the western joint-stock enterprise system, and the shareholding system was gradually achieved. However, there existed a lot of transition issues about the enterprise system in late Qing dynasty, and transited business had no improvement. hanyeping Company launched in the late 19th century, whose structure had undergone changes from government-run to merchant-run under official supervision, and then to the joint-stock system, was relatively complete in its transition process of development at that time. Moreover, Hanyeping Company was heavy industry which required large investment and high technology. It was the largest enterprises in late Qing dynasty and its problems with system changing were the same typical. In this dissertation, the author attempts to review the motives for the system adoption or change of decision-makers and some typical representative cases in the operating management, so that the main problems and failures of the decisive factors can be found in the transition of Hanyeping Company and the universal underlying causes for system changing in late Qing dynasty can also be concluded.

This dissertation includes other four chapters except for Introduction and Conclusion ones. Chapter I investigates the enterprise system and its related issues in establishing Hubei Coal and Iron Cause in 1870s and 1880s. It mainly involves the political connections that Li Hongzhang and Sheng Xuanhuai relied on, the reasons for choosing or changing enterprise system and for the abortion of Hubei Coal and Iron Cause and so on. According to the investigation, the author holds that Li and Sheng's values and managing philosophies in decision-making were not detached from Confucian philosophy of Chinese traditional moral principles and bureaucratic mentality. They regarded Hubei mining enterprises as part of their political cause. The selections or the changes of system were made from their personal political interest only.

Chapter II probes into the government-run system and its related issues from 1889 to 1896, which mainly related to the reasons for Zhang Zhidong's choice of government-run system for Hanyang Ironworks, the essence of dispute for the system of Ironworks among Zhang Zhidong, Li Hongzhang and Sheng Xuanhuai and Zhang Zhidong's operation on Ironworks etc. . The author argues that the listed above shows the domination of feudal Confucian ethics, "Supporting Chang and Controlling Lee" policy of the Qing government, combat of self-interests from officialdom and so on. Choosing or changing the system is the result of various political factors.

In Chapter III, the author examines the merchant-run under official supervision system and related issues between the year 1896 and 1907, which include the following contents: restructuring of the Ironworks promoted by the Sino-Japanese War externally; the political business and successful alternation of system by Zhang and Sheng; investigating into the Government commercial operation by looking into the personnel investment charter and employment; probing into the essence of the Ironworks' restructuring by comparison between Sheng's big success and the deficit of the Ironworks in the late 19th century and early 20th century; the influnence of the Ironworks' system and future brought by the scramble between Sheng and Yuan in early 20th century etc. . The author argues that the true meaning of changing the Ironworks' system lies in an opportunity to form new political groupings, so that Sheng Xuanhuai can come into his kingdom in both officialdom and business circles. Sheng and Yuan's dispute did harm to the Ironworks, which once again confirmed this conclusion from the negative side.

In Chapter IV, the author studies the joint-stock system and related issues between 1908 and 1911. The main study includes: the analysis of combining business with government by Sheng and the process of adopting political means to achieve this objective; the joint-stock operation under the manipulation of Sheng and the prosperity and hidden trouble in business management of late Qing dynasty. Joint-stock operation is characterized by the separation of powers. Generally speaking, the implementation of joint-stock system aims to improve the operational effectiveness of enterprises by separating of powers. However, the study shows that Sheng aims to strengthen his control on Hanyeping Company by building a joint-stock system. The so-called joint-stock system is only a sign to whitewash Hanyeping Company with modern sense and it has no difference from government-run and merchant-run under officials format in essence.

Through the investigation of the above four historical stages, the dessertation reveals that despite of its changes along with the historical trend, the change of Hanyeping Company's system in late Qing dynasty has some positive significance (but mainly in the format). The motivation of Zhang and Sheng's adoption of new system is mainly to enhance their personal political capital and to fish for personal interests. So this is the real reason why Hanyeping Company and many enterprises like it failed to change their systems in late Qing dynasty.

目　录

表目索引

导　论

一　汉冶萍公司·制度·体制的概念

汉冶萍公司创建于19世纪末，是中国近代第一家大型的、采用近代化的先进工业技术进行生产的煤钢铁联合企业，兼采矿、炼铁、开煤三大端，集勘探、冶炼、销售于一身。同时，它还是当时东亚建立最早的钢铁企业，“创地球东半面未有之局”①。其全称为“汉冶萍煤铁厂矿有限公司”，主要由三部分组成，即：汉阳铁厂（汉）、大冶铁矿（冶）和萍乡煤矿（萍），地跨湖北、湖南、江西三省。汉阳铁厂和大冶铁矿由张之洞始创于1890年，汉阳铁厂是主体，大冶铁矿附属之。1896年铁厂（包括大冶铁矿）由盛宣怀接办。萍乡煤矿采用西法开采生产始于1898年，由盛宣怀主持。到了1908年，盛宣怀将汉、冶、萍三处合并为一个整体。

“汉冶萍公司”这一名词在学界至今都是一个被模糊使用的概念，学者们对其起始时间的界定说法不一。主流观点往往将其开始的时间定在1890年左右张之洞设立汉阳铁厂之时。且看以下几种有权威性和代表性的说法：第一，20世纪初在上海出版的《东方杂志》基本都是以1890年张之洞创办汉阳铁厂作为起始，以官办、官

---

① 张之洞：《铁厂招商承办议定章程折》，苑书义等主编：《张之洞全集》第2册卷44，河北人民出版社1998年版，第1167页。

督商办、完全商办时期来划分汉冶萍的历史。[①]这是笔者见到的最早的这类表述。第二，民国时期的胡博渊在他《三十年来中国之钢铁事业》一文中明确提出："汉冶萍煤铁厂矿公司，创始于光绪十六年（即1890年——引者注）。"[②]胡氏不是一位历史学工作者，但作为民国时期有影响的科学家，他的看法具有一定代表性。第三，大陆所编的《中国大百科全书》（经济卷Ⅰ）中的观点和上述是一致的："汉冶萍公司，全称为汉冶萍煤铁厂矿有限公司，中国最早的钢铁联合企业。建于晚清年间，初属官办，后改为官督商办……1908年，盛宣怀奏准将汉阳铁厂、大冶铁矿、萍乡煤矿合并，改为商办汉冶萍煤铁厂矿股份有限公司。"[③]把官办和官督商办作为汉冶萍公司的体制形式，或者说把官办和官督商办阶段作为汉冶萍公司历史的一部分，显然是把张之洞创建汉阳铁厂的时间作为汉冶萍公司的起始时间了。第四，中国台湾学者全汉升、其弟子林援森在他们的著述中基本也都采用了上述的时间界定。[④]第五，大陆所编的一些资料集

① 分别见《东方杂志》：1912年第9卷第3号《内外时报》第17—19页，《述汉冶萍产生之历史》；1918年第15卷第4号《内外时报》第185—189页，《汉冶萍公司纪略》；1918年第15卷第10号，第166—169页，《汉冶萍公司之过去及将来》。

② 胡博渊：《三十年来中国之钢铁工业》第6页，见民国时期中国工程师学会编辑：《三十年来之中国工程》，1946年出版。

③ 参见《中国大百科全书》（经济卷Ⅰ），中国大百科全书出版社1988年版，第296—297页。

④ 全汉升的观点见其著述《汉冶萍公司史略》（香港中文大学1972年版），第1—2页。

林援森的观点见其著述《中国近代企业史研究——汉冶萍公司个案分析》（中国经济史研究会、香港书识会社有限公司2003年版），序言第1页。他说：汉冶萍公司"由湖广总督张之洞于一八九一年正式动工兴建；汉冶萍公司史大致分为三个时期，第一期由一八九一年至一八九六年，该时期称为官办阶段，那时并未正式成立汉冶萍煤铁厂矿有限公司，而以汉阳铁厂及大冶铁矿两个部门为主要；到了一八九六年改为官督商办，由盛宣怀督办铁厂，张之洞则退居幕后；直至一九〇九年汉阳铁厂、大冶铁矿和萍乡煤矿合并正式成立汉冶萍煤铁厂矿有限公司"。林氏将汉冶萍公司的起始时间定在1891年，但又同时肯定1909年正式成立汉冶萍公司，还模糊使用了汉冶萍公司、汉阳铁厂等概念。在此，林援森将1909年视为汉冶萍公司正式成立的时间，出现了错误。

也采用了上述说法，具有代表性的是陈旭麓等编《汉冶萍公司》[1]、湖北省档案馆所编《汉冶萍公司档案史料选编》。[2] 上述所列权威说法代表了目前关于汉冶萍公司起始时间的普遍看法。另有学者却不这么看，民国时期的经济学家吴景超认为，汉冶萍公司的正式成立，是在1908 年。[3]研究清末汉阳铁厂厂址布局的学者袁为鹏也提出：汉阳铁厂和汉冶萍公司这两个名称的出现本有先后，不应混为一谈。[4]

严格说来，以汉阳铁厂的创建时间作为汉冶萍公司的开始时间是不科学的。这是因为：第一，汉冶萍公司这一名称的正式出现是在 1908 年盛宣怀奏请将汉、冶、萍三处合并商办之时。顾名思义，三者构成了有机的整体，缺一不可。盛宣怀就曾说："汉冶萍何为而称？大冶铁矿、萍乡煤矿与汉阳之制炼钢铁厂一以贯之者也。"[5]而 1908 年合并商办前的汉阳铁厂和萍乡煤矿是两个分立的经济实体。第二，汉冶萍公司与汉阳铁厂在企业制度上有本质的区别。作为独立的经济实体，汉阳铁厂起于1890 年，止于1908 年 3 月。以 1896 年盛宣怀接办为分水岭，先后采用的是官办和官督商办体制。而 1908 年 3 月之后的汉冶萍公司则是股份制的公司

---

① 陈旭麓等编的《汉冶萍公司》（一）"前言"中开宗明义地写道："汉冶萍公司从光绪十六年（1890）湖广总督张之洞创建汉阳铁厂起，到最后熄炉停炼为止，先后经历了官办、官督商办、商办三个时期。"参见陈旭麓、顾廷龙等编《汉冶萍公司》（一）前言，上海人民出版社 1984 年版。

② 该资料选编说："汉冶萍公司从创建到 1948 年为国民政府资源委员会接收，经清末、北洋、民国三个时期，历官办、官督商办、商办三个阶段，长达半个多世纪。"参见湖北省档案馆编《汉冶萍公司档案史料选编》上（中国社会科学出版社 1992 年版），第 1 页。"半个多世纪"意味着汉冶萍起始于 1898 年前。显然，该资料集是把汉阳铁厂的建立作为汉冶萍的开端了。

③ 吴景超：《中国经济建设之路》，商务印书馆 1944 年版，第 17 页。

④ 参见中国博士学位论文全文数据库（1999—）2001 年博士论文《清末汉阳铁厂布局研究》前言。袁为鹏一方面指出汉阳铁厂和汉冶萍公司存在区别，另一方面又遵守了学术界长期以来笼统模糊使用二者的传统。

⑤ 盛宣怀：《汉冶萍公司注册商办第一届说略》，《汉冶萍公司》（三），上海人民出版社 2004 年版，第 92 页。

制度。因此，从企业制度上说，1890—1908年的汉阳铁厂和1908年后的汉冶萍公司是两个不同的概念，将前者纳入汉冶萍公司的范畴是不科学的。

然而，史学界对汉冶萍公司的概念没有作出严格的区分，学者们普遍将1890—1907年间的汉阳铁厂和萍乡煤矿都纳入到了汉冶萍公司的范畴，并形成了一种约定俗成的思维定式。这就导致出现两种矛盾：第一，既坚持汉冶萍公司起于1890年左右汉阳铁厂创办之时，又承认1908年三处合并正式定名为汉冶萍公司；第二，在研究1890—1908年之间的历史时，同时使用汉冶萍公司的概念和汉阳铁厂、萍乡煤矿的概念。①这不免显得有些概念混乱，使那些初涉汉冶萍公司历史的人尤其感到摸不着头脑。不过，鉴于汉冶萍公司已经成了约定俗成的概念，现在已经没有必要再彻底厘清汉冶萍公司的严格意义了。因此，在本课题研究中笔者遵从传统的主流观点，以张之洞创办汉阳铁厂作为汉冶萍公司的开始，出于研究体制的课题需要，将起始时间定为1889年，即张之洞开始筹备铁厂之时；在概念上模糊使用汉冶萍公司、汉阳铁厂和萍乡煤矿等概念。为了避免初涉汉冶萍的人对笔者使用的概念产生不必要的困惑和误解，在此有必要作出说明。

制度、体制是文科领域使用频率极高的词汇。关于制度的含义，上海辞书出版社所编《辞海》给出了三种不同的含义：1. 要求成员共同遵守的、按一定程序办事的规程；2. 在一定的历史条件下形成的政治、经济、文化等各方面的体系，如：社会主义制度；3. 旧指政治上的规模法度。②由上看来，制度的含义是需要考虑语境的，不同的情况下含义不同。事实上，在具体的运用中，制度的含义远不止上述解释的简单，尤其是在不同的学科领域，其含义存在很大的

① 几乎所有的关于汉冶萍的著述中都存在这种情况。如：第2页下注④和第3页下注④，分别对于林援森和袁为鹏使用概念情况的介绍。

② 辞海编辑委员会：《辞海》上，上海辞书出版社1989年版，第485页。

不同。西方的新制度经济学派是在第一种意义上使用“制度”概念的，即：制度是指“众所周知的约束人们行为的各种规则”[①]。和制度的概念一样，体制的概念也有多种解释，且也是有语境的，不同情况下含义不同。同版本的《辞海》给出了两种界定：1. 国家机关、企业事业单位在机构设置、领导隶属关系和管理权限划分等方面的体系、制度、方法、形式等的总称；2. 诗文的体裁；格局。[②]显然，第一个解释是经常使用的。但是，这一解释又太为宽泛，编者似乎是要把不同学科、不同语境下的所有可能的含义，全部包罗其中。在实践中，某事物具体的体制不可能包罗第一种界定中所有的含义。

就上述所列定义看，制度和体制是有着密切联系的两个概念，定义既有重合又有区别。但在具体运用上人们很难将它们区别开来，在很多情况下两者是混用的，体制就是制度，反之亦然。有鉴于此，本文所研究的汉冶萍体制其实就是指汉冶萍的企业制度，汉冶萍体制变迁也就是其企业制度变迁。具体说来，汉冶萍公司在晚清时期所经历的“官办”、“官督商办”、“股份制商办”三种体制，可以这样来理解：1. 它是从资金筹措及基于此所形成的企业归属权的角度来描述的企业制度。官办由清政府出资并归其所有；官督商办为商人投资并归其所有、官方扶持监督；股份制商办则由商人出资和所有。2. 它是基于所有权基础而形成的汉冶萍的管理理念、经营方式以及人事任命等的企业制度。关于制度的具体概念，笔者采用新制度经济学派的界定。

二　选题旨趣

笔者选取企业制度作为研究对象，有着不少的个人意趣，主要有

① 朱琴芬编著：《新制度经济学》，华东师范大学出版社 2006 年版，第 32 页。

② 辞海编辑委员会：《辞海》上，上海辞书出版社 1989 年版，第 596 页。

三点：

首先，是受目前学界对企业制度研究的热潮所触发。企业是现代社会的重要单元，对社会发展具有无可言喻的推动作用。鉴于企业对于社会政治、经济的重要影响，企业史研究一直是中外史学界关注的重要领域之一。20世纪五六十年代和80年代，国内史学界对于近代中国企业史的研究曾经先后掀起热潮，研究的侧重点主要在于：一是对于个别企业或者是行业发展的研究，二是关于各个时期有代表性的企业家和企业家精神的研究，三是对于历史上有代表性企业的经营管理经验的研究。学术成果相当丰硕。90年代以来，伴随着国内经济体制转轨的政策大背景，政府提出了建立现代企业制度的要求。受政府政策的驱动，历史学界、经济学界开始把眼光转向近代企业制度的研究层面。于是，有关近代企业制度研究的文章、著作开始出现并逐渐增多，十多年来取得了十分可喜的成绩。著述方面有代表性的，如：张忠民的《艰难的变迁：近代中国公司制度研究》（上海社会科学院出版社2002年版）、李玉的《晚清公司制度建设研究》（人民出版社2002年版）、杨在军的《晚清公司与公司治理》（商务印书馆2006年版）、江眺的《公司法：政府权力与商人利益的博弈——以〈公司律〉和〈公司条例〉为中心》（中国政法大学出版社2006年版）、江满情的《中国近代股份有限公司形态的演变——刘鸿生企业组织发展史研究》（华中师范大学出版社2007年版）等，从宏观和微观的角度对近代企业制度的演变、晚清的公司法以及股份制公司制度做了较为深刻的探讨。论文方面，相关文章成果丰硕，在此不做列举。

从总体上说，上述研究弄清了近代企业制度发展的历史轨迹，对晚清公司及其治理也进行了深入的考察。就发展历程看，近代中国企业制度的变迁呈现出中西企业制度的共存、并逐渐向西方公司制的企业制度接轨的发展趋势。近代以前，中国社会存在业主制和合伙制民营商办两大类企业制度。① 到了近代，随着西方列强侵略的步步深入和西学东渐的影响，西方近代大机器生产的近代企业及其公司制的企业制度传入中国。中国企业制度开始呈现出向西方企业制度靠拢、接轨的趋势。西方的公司制度是以招股集资为外在形式、以独立法人地位为根本特征、并具有严密法律规范的企业制度，表现出适应社会发展的活力，并推动了西方经济的快速发展。于是，该制度进入中国后，对当时中国的企业制度产生了冲击，并促使其逐渐与近代西方公司制度靠拢、接轨和转变。发展趋势大体如下：19 世纪 60 年代，清政府开始采用近代化的大机器生产方式来创办新式企业，由地方督抚主持，采用官办体制。事实上，这正是清政府推行洋务运动的重要内容。接着，民族资本也开办了一些近代企业，其体制基本是中国前近代社会里的民营商办。19 世纪七八十年代以后，清政府洋务运动中主持开办的一些民用企业开始采用新的企业制度，即官督商办体制。官督商办将中国前近代传统的官办和西方的股份制糅合在一起，展现出

---

① 关于企业的概念，吴承明、江太新主编的《中国企业史・近代卷》"序"中提出了一般企业和现代企业两种理解。所谓一般企业，是指包括手工业企业和使用机器及机器体系的现代企业在内的所有企业基本特征的，即从事着产品生产和服务活动的、独立的经营单位。所谓现代企业，是一般企业的进一步深化和发展，是社会化大生产和市场经济高度发展的产物，具有"产权明晰、权责明确、政企分开、管理科学"的基本特征，公司制企业是其典型形式。参见吴承明、江太新主编《中国企业史・近代卷》（企业管理出版社 2004 年版）序。鉴于此，笔者在本书中对于企业的概念采用一般企业的定义。基于这一定义，中国古代是有企业和企业制度的。

对于中西方前近代社会里存在的民营商办企业制度，学者们基本归为两类，即：业主制和合伙制。笔者觉得，中西方企业制度尽管在名称上是相同的，但由于运作社会平台的重大区别，两者在本质上存在不同。中国的商办民营企业制度更多地受到政府的控制和干预。另外，研究近代企业制度的学者没有把官办体制列为前近代的一种企业制度，如张忠民的《艰难的变迁：近代中国公司制度研究》（上海社会科学院出版社 2002 年版）、何立胜的《中外企业制度嬗变的比较研究》（中国财政经济出版社 2004 年版）等等。笔者觉得，尽管前近代官办企业是历代王朝的附属物，但官办企业在前近代社会里居于主导地位，官办体制可以称为一种特殊的企业制度。鉴于笔者有限的学术理论素养，这一看法值得商榷，希望得到专家们的指导。

当时中西企业制度交汇融合的特点。因此，官督商办被视为近代的早期公司制度的过渡形态。[①] 甲午战后，清政府鼓励民间设厂，民族资本企业得到较快发展，一些原官办企业被勒令向官督商办或民营商办转化。20 世纪初，清政府推行新政，颁布《公司律》。顺应这一大势，新设的民族资本企业以采用股份制的商办体制为主，部分原有的官办和官督商办企业在新政策的推动下开始向股份制的商办体制转变。纵观 19 世纪末 20 世纪初企业制度转轨的过程可见，转轨是一个历史大趋势，具体到企业本身则没有一个统一的模式。私人资本企业或者从传统的民营商办转为股份制，或者是在初设时就采用了股份制模式。政府主持的企业则有以下几种情况：一是直接从官办到股份制的完全商办，二是从官督商办到股份制的完全商办，三是从官办到官督商办再到股份制。同时，在转变时间上各个企业也有很大的不同。

尽管学界对近代企业制度及其发展的研究取得了很大的成果，但还应看到，这一研究仍然处于起步阶段，有很多问题有待进一步深入拓展。因此，笔者希望在前人研究的基础上丰富和深化近代企业制度的研究。

其次，由对晚清多数企业经营失败共同命运的思考所激发。我们

---

① 目前国内学界大多认为，官督商办是 19 世纪 70 年代中西方企业制度接轨融合的产物，是近代中国公司制企业制度的雏形。美国学者费正清的观点支持这一看法。他认为，李鸿章从盐务专卖中引用了一个官僚主义的名词“官督商办”，显然意在寻找某种官商合办的形式，即集盐务、西方式的合股公司以及传统中国的合伙商号等特点之大成的形式。参见费正清主编、中国社会科学院历史研究所编译室译《剑桥中国晚清史：1800—1911 年》下，中国社会科学出版社 1985 年版，第 471 页。

但也有些学者持不同看法，另一位美国学者费维恺认为，“官督商办”的直接来源似乎是 19 世纪后半期出现的政府盐务垄断权。盐务署的记录中，充满着诸如“官督商销”、“官运商销”之类近似于“官督商办”的名称。参见费维恺著、虞和平译《中国早期工业化——盛宣怀（1844—1916）和官督商办企业》，中国社会科学出版社 1990 年版，第 13 页。吴承明先生认为，洋务派民用企业的官督商办形式，是继承历代政府的“招商”政策而来的。参见吴承明等编《中国资本主义发展史》（二）（人民出版社 2003 年版），第 442 页。他们把官督商办视为中国历史的产物。

知道，企业经营的成效是衡量一国国力是否强盛和经济是否繁荣的重要标尺之一。从晚清国力的颓势和经济的破败看，晚清时期企业制度的转轨基本上没有给参与转轨的企业带来很大的成效。那么，体制转轨为什么难以取得预期效果呢？或者说，为什么西方的公司制度在晚清难以产生在西方国家所发挥的理想效果？目前国内史学界的研究主要将之归为晚清的政治、法制、经济、社会环境等制约因素。一句话，就是近代中国社会缺乏股份制运作的良好平台。我们知道，近代的公司制度是一种体现经济民主与经济自由原则、具有独立法人资格、并以严密之法律规范的企业制度，植根于西方社会的政治、经济、法制、社会文化等土壤，到19世纪下半期已经经历了200多年的发展和成长，并走向了完善和成熟。而晚清中国的政治、经济、法制、社会文化和西方社会存在天壤之别。政治上，晚清政权实行高度集权的封建专制制度，无法保证公司制度运作所需的经济民主和经济自由；经济上，当时的中国是自给自足的封建经济占主导的社会，商品经济不发达，无法提供公司制度所需的较为发达的经济条件；和政治经济状况相适应，中国缺少公司制度良好运作的法制环境；社会环境上，处于半殖民地半封建社会的状态，人们办理公司制企业的意识和观念滞后。因此，把先进的公司制度移植到中国来，并期望它在晚清最后的几十年内发挥巨大的效应，实属期望太高。晚清企业制度转轨失败的责任，不仅是某一方面的问题，而且是整个社会的问题。学者们的看法深邃而全面。

但是，和同时期日本国力及企业的境遇相比，不禁令人产生新的疑问。19世纪60年代以前，中国和日本的境遇大致相同，在社会制度、经济状况、对外政策、遭到英美列强侵略等方面几乎没有大的区别。19世纪60年代以后，面对列强侵略，清政府和日本政府分别实行洋务运动和明治维新以自救。30年后，中国的洋务运动以失败告终，日本的明治维新则取得巨大成功。到20世纪初，日本逐步跻身世界强国之列，而中国依然向半殖民地半封建的深渊滑落。作为经济和国力强弱重要标志的企业，中日之间也出现了巨大的反差。尽管笔者对于日本企业制度没有深入研究，但可以肯定的是，日本于19世纪后半期所办理的企业也经过了向股份制转轨的体制变迁。那么，体制转轨为什么能够使日本的多数企业获得健康发展和盈利，而对晚清企业却无能为力呢？单单将晚清企业制度变迁失败原因泛泛归结到中国缺乏合适的社会平台，显然说服力不足。

在深入思考这一问题的过程中，我的导师朱荫贵先生著述《国家干预经济与中日近代化》（东方出版社1994年版）一书给予我很多的启示。朱先生以近代中国的轮船招商局和日本的三菱·日本游船会社两家企业为例，对比分析它们在相同时间段上两国政府实施的不同政策所产生的不同结果，由此进一步得出结论：中日两国政府不同的干预目的、措施和手段等，是两家企业乃至两国近代化发展出现相反结果的重要原因。受这一观点启发，笔者觉得，晚清企业制度转轨失败的决定性因素在于政治，而其中的重中之重在于政府及其具体执行者的动机和行为。我们知道，在有着悠久高度封建专制主义集权传统的中国，政治权力渗透到社会的每一个角落。无论是原由清政府主持的企业还是私人资本企业，其转轨成败都深受清政府的动机及其政策的左右。以清政府的动机和政策为指挥棒，政策的具体执行者在实施政策时进一步加入自己的政治动机，于是，企业制度转轨过多地背负了不属于转轨所要承载的政治内容，其结局也就主要操之于政府和具体执行者之手。

政府及其具体执行者的动机和行为的举足轻重，在清政府所主持开办企业的转轨中展示得最为清晰。而这类企业基本构成了晚清时期转轨企业的主体部分。因此，这类企业转轨失败的命运可以代表晚清企业制度转轨的结局。在此，我们粗略审视一下清政府、具体执行者的动机和行为对于企业的影响。19世纪60年代以后，由于清廷地位衰微和地方督抚势力的崛起，清廷中枢把抑制地方督抚势力作为首要的目标，其办理近代企业的经济政策和措施要服从于抑制地方督抚势力的政治需要。而作为具体执行者的地方督抚，一方面是要通过办理近代企业这一经济事业摆脱民族危机以加强清政府统治，另一方面又要达到扩展自身实力和加强自身在清廷中政治地位的目的。于是，地方督抚将自己的政治目的进一步延伸到近代企业中，将企业视为禁脔，管理理念和方式上继承了中国前近代社会官办企业的方法和特征，人事任用上任人唯亲。随着形势的发展，具体执行者或被迫或主动将企业改制，但改制目的仍然服务于自己控制的政治需要，使得改制徒具外壳，“新瓶装旧酒”，“形似而神不似”。如此改制，无论如何也不可能使西方先进的公司制企业制度在晚清发挥其应有效果，导致“橘生淮南则为橘，橘生淮北则为枳”。可以说，这是晚清的工业建设难以取得大的成效的重要原因。

由此，笔者希望通过考察晚清企业制度变迁中决策者和执行者的政治动机及其采取的相应政治措施和手段，来揭示晚清企业制度变迁失败的根本症结，以期能够对企业制度变迁及其结局给出一个更为深刻的解释。

再次，是出于为当今建立现代企业制度的实践提供历史经验的现实考虑。新中国成立以后，我国逐步建立起高度集中的社会主义计划经济体制。与之相适应，企业则主要采用了全民所有制的国有和集体所有制的集体所有两种形式，其中，国有经济占主导。经过20多年的实践后，国有企业产生了很多弊端，诸如：政企不分，企业没有自主权，企业领导体制上职责不清、权力不明、缺少监督制约、相互扯皮，职工的积极性难以得到有效发挥等等。集体企业也存在组织形式落后、产权不清、经营机制僵化、管理不善等问题。改革开放以来，为增强我国国有企业和集体企业的活力，国家走了一条放权让利的改革道路，对增强企业活力起了一定的作用。但是，放权让利后却出现了另一种情况，即企业内部人控制。虽然政府也采取多种措施解决这一问题，但总体效果不理想。国有企业的效益每况愈下。再加上改革开放后私营企业和外商投资企业的发展，国有企业和集体企业在市场竞争中的弱势越来越明显。如何改变国有企业和集体企业制度以提高经济效益成了亟须解决的问题。1993 年，中央政府针对我国国有企业的特点，在吸取 80 年代改革教训的基础上，决定把国有企业改革的方向和目标定为建立现代企业制度，也就是要建立以公司制为载体、以法人治理结构为核心的企业制度。这同样适用于集体企业制度的改革。然而，要真正实现国有企业和集体企业的制度转轨、建立起现代的企业制度，还有很多需要解决的攻坚问题，这是跨世纪的难题。如何有效地解决这些难题，透视晚清企业制度的变迁能够提供一些有益的借鉴。

历史学的一项重要社会功能就是以古鉴今。唐太宗曾说："以铜为镜，可以正衣冠；以古为镜，可以知兴替；以人为镜，可以明得失。"①历史是现实的一面镜子，封建帝王尚且能够认识到这一点，当下企业制度改革的攻坚战也需要借鉴历史上的经验。通过研究近代企业制度转轨中存在的问题及失败的教训，对认识和有效解决当今企业转轨中存在的问题和现象，以避免走弯路或者少走弯路，有着非常重要的现实借鉴意义。

在初步确定以企业制度为研究方向后，笔者又选取汉冶萍公司作为晚清企业制度变迁的代表个案来具体展开，以图达到解剖麻雀的功效。汉冶萍的典型和代表性表现在以下两点：

第一，汉冶萍的规模、特征、发展命运是晚清企业中的典型代表。该企业属重工业，煤钢铁兼营，地跨湖北、湖南、江西三省，规模庞大。在晚清创办的企业中，汉冶萍的资本额最大。1896 年盛宣怀接办汉阳铁厂时，铁厂的建设仅仅初具规模，而资金投入已经达到 568 万两。后来，盛宣怀又不断融入了大批建设资金，至合并商办前的 1907 年秋，铁厂已用商本银 1020 万余两，煤矿、轮驳已用商本银

① 盛钟健、黄绍筠等选译：《隋唐嘉话 · 唐国史补》，浙江古籍出版社 1986 年版，第 23 页。

740 万余两，共达 1760 多万两。[①]晚清企业中，资本额能够达到百万两以上的寥寥可数，汉冶萍的投资是同时期任何其他一家企业所远远无法企及的。同时，钢铁工业本身对生产、管理的技术要求极高，在采煤、化铁、炼钢程序中，即使是某一点上的一个很小的技术错误或失误，都可能引起整个生产链条中的质量问题和经济效益问题。先后创办和主持汉冶萍工作的张之洞、盛宣怀、李维格等都有着深刻的体会。[②]总之，汉冶萍公司是一个投入高、回报周期长、风险很大的企业，经营中无论哪一个环节出现问题，都会导致功亏一篑。事实上，除了 1909—1910 年和 1916—1919 年曾有短暂的盈利外，汉冶萍公司在其存在的近 60 年间基本没有能够逃脱亏累的魔咒。即如 1909—1910 年和 1916—1919 年的盈利而言，这也算不上经营成功的例子，

---

① 《盛宣怀奏汉冶萍厂矿现筹合并扩充办法折》，湖北档案馆编：《汉冶萍公司档案史料选编》上，第 232 页。

② 盛宣怀对此认识较早。1889 年张之洞创办铁厂之初，他就曾说："矿务为洋务商务中最无把握之事，稍一草率，恐功堕半途，无可推广。"参见《汉冶萍公司》（一），第 6 页。1908 年合并商办前他又说："盖东亚创局素未经见，而由煤炼焦，由焦炼铁，由铁炼钢，机炉名目繁多，工夫层累曲折，如盲觅针，茫无头绪。"参见《盛宣怀奏汉冶萍厂矿现筹合并扩充办法折》，《汉冶萍公司档案史料选编》上，第 231 页。

1893 年，张之洞在经历了创办之初的困局后说："此项工程之艰巨，实为罕有。机器之笨重，名目之繁多，随地异宜，随时增补，洋匠亦不能预计；而起卸之艰难，筑基之劳费，炉座之高大，布置、联贯各机之精密，凿矿、修路、开煤、炼钢之纷歧，尤非他项机器局可比。而最难者，为图、砖两端。各厂总图、分图，极为精密，多至数百纸，皆寄自洋厂，到鄂厂又须分画各段细图……大冶铁路五十余里，铲山、填湖、买地、绥民，亦极费手。至开煤一事，尤极艰辛。访寻两年有余，试开窿口数十处，始得此两处堪以炼铁之煤，须用西法凿坚石数十丈以下，乃得佳煤；既开直井，又开横窿，又须开通气之井及开煤之巷，出煤乃多；又须购置钻地、压气、抽水、起重、洗煤、挂线、运煤各机，又须造炼焦炭炉数十座，然将来所费，断不致如直隶开平煤矿之多。臣力小任重，时切悚惶，加以督工筹款，事事艰难，夙夜焦急，不可名状。"（参见苑书义等主编《张之洞全集》卷 33，第 877—878 页）

1904 年后负责汉冶萍建设具体事务的李维格感触更深，于 1908 年精当地总结出汉冶萍创办的艰难历程："中间种种之变迁，断非半日功夫所能罄尽。一言以蔽之，曰：历尽艰险。"参见《李维格在第一届股东大会上的报告》，《汉冶萍公司档案史料选编》上，第 250 页。

因为这两次盈利有着特殊的背景，和当时国内、国际钢铁市场的巨大需求以及大幅度提升的钢铁价格有着直接的关系。更何况，汉冶萍公司在表面盈利的背后背负着巨大的日债和潜藏着被日本控制的危险。基于此，笔者觉得，汉冶萍公司的经营是失败的。要扭转经营失败的颓势以实现效益最大化，一般是要求助于改变体制。也就是说，汉冶萍需要通过采用科学、先进的企业制度来改变亏累的经营状况。晚清时期，诸如汉冶萍经营亏累和需要通过先进企业制度改变命运的企业有很多。这样，作为耗资最多、技术要求较高、对采用先进企业制度的呼唤颇为急迫的汉冶萍公司，其体制变迁的成败及反映出的问题就具有很大的代表性和典型性。

第二，晚清汉冶萍公司的体制变迁及其受制于晚清政局和官僚办理企业的政治层面问题，也确实具有典型性。A. 汉冶萍公司的企业制度在晚清时代有着“官办→官督商办→股份制的完全商办”这样一个变迁序列。1890 年汉阳铁厂建设之初张之洞采用了官办的形式，1896 年清政府因财政崩溃强迫其改为官督商办，1908 年盛宣怀又主动改变为股份制。从前近代官办形式逐步向近代西方的公司制形式靠拢和转轨，体现了企业制度发展顺应历史潮流和进步的一面。在当时，能够保持这一完整序列的企业并不多见。B. 作为一项经济事业，汉冶萍公司在晚清深深卷入了政治的旋涡，体制变迁和晚清政治纠结在了一起。汉冶萍公司的早期源流始于 19 世纪七八十年代洋务派开展的湖北煤铁事务，而这项工作的主持者是当时清廷中举足轻重的直隶总督兼北洋通商大臣李鸿章，具体主事者则是其心腹盛宣怀。而汉阳铁厂于 90 年代初创时，由当时深受清廷扶植和信任的洋务官僚张之洞主持。张氏乃办理洋务的后起之秀，享有洋务殿军的声名，和李鸿章、盛宣怀有嫌隙。甲午战后，在李鸿章势力衰落的情况下，其势力迅速上升，成为晚清最大的地方实力派。1896 年接办铁厂的盛宣怀，被称为“亦官亦商”的人物，不仅和李鸿章有着很深的渊源，甲午战后又和张之洞走在一起，且 19 世纪末达到官商两界翩跹起舞的局面。这在当时是独一无二的。其后，他经历了 1902 年底至 1907 年间的政治经济事业低谷。1908 年后，身为汉冶萍公司总协理的他东山再起，在清廷中枢中重新获得十分重要的官职。20 世纪初势力迅速崛起的袁世凯，尽管没有直接插手汉阳铁厂和萍乡煤矿的事务，但他和盛宣怀的轮电争夺战也间接地卷入到汉冶萍公司事务中。因此，晚清时期的汉冶萍从一开始就与官员大僚、官场、晚清政治紧密扭结在一起，成了清廷中枢政治、地方封建官僚控制和争夺的一个场所，并在一定程度上变成了官场政治的一部分。主要表现在：a. 主持者李鸿章、张之洞、盛宣怀等人作为清廷要员具有强烈的官本位意识，将办理汉冶萍公司作为自己捞取政治资本的手段。对体制的选择主要不是出于效益最大化的经济目标，而是出于自己对企业的掌控。b. 张之洞、李鸿章、盛宣怀、袁世凯等，将官场矛盾或对其他企业的争夺渗透到汉冶萍。在汉冶萍命运关键时候，体制往往成为他们争夺和排斥异己的幌子。c. 清廷为加强自身统治而实施的驾驭李鸿章等地方实力派的平衡术，在汉冶萍公司的创建发展上产生重大影响。d. 直接掌控企业的张之洞、盛宣怀为加强自己对企业的控制，把中国传统的宗法制度引入企业，企业人事任用上任人唯亲，将血缘、地缘等多种人脉因素作为任人的标准。于是，无论体制如何改变，汉冶萍公司不变的仍然是浓厚的封建色彩。另外，汉冶萍的命运还与当时中国半殖民地的社会性质紧密联系在一起。1896 年汉阳铁厂从官办改为官督商办，显然是甲午战争直接促动的结果。20 世纪初汉冶萍因大借日债以致走上被日本控制的不归路，是当时的国际政治对汉冶萍命运左右的典型表现。被国际政治所左右，归根结底还是由晚清时代的传统政治所决定。因此，受制于传统政治因素，汉冶萍公司的体制变迁只能是流于形式，而不可能实现利益最大化的目标。受制于国际政治的影响，汉冶萍公司最终不得不沦为日本的附庸。其结果之凄然、教训之深刻，令人扼腕痛惜！

总之，汉冶萍公司是晚清企业的代表，一方面它强烈需要采用先进的企业制度来提高经济效益，另一方面因主事者的官僚身份、地位以及办理企业的动机，使体制变迁深深陷入到晚清政治中，以至于企望通过改变体制以改变汉冶萍命运的愿望落空。汉冶萍体制变迁的结局是晚清企业制度变迁命运的缩影，深刻揭示其体制变迁及其变迁中政治因素的作用，可以达到解剖麻雀的功效，从而有效揭示近代企业制度转轨中存在的问题症结。

三 研究现状

中外史学界对汉冶萍公司的研究已经取得了不小成绩。民国时期，汉冶萍公司已经被时人关注，以《东方杂志》、《申报》为代表的一些报纸杂志有过相关的记述和报道，但称得上有分量的研究性文章却很少。吴景超的《汉冶萍公司的覆辙》，对汉冶萍公司失败的原因作了深刻的剖析，堪为当时研究的代表作。

迄今，对汉冶萍公司研究做出重大贡献的学者，主要有美国学者费维恺、中国台湾学者全汉升和大陆学者袁为鹏、夏东元、易惠莉等。费维恺先后发表了《中国早期工业化——盛宣怀（1844—1916）和官督商办企业》（美国哈佛大学出版社 1958 年英文版；中国社会科学出版社 1990 年中文版）和《十九世纪的中国工业化：汉冶萍煤铁厂矿有限公司个案》（载于《中国和日本的经济发展》，美国密歇根大学出版社 1958 年英文版）两部著作。后者的篇幅很短，无论是从内容还是研究视角和方法看，都可视为前者的续篇。这两部著作运用现代化的理论，对官督商办企业存在的社会环境、盛宣怀的个人素质以及这些因素在官督商办企业中的表现进行了探讨，提出不少独到见解，具有很高的学术价值。对汉冶萍公司，他抓住资金问题这一核心，对其最终失败的国内和国际因素做出深刻剖析，从主持者本身的素质到决策错误、从晚清的经济政治环境到当时社会的动荡、从汉冶萍自身存在种种问题再到向日本借债导致的被控制，无所不包，全面而深邃。但是，费氏的研究没有展开深入和详尽的叙述和剖析。中国台湾学者全汉升及其弟子对汉冶萍的研究形成了梯队。全汉升的专著《汉冶萍公司史略》（香港中文大学 1972 年版）、郑润培的《中国现代化历程——汉阳铁厂（1890—1908）》（台湾新亚研究所、文星图书有限公司 2002 年版）、林援森的《中国近代企业史研究——汉冶萍公司个案分析》具有代表性。①它们的研究对象、时段、角度并不完全一致，但揭示的主要都是企业经营史。全汉升的《汉冶萍公司史略》以时间为序，以重大事件和突出问题为重点，主要对 1890—1925 年的汉冶萍公司作了一个通史性的描述和研究，在其研究梯队中水平最高。但是，全汉升勾画的经营史还是较为粗略；在最后的第五章“汉冶萍公司失败的原因”和第六章“结论”部分，把该企业失败的原因归为经营不善，笔者觉得深度上稍有欠缺。中国大陆学者袁为鹏的博士论文《清末汉阳铁厂布局研究》也是研究汉冶萍公司的力作，从区位经济学的视角，对汉阳铁厂从宏观、中观到微观布局及其再布局的具体历史过程进行了考察，并在此基础上深入揭示影响铁厂布局的各种人文—自然因素，阐明了汉阳铁厂的布局及其经营活动与武汉一带经济、文化发展与地理环境变迁之间的相互影响、相互制约关系。难能可贵的是，袁为鹏主要抓住官场政治这一影响铁厂布局的决定性因素来阐述铁厂选址的原因。夏东元先生对汉冶萍的研究主要展现在他的开创性研究著作《盛宣怀传》中。目前，该书已有三个版本：最早的是 1988 年四川人民出版社版；10 年之后由南开大学出版社再版；最新版是 2007 年上海交通大学出版社版。和 1988 版相比，1998 版和 2007 版有改动，但大体结构未变。其中的第三章、第七章和第十四章都有大篇幅涉及汉冶萍公司及相关问题的内容。夏先生一方面对盛宣怀办理湖北煤铁矿务、接办铁厂及经营汉冶萍公司的相关史实进行了梳理，另一方面对很多问题提出深邃的见解，大大深化了史学界对于

---

① 全汉升先生另有多篇论文发表，如收录在《中国近代经济史研究（下）》（台湾新亚研究所 1991 年版）中的《汉冶萍公司历史的研究》和《清末汉阳铁厂》等。由于这些成果又被吸收进《汉冶萍公司史略》中，笔者在本综述中不再提及。

汉冶萍公司的研究。作为夏先生的弟子，易惠莉对汉冶萍公司也有潜心研究，已有多篇文章发表，代表性文章《盛宣怀与汉冶萍公司》上、下篇（参见易惠莉、陈吉龙主编的《二十世纪盛宣怀研究》，江苏古籍出版社 2002 年版）堪称力作，以盛宣怀在汉冶萍开发和建设上的重大行动为主线，重点对 1896 年盛氏接办铁厂至民国初年汉冶萍公司的日债和股本等给以深刻的透视和研究，涉及了很多他人尚未涉及的领域。如对 1907—1908 年汉冶萍合并商办案的原因和过程的考察，具有开创意义。

其他关于汉冶萍公司的研究，主要是散见的论文。就笔者所查阅的情况看，中国大陆方面自 20 世纪 70 年代末以来发表的相关文章有近 50 篇，代鲁、易惠莉、汪熙、袁为鹏等成果较为突出，台湾有代表性的论文，是谢国兴的《民初汉冶萍公司的所有权归属问题（1912—1915）》，载于 1986 年出版的《中研院近代史研究所集刊》第十五期（上）；彭泽周的《汉冶萍公司与日本的初期关系》和《辛亥革命与汉冶萍公司》，载于台湾“大陆杂志社”1975 年出版的《近代史外国史研究论集》一书中。另外，在一些经济史、外债史、外交史研究著述和张之洞、盛宣怀、孙中山等人物研究著述中，对汉冶萍公司也有不同程度的涉及，由于分布广泛，在此不再一一列举。①和论文相比，分布于著述中的研究往往着眼于史实介绍，相对而言意义较小。

论文的关注点主要有以下几个方面：1. 张之洞、盛宣怀等与企业的创办和建设，如：赵葆惠的《张之洞与汉阳铁厂》（《齐鲁学刊》1988 年第 2 期）；赵晓雷的《盛宣怀与汉冶萍公司》（《史学月刊》

① 代表性的如：许涤新、吴承明主编的《中国资本主义发展史（二）》中的很多部分；王国华的《外债与社会经济的发展》（经济科学出版社 2003 年版）的第 10 章《外债与汉冶萍公司的命运》；俞辛焞的《辛亥革命时期的中日外交史》（天津人民出版社 2000 年版）关于汉冶萍借款的交涉内容；谢放：《张之洞传》（广东高等教育出版社 2004 年版）的第 10 章；夏东元：《盛宣怀传》的第 3、7、14 章；吴相湘编撰的《孙逸仙先生传（下）》（台北远东图书公司 1982 年版）第 28 章第 5 节。

1986年第5期）；李海涛、自在的《李维格与汉冶萍公司述论》（《苏州大学学报·哲社版》2006年第3期）；杨华山的《郑观应与汉阳铁厂》（《郧阳师范高等专科学校学报·哲社版》1998年第3期）等。这些文章重点研究张之洞、盛宣怀等在汉冶萍公司创办和建设方面的决策及原因、成效、得失等。

2. 企业的经营管理及其失败的分析，如：车维汉的《论近代汉冶萍公司的衰败原因》（《辽宁大学学报》1990年第1期）；尹承国的《论汉冶萍公司经营失败的内在因素》（《当代财经》1984年第2期）；田鸿钧的《张之洞兴建汉阳铁厂的教训》（《决策探索》1987年第3期）；刘佩芝的《张之洞创办近代钢铁工业得失之我见》（《宁德师专学报·哲社版》2002年第4期）等，重点对汉冶萍公司经营失败原因和教训等进行分析，有成果，但力度尚表浅。

3. 日本与汉冶萍公司的关系。这是整个汉冶萍公司研究中被关注最多和分量最重的部分。主要从三个方面展开：一是对日借款问题，如：代鲁的《汉冶萍公司所借日债补论》（《历史研究》1983年第4期）和《从汉冶萍公司与日本的经济交往看国家近代化的政治前提》（《中国经济史研究》1988年第4期）；汪熙的《从汉冶萍公司看旧中国引进外资的经验教训》（《复旦学报》1979年第6期）；易惠莉的《盛宣怀在汉冶萍公司成立前的日本借款论析》（论文集《近代中国》第11辑，上海社会科学院出版社2001年版）。二是民国初年的“中日”合办问题，如：杨华山的《论南京临时政府期间汉冶萍“合办”风波》（《学术月刊》1998年第11期）；黄德发的《汉冶萍公司中日“合办”事件试探》（《中山大学学报论丛》1988年第3期）；孙立田的《民初汉冶萍公司中日“合办”问题探析》（《历史教学》1998年第3期）等。三是从外交角度的研究，如：彭泽周的《汉冶萍公司与日本的初期关系》；车维汉的《日本帝国主义侵掠汉冶萍公司述论》（《日本研究》1989年第2期）。这些文章对汉冶萍与日本关系作了较为广泛的梳理和探讨，对深刻认识汉冶萍的最终命运及相关问题有着重要意义。

4. 汉冶萍体制也是学者们涉及的范畴之一，如：代鲁的《清末汉阳铁厂的“招商承办”述析》（《清史研究》1994 年第 3 期）和《再析汉阳铁厂的“招商承办”》（《近代史研究》1995 年第 4 期）；李海涛的《清末民初汉冶萍公司制度初探》（《河南理工大学学报·社科版》2006 年第 1 期）；阎文华的《汉冶萍厂矿的公司制研究（1908—1925）》（中国硕士学位论文全文数据库 2005 年硕士论文）。代鲁重在对从汉阳铁厂创办到 1896 年被迫招商承办关于体制问题的相关史实进行了梳理。李海涛、阎文华重在对 1908 年后汉冶萍的公司治理结构进行分析，但对于公司制度的研究尚为粗浅。另外，袁为鹏的《清末汉阳铁厂布局研究》中对 1889—1896 年铁厂体制变迁的原因有涉及。易惠莉女士的《盛宣怀与汉冶萍公司》（下）对 1908 年合并商办汉冶萍的原因和活动也有一定展开。

学者们也关注到了其他一些问题，如：铁厂选址、管理中的官僚主义、钢铁销售、汉冶萍公司与近代的铁路建设的关系、1907—1908 年汉冶萍商办过程中的官绅商的互动、民国初年的所有权归属问题、辛亥革命对汉冶萍公司的影响、汉冶萍公司与日本八幡制铁所的科技交流、我国近现代钢铁工业发展的特征及比较，等等。

尽管汉冶萍公司的相关研究取得了一些成绩，但不足之处和盲点仍有很多：一是时段分布不均，主要在晚清和民国初年；二是研究点零散、不系统；三是研究的深度还不够。

具体到汉冶萍公司的制度建设研究，笔者觉得，迄今对制度研究成果较大者，是代鲁、袁为鹏和易惠莉。代鲁的《清末汉阳铁厂的“招商承办”述析》一文是研究汉冶萍体制的力作。代鲁先生对从汉阳铁厂创办到 1896 年被迫招商承办关于体制问题的相关史实进行了梳理，具体集中在三个时间点：（1）汉阳铁厂筹建前后，张之洞、盛宣怀关于采用官办还是官督商办体制的分歧以及张氏官办之局的确立；（2）1892 年冬，张之洞、盛宣怀关于铁厂官督商办的再议；（3）1895—1896 年间，张之洞被迫招商和盛宣怀接办汉阳铁厂实行官督商办。最后，代先生得出结论：汉阳铁厂最初的官办自有其合理性，之后的招商承办又有其必要性；这种由官而商的体制上的逐步递嬗，是历史的必然，也是当年处于半殖民地半封建落后国度兴办发展如近代钢铁冶炼这样的重工业的最为适宜的道路。代先生主要是对张盛分歧、张氏选择官办到最终的招商承办的过程进行了梳理，重在论证当年汉阳铁厂官办的合理性和招商承办的必要性。对于铁厂体制变迁的深层原因——张盛矛盾和争夺，只是较为表浅地有所触及。袁为鹏在代鲁研究的基础上，对官办、招商承办中的张盛官场矛盾和争夺作出了更为深入的剖析，指出：张盛争夺是张之洞选择官办的重要原因，1896 年的招商承办则是政治局势变化的结果；把对这一问题的研究推向深入。易惠莉研究的时段在 1908 年采行股份制前后，对盛宣怀利用当时立宪及绅商政治参与意识空前高涨的社会政治气氛、廓清汉冶萍合并商办的政治障碍等活动有较为详细的叙述，对汉冶萍合并商办的经济、政治等原因有独到的看法。一般认为，汉冶萍合并商办是为了招集股份的经济需要。她认为，盛宣怀合并汉冶萍的决策并非单纯的经济考虑，其中还包括重要的政治因素的考虑；并从 1906—1907 年袁世凯盛宣怀在清廷中枢的争斗、张之洞调离湖广总督、新任湖广总督赵尔巽对汉冶萍公司的插手等政治层面强调：盛氏合并商办的动机从来就主要是政治性的，他要牢牢掌握商办后汉冶萍的控制权。易惠莉运用了大量已刊未刊盛宣怀档案资料，并具有深邃和敏锐的观察问题的眼光，得出的结论自然独到和令人信服。而这一结论也是开创性的。

代鲁、袁为鹏、易惠莉在体制方面的研究，一方面具有开创意义，重要性不容低估；另一方面也为继续深入研究汉冶萍体制提供了良好的平台。

四　研究思路·方法·创新点

基于前人研究的不足，笔者准备在上述先行研究成果的基础上，以近两年在多家图书馆收集整理的汉冶萍资料为依据，参考包括近代相关的文集、笔记、日记、报刊在内的各种文献资料，对1890—1911年汉冶萍公司体制变迁中主持者采用不同体制的原因、动机、权谋及体制运作上采用的前近代传统管理方式（重点是人事管理）等，进行较为全面的梳理和研究。

为实现这一目标，笔者设计四章来展开研究。第一章，主要研究19世纪七八十年代盛宣怀办理湖北煤铁矿务时，先后采用的官办和官督商办体制的动机、用人原则和方法；湖北煤铁事务夭折原因及与体制的关系等。就时段看，本章内容不属于汉冶萍体制变迁的范畴，但是，湖北煤铁事务是汉冶萍公司的早期源流，其间发生的重大事件和体制的不同尝试，对于盛宣怀后来的企业制度思想和汉冶萍的体制都产生了重要的影响。故笔者立专章考察，尽管内容不够丰满，但地位较为重要。

第二章、第三章和第四章依次考察1890—1896年的官办、1896—1907年的官督商办和1908—1911年的股份制商办体制，思路基本是一致的，主要考察主持者选择体制的原因、动机、体制决策过程中的权谋、官场矛盾等晚清政治对于体制决策的影响和左右；体制确立后权谋、官场矛盾等对于运作的影响及效果等。通过考察重点揭示出：李鸿章、张之洞、盛宣怀等这些封建官僚或亦官亦商人物，采用体制的动机主要是从维护自身对于汉冶萍的控制权和在清廷中的政治前途考虑的。也正是这一自私的动机决定了体制变迁不过是形式的变更，体制在他们眼里不过是达到目的的手段或招牌。主持者的思维和经营理念、官督商办体制的运作等都没有超脱前近代传统的苑囿。

具体研究方法上，主要以史实考证为主，尽最大限度挖掘史料，比较接近真实地再现李鸿章、张之洞、盛宣怀等人在体制及其变迁决策上的原因、动机、权谋及体制运作中的传统管理方式等。同时，借鉴和利用一些经济学、管理学、心理学和社会学的理论知识来加强和辅助相关研究。

笔者拟展开的研究存在较大难度，主要有两点：一是潜规则问题。众所周知，晚清官场盛行潜规则。由于潜规则是不见诸于行文、普遍被接受、且在某些领域起着实际支配作用的行为规范，这给笔者的研究带来很大挑战。一方面，要探究真实的史实，就无法回避潜规则，而时人对此几乎没有留下什么历史记录。在庞大的晚清政府官方档案和封建官僚冠冕堂皇表白的文集中，我们很难全面和详细地窥见真实史实的原貌，甚至根本探知不到真相。历史研究讲求言之有据，晚清官场潜规则使笔者对一些重大史实的考证，不得不通过蛛丝马迹来相印证和推理。这就可能出现论据不足和结论说服力不够。另一方面，鉴于时下史学界对于李鸿章、张之洞、盛宣怀等人正面形象的研究和塑造，揭示官场潜规则可能不易引起人们的共鸣。这是因为，相对于明规则而言，潜规则是被道德和法律所否定的和不正当的行为规范，将李鸿章、张之洞、盛宣怀和潜规则联系在一起，未免形成对他们的负面印象。平心而论，笔者无意于损害他们的正面形象，只是本着尊重历史的原则来发掘和研究事实的真相。

二是心理分析问题。任何一件历史事实的产生都是人类内心世界驱动的结果，正如法国史学家马克·布洛赫所说："历史事实在本质上是心理上的事实。"①笔者在本书中拟以考察张之洞、李鸿章、盛宣怀等封建官僚或官僚型绅商在采纳和改变汉冶萍体制上的动机，以及在人事管理上的手段方式等为主，这就不可避免要采用一些心理分析的研究方法。人的内心活动十分微妙和复杂，当事人一般不会将自己

---

① ［法］马克·布洛赫：《历史学家的技艺》，上海社会科学院出版社 1992 年版，第 141 页。

的心理活动公开展示出来。这为心理分析带来很大难度，也是心理史学本身存在唯心主义倾向、结论不可靠等诸多缺陷的重要原因之一。再加上因晚清官场潜规则所导致的封建官僚说和思、行的分离，这为笔者的心理分析带来非同一般的难度。笔者首先需要甄别当事者说话的社会背景、心理动机、语言是否言为心声等因素，具体做起来十分不易。

尽管研究难度较大，笔者力求有所突破和创新。主要的创新点有：

1. 从封建官僚采纳和改变体制的动机，以及人事管理方式的角度着手对汉冶萍公司在晚清的体制变迁作一完整的描述。这是以前的研究所没有展开过的。代鲁先生主要对从官办到官督商办的转变过程做出描述，对于转变的原因揭示得不够深入。袁为鹏在他的博士论文中，对官办到官督商办也有过研究，并树起一家之言，但也没有对整个晚清时期作全面梳理。易惠莉女士也仅仅对1908年前后盛宣怀推动合并商办及原因作出深入考察。

2. 对张之洞最初关于汉阳铁厂体制的设想及其深层和直接原因进行了详细的考证和分析。学者代鲁和袁为鹏认为，张之洞是主张“先官办后商办”。笔者运用心理分析的方法，从张之洞的伦理价值观、个性、身份地位以及晚清政治等角度进行分析，认为：张之洞从一开始就主张官办，只是因其精明圆通的官场之术和当时官督商办的趋势，促使他口头上“先官办后商办”，而实际上就是官办。

3. 对1896年铁厂改行官督商办体制中的张盛政治交易和接办过程，进行了较为详细的考察和叙述。这也是前人所没有涉及的。关于张盛政治交易，不少学者提及时往往以民国时期叶景葵的说法为准。当然也有其他一些说法。但没有人对此进行考证。到底历史真相如何？笔者作出了初步考察。盛宣怀接办铁厂的过程，其实就是一个张盛以铁路为条件、施展权谋的过程，持续时间长，双方的动机和手段也很多。笔者的详细叙述和分析，把对这一问题的研究向前推进了一步。

4. 对于盛宣怀推动合并商办汉冶萍公司的动机，通过层层分析否定了当今史学界流行的经济原因说，基本弄清楚了盛宣怀改变体制的真实动机（政治原因）。这是前人基本没有触及的问题。

5. 对晚清末年汉冶萍公司的股份制运作，就盛宣怀颁布的股份制章程、招股中的政治运作以及公司法人治理结构的产生和运作、人事任用等典型方面展开了考察。这种解剖麻雀式的研究，也是前人所没有展开过的，对于尚处于起步阶段的公司法人治理结构的研究有重要的补充意义。

资料方面，总体上，可支撑的材料很丰富，湖北省档案馆所编的《汉冶萍公司档案史料选编》（上、下册）、陈旭麓等主编的《汉冶萍公司》（3 册）、有关张之洞的《张文襄公全集》（4 册）及其补充后的《张之洞全集》（12 册）、陈旭麓等人主持整理的盛宣怀档案资料系列、有关李鸿章的《李鸿章全集》等，都提供了翔实丰富的文献。另外，还有很多晚清官方资料如《光绪朝东华录》、《清史稿》等，也是可供利用的重要资料。当然，近代有关人士的资料、文集、笔记、回忆录等也是可资利用的财富。因此，尽管笔者能力有限，但这些资料还是保证了本文的基本厚度。

囿于学识，不足之处敬请方家不吝指正。

第一章　十九世纪七八十年代湖北煤铁矿务体制的最初尝试

汉冶萍公司的早期源流始于19世纪七八十年代盛宣怀办理的湖北煤铁矿务。受李鸿章委托，盛宣怀于1875年5月至1881年10月在湖北办理煤铁事务，历时近7年。这一过程大致又可分为二个阶段：1875年5月至1879年7月为第一阶段，先是在广济武穴的盘塘设厂；接着于1876年1月正式在此建立湖北开采煤铁总局，一面雇用洋矿师用洋法扦探试采煤矿，一面仍沿用土法开采。1879年6月至1881年10月为第二阶段，煤铁矿务的矿址和工作重心从武穴移至荆门当阳，盛宣怀裁撤湖北煤铁开采总局，另建荆门矿务总局，仍然主要办理煤务。但此阶段并未专力开采，而是主要经营煤斤的贩销业务。1881年10月，李鸿章批饬裁撤荆门矿务总局，湖北煤铁事业夭折。

湖北煤铁矿务事业的起步，是由当时中国所面临的国际国内形势所诱发。鸦片战后，侵华列强国家逐步增多和侵略程度日益加深，因交通需要，它们开始觊觎中国的煤炭资源。19世纪70年代以后，英法美等世界资本主义国家开始向帝国主义阶段过渡，这一要求渐趋强烈。同时期，清政府为了摆脱内忧外患已经展开了“求强”、“求富”的洋务运动。在这种国际国内背景下，时任直隶总督兼北洋通商大臣的李鸿章开始认识到办理煤铁事务的重要性，派心腹幕僚盛宣怀负责办理湖北煤铁资源的勘察和开发尝试。显然，湖北煤铁事务是当时洋务运动的一个组成部分。

由于清政府禁止民间采矿，当时中国社会能够提供的体制形式有两种，即官办和官督商办。官办是中国传统的企业制度，资金由政府筹措，当然也为政府所有，人事由政府任命，管理采用封建衙门的办法，生产则服务于政府的需要。官督商办则是近代西方的公司制引入中国后和中国传统官办企业制度结合的产物，是中国股份制的早期形态，发明者李鸿章设计为“官为保护，商为经营”，资本由商人筹集，股票向社会发行，官方负责督察和保护。考虑到当时清政府财政困难的情况，采取官督商办比采取官办更有利一些。这是因为官督商办拥有从社会上筹集资金的优势，还有助于提高商人经营的积极性和企业生产的效率。

李鸿章、盛宣怀等出于政治及其他多种因素的考虑，在办矿过程中先后尝试了官办和官督商办体制，实践的结果都以失败告终。这为盛宣怀后来的企业制度思想及汉冶萍公司的体制选择提供了深刻的经验教训。

湖北煤铁矿务事业失败的原因很多，学者们的看法也是见仁见智。从根本上说是由当时的传统政治所左右的。清廷对于湖北煤铁矿务的冷漠、决策者李鸿章和具体主事者盛宣怀将之当作捞取政治资本的手段等，是该事业失败的深层原因。因此，体制为湖北煤铁事务的失败所负责任是很小。

第一节　传统政治人脉关系与湖北煤铁矿务的展开

19 世纪 70 年代湖北煤铁矿务的兴起，是由晚清中国所面临的国际国内形势所诱发。鸦片战争以后，随着西方国家对华殖民侵略的加深和中西交通的日趋频繁，西方国家来华军舰、商轮日益增多，对燃料煤的需求也相应增加，于是，西方殖民者开始企图攫取在华开采煤炭的权力，先后觊觎我国台湾鸡笼（今基隆）等沿海地区和内地煤矿。1868 年，西方侵略者趁议定修约的机会，公开向总理衙门要求开采“京师之西山、长江之沿岸、山东、粤东产煤之处”[①]。面对列强的侵略要求，清朝有些官员提出自行开办新式煤矿，以保利权。“迨通商之后，洋人日多，往来渐稔，倘有奸民与为勾结，私行采挖，则办理必多棘手。夫私开既不能保其必无，则与其阳奉阴违，以酿事端而贻外患，何如因势利导，以利国用而厚民生。今若乘洋人未至之先，明弛矿场之禁，自行试办，则中国利权仍归中国，外人自不得而觊觎。”[②]

同时，19世纪60年代国内展开的洋务运动对煤炭的需求也在逐步上升。当时，中国国内煤炭生产主要是土法开采，远远跟不上洋务企业需求量。洋务派不得不从英国、日本等国进口煤炭。而进口洋煤价格昂贵，漏卮日甚。在这种情况下，以李鸿章为代表的洋务派开始认识到煤铁矿务的重要性，“船炮机器之用，非铁不成，非煤不济”[③]，并考虑用西法开采煤铁各矿，“中土仿用洋法开采煤铁，实为近今急务”[④]。同时，洋务派还认识到，兴办煤铁矿务还是开发资源和实现国家富强的一项重要措施。“查制造局、招商局用煤浩繁，今年虽间买鸡笼山之煤，仍办英国及东洋煤为大宗，则不如尽销中国自挖之煤为合算。”[⑤] 李鸿章强调，“东西洋无不开矿之国”，“且皆以此致富强”。[⑥]而英国能够成为当时世界上第一流强国，也是与采煤、冶铁工业的高度发达分不开的，“英国之所以雄强于西土者，

---

① 孙毓棠：《中国近代工业史资料》第1辑上，科学出版社1957年版，第213页。

② 中国史学会主编：《洋务运动》七，上海人民出版社1961年版，第361页。

③ 李鸿章：《筹议制造轮船未可裁撤折》，邱迎春等主编：《李鸿章全集·奏稿》卷19，时代文艺出版社1998年版，总第878页。

④ 李鸿章：《复翁玉甫中丞》，《李鸿章全集·朋僚函稿》卷15，总第3633页。

⑤ 盛宣怀：《湖北煤厂试办章程八条》，陈旭麓、顾廷龙等主编：《湖北开采煤铁总局·荆门矿务总局》（以下简称“盛档二”），上海人民出版社1981年版，第27页。

⑥ 李鸿章：《筹议海防折》，《李鸿章全集·奏稿》卷4，总第1071页。

惟藉此两端耳"①。鉴于此，洋务派开始议论用西法开采煤炭。1874年，因清政府筹议海防，直隶总督李鸿章、船政大臣沈葆桢上奏清廷，请开煤铁矿以济军需，得到允许。接着，李鸿章、沈葆桢奉旨于直隶磁州、台湾试办。②是年12月，李鸿章又上奏，建议在南省滨江、近海等处设法开采煤铁，③ 随即就密谕盛宣怀查复中国地面产煤产铁之区。1875年5月初，盛宣怀以轮船招商局名义札派张斯桂往湖北广济县武穴、盘塘一带山脉作初步勘察。7月，盛宣怀亲自到湖北，钦差湖广总督李瀚章、湖北巡抚翁同爵会札盛宣怀带同李明墀，查勘广济阳城山煤矿。经过相关考察后，盛宣怀决定在广济武穴阳城山南的盘塘设厂，湖北煤铁矿务正式拉开序幕。

显然，保利权和办洋务的需要为湖北煤铁矿务的兴起准备了条件。

一　李鸿章任用盛宣怀办理湖北煤铁矿务的人脉缘起

李鸿章能够主持湖北煤铁事务，由其当时在清廷中的政治地位所决定。在当时，办理煤铁事务必须要由官方来主持，原因有三：第一，清政府禁止民间私自开矿，办理矿务只能由官方直接办理或者官方主持。第二，采用西方先进的机器和技术开采煤铁矿务，在当时实属开风气之举。受当时中国传统社会民风保守、迷信风水等因素的影响，办理近代化的矿务必然面临很大的社会阻力。在这种情况下，主持者必须在清廷中具有影响朝局的权势和地位，既能影响清政府的决策，又能对办理过程中遇到的各种问题进行协调处理。第三，主持者还必须拥有前瞻的眼光，能够认识到开办新兴矿务的重要性和积极意

① 李鸿章：《筹议制造轮船未可裁撤折》，邱迎春等主编：《李鸿章全集·奏稿》卷19，时代文艺出版社1998年版，总第878页。

② 赵尔巽等撰：《清史稿》（第12册）卷124，食货五，中华书局1977年版，总第3667页。

③ 李鸿章：《筹议海防折》，《李鸿章全集·奏稿》卷24，总第1071页。

义。只有这样，他才能在办理煤铁矿务上打破各种阻力，走在新兴事业的前列。而李鸿章正具备这些条件。李鸿章，字渐甫，号少荃，安徽合肥人，出身于封建官僚家庭，从小接受传统封建教育。1847 年参加会试，中二甲第十三名进士，朝考后改翰林院庶吉士。1850 年改授翰林院编修。所有这些预示了李鸿章要走一条传统士子所共同走过的政治升迁之路。然而，紧接着发生的太平天国运动使他走了一条依靠军功升迁的道路。为了安定清王朝统治，李鸿章于 1853 年开始投身于镇压太平天国运动。凭着镇压太平天国获得的政治资本，李鸿章迅速崛起，1870 年被任命为直隶总督兼北洋大臣。直隶总督实乃疆臣之首，“朝廷以拱卫相期，中外以绥怀相属”①，由此，李鸿章成为清廷倚重的举足轻重的地方大员。同时，李氏还是当时有着超前眼光和务实态度的官僚。在镇压太平天国运动的过程中，他逐渐认识到，当时的中国正面临“数千年未有之强敌”的威胁，疾呼中国“应建数千年未有之奇业”，也就是要学习西方、开展洋务运动，以安定和挽救清王朝的统治。于是，李鸿章以其政治地位、政治能力和眼光等，承担起了主持湖北煤铁矿务的重任。

李鸿章任用盛宣怀办理湖北煤铁事务，有着重要的人脉考虑。李盛关系源自李鸿章和盛宣怀父亲盛康。盛康，字旭人，江苏省常州府武进县（今常州市）人，出身于封建官绅家庭，道光二十四年甲辰科进士，1860 年后先后任湖北粮道和盐法道。他注重经世致用之学，晚年辑有《皇朝经世文续编》一书。因两人同为道光二十四年甲辰乡试恩科的举人，盛康后来与李鸿章结为金兰之交。我们知道，在中国传统封建社会里，家国同构的封建宗法族制及由此形成的封建伦理政治文化（以儒家思想为核心），构建起一个人在社会人际网络中的位置及其错综复杂的人脉关系网。因此，人脉关系成为传统社会人们立身处世的重要依靠。盛康与李鸿章的这层关系，在传统中国社会里属于

① 李鸿章：《复郭意城内翰》，《李鸿章全集·朋僚函稿》卷 15，总第 3609 页。

很重要的朋友关系。尽管盛康官不过道台，对盛宣怀没有太大的帮助，但盛康与李鸿章的这层关系使盛宣怀后来成了李氏的世侄。[①] 据野史传闻，盛宣怀曾拜李鸿章为义父。[②]这一传说是否属实，固然很难得知，但盛宣怀和李鸿章密切的人脉关系是建立在其父与李氏朋友关系基础上，则是无疑问的。

当然，盛宣怀能够赢得李氏的信任和照拂，还与盛氏的个人才能有关。盛宣怀，字杏荪，号愚斋，幼聪慧，“颖悟洞彻，好深湛之思”[③]。从小接受传统的封建教育，但先后三次参加乡试都未能中举。1870 年，经追随李鸿章在江苏无锡等地办团练与太平军为敌的杨宗濂推荐，盛宣怀顺利进入李鸿章幕府，不久即获得李氏的赏识和器重。李氏将他视为心腹，对之不断刻意栽培，1872 年及其后，李鸿章筹备轮船招商局，曾先后命其拟定轮船招商章程；并被委任为会办。而此时的盛宣怀还不足 30 岁。对于李鸿章的栽培，盛氏颇为感恩，视李鸿章为自身事业的引路人，引为“毕生第一知己”[④]。

以盛宣怀的才能而论，选择他办理湖北事务本无可厚非。但李鸿章以人脉关系作为任人的重要原则，则有值得斟酌之处。不可否认，作为封建王朝的支柱，李氏办理湖北矿务是受保利权和满足洋务企业对煤炭的需求所推动，有维护清王朝统治的重要目的。然而，他还有着更为复杂的个人政治动机。他是把办理湖北矿务作为培植亲信、加强自己在清王朝中政治势力的机会。因此，他视湖北煤铁事务为禁脔，不会将之交给一个和自己没有任何关系的人物来经办。在这种情况下，盛宣怀以个人能力以及与李鸿章的密切关系，获得了李氏的信任和倚重。

---

① 苏同炳：《中国近代史上的关键人物》下，百花文艺出版社 2000 年版，第 817 页。

② 同上。

③ 盛昌颐：《愚斋存稿·行述》，台北，文海出版社，第 8 页。

④ 同上书，第 13 页。

二　李鸿章、盛宣怀选择湖北办矿的政治人脉考虑

李鸿章、盛宣怀选择湖北作为办理煤铁矿务突破口的原因，也是一个值得探讨的问题。学者徐元基、袁为鹏等提出了一些看法，主要可以归纳为：自然地理条件、人事条件、长江通商条件、社会阻力小、战略位置重要等。①

李鸿章、盛宣怀考虑到自然地理、交通等因素，自在情理之中。这是因为，办理大规模的煤铁矿务，自然地理中的矿藏状况、交通是否便利等，是必须考虑的基本条件。而战略位置因素一般是特殊背景下的产物，李盛有这方面的考虑也属正常。但是，这些因素是不是李盛的首要考虑呢？笔者持不同看法。

从矿藏的自然地理条件看，李、盛近代科学技术知识的缺乏，使他们在决策之初对于矿藏因素没有清醒的认识，也使他们不会将这一因素作为首要因素来考虑。采用近代技术办理新兴煤铁矿务在当时中国属于首创，李鸿章、盛宣怀缺乏所需的相应科技知识，尽管对矿藏状况会有一定程度的考虑，但准备不足。盛宣怀后来曾述及选择湖北办矿的缘由说："因忆从前随官鄂中，见广济县禀禁开挖武穴煤山，丁卯年（同治六年，1867 年——引者注）履其地，乃知其地滨江，考其志始知该山属官，怦怦于中将十年矣。"②这表明，盛宣怀选择湖北广济着手办理矿务，主要是出于自身的经历以及由此涌动的热情主观做出的，而不是在对当地资源的数量、质量经过确切了解和科学决策的情况下做出的。开矿半年后盛氏才向李鸿章辛酸述起办矿的"十难"③，这在一定程度上进一步说明，李、盛对于自然地理因素考虑准备不足。事实上，广济武穴的矿藏经过后来探明，煤储量少、质量差、分布状况不适宜于大规模开采，或者说

① 参见徐元基《洋务派经办湖北开采煤铁总局的几个问题》，《江汉论坛》1981 年第 5 期；袁为鹏：《清末汉阳铁厂布局研究》第一章。

② 盛宣怀：《湖北煤厂应归湖北筹办并拟改归官办议》，盛档二，第 32 页。

③ 《盛宣怀致李鸿章函》，盛档二，第 63—64 页。

不具有开采价值。而这一结果又充分印证了李、盛因缺乏近代科技知识、对办矿的资源要求认识不足的史实。更何况，他们还认为，“中国煤窑以及铜铁金银各矿随地皆有”①。在这种情况下，李、盛不会将这一因素作为重点来考虑。

就长江通商条件而言，湖北有可资利用的黄金水道，长江河运优越，这是办理煤铁矿务的有利条件。但是，具有这一优势的省份还有江西、安徽、江苏等省，而这些省份距离上海比湖北更近。在当时河运并不发达的条件下，如果单从长江航运看，此三省的运输自然更方便。另外，徐元基把“官局产品运销可援照洋货享受优越待遇”作为汉口所具备的长江通商条件来考虑②，笔者觉得不妥。这是因为，作为第二次鸦片战争后开辟的通商口岸，汉口所享有的这一优惠，是在湖北开办煤铁矿务之后才得到的（具体地应该是从 1877 年始），因此，这一因素不可能成为此前李鸿章选择湖北办矿的一个理由。总之，长江通商的交通条件也不会是李盛首要考虑的。

就战略位置而言，李鸿章确有以湖北办矿成功为榜样来扩大社会影响的意图。但是，以李鸿章的现实态度而言，树立榜样不过是一个附带的期望，而不会是他追求的最终目标，更不会是他首要的目标。综上所述，自然地理因素、长江通商条件、战略位置重要等，都不是影响李鸿章、盛宣怀选择湖北的决定性因素。

笔者觉得，李盛选址湖北的第一着眼点是人事因素和社会阻力因素（大而言之，两者实都为人事因素，因为社会阻力的大小还主要看地方政府的支持程度）。

首先，直隶磁州煤矿开采的夭折给李鸿章等提供了反面的教训，使他们对于矿址所在地方政府的人事因素和社会阻力因素有了更为深切的认识。1874 年，李鸿章和福州船政大臣沈葆桢得清廷批准所办理

---

① 《湖北煤厂试办章程八条》，盛档二，第 25 页。

② 参见徐元基《洋务派经办湖北开采煤铁总局的几个问题》，《江汉论坛》1981 年第 5 期。

的直隶磁州和台湾基隆煤矿，分别在两人的管辖区之内。显然，矿址的选择不是随便作出的，而是基于在自己辖区内可以保障矿务的顺利展开和减少不必要的人事阻力的考虑。中国是一个传统的封建君主专制的国家，政治权力支配到社会的每一个角落，办矿的成败在很大程度上取决于中央和地方政府是否支持及支持程度。得到清政府支持后，在自己的辖区内就容易管理，而在其他地区则会出现扯皮甚至拆台的现象。作为清廷重臣的李鸿章、沈葆桢，对此是很清楚的。

然而，李鸿章在自己的辖区内遇到了另外的麻烦，即：遭遇到了民变和保守派官僚的反对。①相比而言，民变较为容易解决，只要地方政府拥有相当的权威，并采取相应的积极措施，就可以及时消弭。磁州煤矿引起的民变不过是昙花一现。但保守官僚的反对则令人头痛。直隶是清朝统治的中心，也是顽固守旧势力最集中的地方，在这里办理矿务所遇到的保守势力的抵制，远非其他地方能比。即使是权倾朝野的李鸿章也必须妥协和让步。在这种情况下，在选择下一个办矿地点时，李鸿章、盛宣怀自然会把政府人事因素和社会阻力因素放在首要地位来考虑。湖北煤铁矿务开展后不久，盛宣怀深有体会地说："百姓惟州县是视，州县惟督抚是视。倘来一大府，迂拘偏执，素所厌恶，此等创举，虽已成之局，势难中辍，万一稍有事故，便加痛诋，上下必为之解体。矿事动与地方相维系，非比制造、轮船，只须有米为炊，与地方毫无交涉。"②

其次，当时湖北地方政府有利的人事及湖北社会阻力较小的因素，对李鸿章、盛宣怀办理矿务确实最有利。具体地，主要表现在以下三个方面：其一，湖广总督为李鸿章的胞兄李瀚章。和李鸿章一样，李瀚章也是凭借镇压太平天国的军功迅速起家的，1870 年获得实授的湖广总督之职。此后，除了 1875 年夏至 1877 年短暂调离外，一

① 参见孙毓棠《中国近代工业史资料》第 1 辑下，第 570—572 页。

② 《盛宣怀致李鸿章函》，盛档二，第 64 页。

直担任该职位至1882年。盛宣怀办理湖北煤铁事务正好是在李瀚章的湖广任内。李瀚章比较保守，对洋务“素少涉猎”，但在中国这个崇尚血缘伦理的社会里，对于胞弟李鸿章主持的事务一定会全力支持。在湖北矿务办理之初，适值李瀚章因奉旨办理马嘉理案即将调离湖广。就在离开之前，他和湖北巡抚翁同爵联合会札，支持盛氏到武穴办理矿务。动身去云南的前一天，还特意致函盛宣怀减少其办矿顾虑：“阁下拟就已成之局，雇夫逐渐开挖，将来操纵在我，所见甚是，已与玉帅（翁同爵——引者注）剀切言之。”①此后，李鸿章为鼓励盛宣怀安心在湖北办矿，多次以李瀚章即将回任湖广事对他说，办矿“不患无人支持”②、“家兄到鄂后，就近详析禀商，必能主持一切”③。盛宣怀对李瀚章的支持也是颇为依赖的，对其回任充满了期待，并给他写信表明自己的决心：“嗣后矿务得赖主持，自不致半途功堕，惟有益矢勤慎，以期无负宪恩于万一。”④其二，湖北巡抚翁同爵，和盛宣怀有世家交谊。翁同爵出身江苏常州豪门望族，和盛宣怀是同乡。盛氏家族名望虽无法和翁氏家族相比，但在常州也是颇有名气。盛宣怀的父亲盛康和翁同爵的父亲翁心存早有往来，两家有通家之谊，彼此关系不错。同时，翁同爵任事谨慎小心，办事稳慎，为人处世平和。鉴于家世和个人因素，翁同爵对盛宣怀办矿必然会提供大力支持。事实也确实如此，盛宣怀曾予以肯定：“玉帅遇事颇肯关垂……凡此措置之顺遂，实赖主持之在先。”⑤其三，盛宣怀在湖北官场有一定的政治人脉基础。盛康曾在咸丰、同治年间历任湖北署理督粮道、盐法武昌道、递署按察使、布政使，盛家在湖北官场有一定的交谊。盛宣怀本人在其父湖北衙署时，也接触了一些中下层官吏，对湖北官

① 《李鸿章致盛宣怀函》，盛档二，第10页。
② 《李鸿章致盛宣怀函》，盛档二，第122页。
③ 《李鸿章致盛宣怀函》，盛档二，第157页。
④ 《盛宣怀致李鸿章函》，盛档二，第148页。
⑤ 《盛宣怀致李鸿章函》，盛档二，第65页。

场的情况有一定的了解[①]，这对于他办理矿务非常有利。当然，湖北远离政治中心，保守派势力较弱，对于新兴的矿务事业阻力较小，也是非常有利的政治条件。

综上所述可知，是湖北这种有利的政治人事因素，促使李鸿章和盛宣怀在磁州办矿中止后，做出了在湖北办理煤铁矿务的决定。当然，在儒家传统伦理支配下的近代中国，李盛的这一考虑是比较现实的。

第二节　李鸿章、盛宣怀的体制决策及分析

在湖北煤铁矿务办理的近七年间，李鸿章、盛宣怀对于体制有过“从官督商办到官办再到官督商办”的设想、选择和转换。每次的设想、选择和转换都体现出两人不同的思维和目的。具体考察和透视这一设想、选择和转换的决策过程，有助于更深刻地认识问题的实质。

一　李鸿章、盛宣怀最初设计的方案——官督商办

湖北煤铁矿务正式筹划始于1875年5月初，盛宣怀札派张斯桂往湖北广济县武穴、盘塘一带山脉作初步勘察之时。其后，开发活动进入正常运作。在筹备之初、各项事务还处于千头万绪之时，李鸿章已经拟定采用官督商办体制的设想，并于1875年6月29日致函盛宣怀，交代他：“仍先集股本，酌议章程。”[②] 这是李氏关于湖北矿务采用官督商办体制的最早表述。接着，李鸿章安排盛宣怀到湖北去具体策划实施办矿活动。7月7日，盛氏抵达武昌，按照李鸿章的意图先后拜会了李瀚章和翁同爵以取得二人的支持。接着，翁同爵札委汉黄德道兼江汉关监督李明墀、湖北候补知县史致谟与盛氏一道到广济阳城山

① 夏东元：《盛宣怀年谱长编》上，上海交通大学出版社2004年版，第9—10页。

② 《李鸿章致盛宣怀函》，盛档二，第7页。

查勘煤矿，协助其工作。经过勘察，7 月 24 日，盛宣怀决定在阳城山南的盘塘设厂，建立湖北开采煤铁总局，即日起开始雇工试挖。9 月 16 日，李鸿章正式指示："援照轮船局办法招商集资"，"但不准洋人入股，致滋物议"[①]，把官督商办的思路明确肯定下来。

李鸿章选择官督商办是较为现实的考虑。当时可供选择的体制有四种：中国传统的官办、商办、西方股份制的商办、中西融合的官督商办。由于清政府禁止民间开采，传统的民间商办被排除。西方的公司制商办体制虽然已有外商在华所办企业中得到应用并显示出强大的生命力，但由于封建势力的顽固和强大，清廷对此持排斥态度。[②]因此，湖北煤铁矿务在体制上只有两种可行的选择：官办或者官督商办。在前近代传统社会里，封建政权往往垄断煤铁开采经营，官办是当权者所愿意主导的，由政府出资、政府控制，用人、经营由政府一手决定。然而，经过 19 世纪五六十年代内忧外患打击的清政府，财政匮乏，难以提供充足的资金支持。另外，当时洋务派采用传统的官办形式兴办的新式军事工业，因经济效益低下已经招致保守派官僚的抨击。1872 年，内阁学士宋晋就以福州船政局和江南制造局靡费为由，奏请裁撤两厂。在这种情况下，湖北煤铁矿务如采用官办，显然要面临很大的阻力和压力。相比而言，官督商办则是最为可行的。该体制由李鸿章所设计和初创，并在他所创办的轮船招商局首先进行尝试。其思路是："由官总其大纲，察其利病，而听该商等自立条议，悦服众商"[③]；"所有盈亏，全归商认，与官无涉"[④]。这可以概括为两项原

① 《李明墀、盛宣怀上李鸿章详》，盛档二，第 39 页。

② 1867 年，中国第一位留美学生、买办商人容闳首先提出建立近代公司制轮船公司的方案，但被曾国藩和总理衙门束之高阁。容闳一向为曾国藩所倚重，与李鸿章等也有密切交往，而这两人都是所谓的"中兴名臣"为清廷所倚重。其方案被搁置，充分说明当时传统封建保守势力的强大。

③ 《总署收北洋通商大臣李鸿章函》，台北"中央研究院"近代史研究所编：《海防档·购买船炮》第 3 册，第 920 页。

④ 李鸿章：《试办招商轮船折》，《李鸿章全集·奏稿》卷 20，第 923 页。

则，即：经营管理原则和盈余分配原则。分配的原则比较明确，而经营管理的原则并不明确。[①]撇开经营管理和盈余分配原则不谈，单就政府不放弃控制而又能够从民间筹资这一点说，该体制更能获得广泛的认同。

根据李鸿章的要求，大概在10月下旬或11月初，盛宣怀拟订了《湖北煤厂试办章程八条》，将官督商办写进其中。具体规定如下：

> 特此类创举，责之民办，而民无此力；责之商办，而商无此权；责之官办，而官不能积久无弊。惟有援照轮船招商局官督商办之一法，商集其费，民鸠其工，官总其成，而利则商与官、民共之。现定章程系用商本，售出煤价除每百墩提捐堤工、书院、宾兴、首士经费二十四串，并照轮船局总提局用五厘外，一概归账，按年照本支取官利，并酌销器械各耗，所有余利以六成归商，以三成归官，以一成作为花红。夫商以资本获官利，而更有余利六成以及之，此商之利也；民以开挖获工食，而更有修堤实惠以及之，此民之利也；官则坐取其厘税，而更有余利三成以及之，此官之利也。[②]

盛宣怀是官督商办体制的倡导者和有力支持者。[③] 上述内容既是李氏指导思想的体现，也反映了盛氏的真实想法。字里行间透露出乐观和自信，同时也展现出他敏锐和深邃的眼光。客观地说，盛氏上述关于官督商办的设想，已经超越了筹集资金的目的。他主张官、商、民共同参与，商人出资，官方保护，民出其力，最终达到利益共享、

① 吴承明等：《中国资本主义发展史》二，第449页。

② 盛宣怀：《湖北煤厂试办章程八条》，盛档二，第25页。

③ 夏东元先生认为，盛宣怀1872年拟定的轮船招商局章程《上李傅相轮船章程》，是中国办民用工业企业第一个商本商办章程。参见《盛宣怀年谱长编》上，上海交通大学出版社2004年版，第13页。

各得其所，是建立在当时中国的政治、经济等社会现实基础之上的。对于煤厂官督商办的未来及其所起示范作用，他满怀憧憬："盖欲以湖北一厂树之准的，使由鄂省以推及各省，由煤矿推及各矿，皆得闻风乐从，而踵行无弊……凡华商入股无分彼此，皆利在中国也。"①

二　盛宣怀突然要求改归湖北省自办或官办及其原因

出人意料的是，就在官督商办方案公布后半个月，盛宣怀的态度发生了一百八十度的大转变。11月中旬，他向李鸿章提出改变煤厂体制的建议，要求改归湖北省自办或官办。他说：

> 如磁州、台湾、祠山、乐平、潍县、池州等处，俱经勘议而未成。窃尝思其不效之故，由于本省官民与客官、客商情谊不洽，譬诸人之一身，上中下三焦不通，即成膈症。于是筹思各省矿务应归各省自办，而使官、商、民同溥其利，则三焦通矣……逆料（湖北——引者所加）官绅之成见，必归本省筹办，方无异议。逆料地方掣肋〈肘〉，必与士民共利，方无阻梗。故鄂省虽上下不以为然，而仍苦志经营，力陈利归本省之说，而异议者始熄，斯役方底于成。
>
> ……外国办一事即开一事之公司……各自集资筹办，所以各自有成，并未闻以一公司而能包罗一国之利权，以一人而能毕天下之能事。盖人心各有信从，而办事贵乎专责……若以湖北已成之煤厂改而归并轮船，出自宪意，谁敢不遵！其将就此一矿而止耶？抑尚欲劝他省呕尽心血而创其成，俱为我攫而得之耶？……忆自本年三月饬张令斯桂赴鄂，至今半年矣。局内局外知之甚详，而有责其谬妄，而绝无人惠然匡助，相与图成。逮至股份招定，规模粗具，而始议改归并，遵饬招商者何面目以谢众商！今

① 盛宣怀：《湖北煤厂试办章程八条》，盛档二，第26页。

欲令轮船局商人多沾余利，而使创办者失信于人，夫何足惜。使富强大举，有始无终，缩大为小，诚足惜矣！如谓轮船之商是官办，而煤厂之商非官办，则必谓开煤非可奏之案，非已详之案，非今已饬官督商办之案而后可……且煤厂与机器、招商两局相表里，是以磁州原议设煤厂，中堂责成津、沪机器局议办，而不责成招商局，诚以机器局为国家御侮之本基，而招商局究系众商公司……今者，中堂垂爱万分，以谓归并亦借可分创办者之谤，而创办者反欲以归并重主持者之谤，曷敢出此！

再四筹思，为保全此局、推广各省，除本省招商自办外，惟有仍照磁州原议，改归官办一法。①

盛宣怀主要表达了两层意思。其一，他以磁州、台湾等地煤矿勘议未成的原因是官办所致以及湖北官绅要求自办和湖北地方掣肘等事实，要求改变煤厂体制。其二，盛氏首先引证“外国办一事即开一事之公司”、接着陈述创办湖北煤厂之艰辛、最后用磁州煤矿责成津沪机器局议办的事实，表明自己反对将湖北煤厂归并轮船招商局的意见，由此要求改变湖北煤厂的体制。

盛宣怀的话语充满了自相矛盾和牵强附会之处。首先，他在第一层意思里说磁州、台湾等地煤矿勘议未成的原因是官办所致，要求地方自办。以此逻辑推理，官办是不可行的。在第二层意思里他却又坚持官办。这是互相矛盾的。其次，他所述湖北官绅要求自办和湖北地方掣肘的事实很牵强。前已分析，盛宣怀选择湖北作为办矿的突破口，显然是看中了湖北地方政府的政治人脉关系。以此做后盾，不会轻易引致湖北地方官绅的掣肘和反对。可以判断，盛氏所述该事实几乎是子虚乌有的，笔者在查阅相关文献时没有看到相关的史料。

盛宣怀不惜以子虚乌有的事实来反对官督商办，其真实心迹又是

① 盛宣怀：《湖北煤厂应归湖北筹办并拟改归官办议》，盛档二，第32—33页。

什么呢？直接来看，在于反对将煤厂归并到轮船招商局，这在他的第二层意思里已经表述得很清楚。官督商办方案公布后，有人提出将煤厂归并到轮船招商局。这一提议得到了李鸿章的支持。动议者的身份及其主张合并的动机等史实，笔者试图做出考证，但未能如愿。从上述盛宣怀之言猜测，动议者可能是以两者同为官督商办体制为由，建议将两者合并。对此，盛宣怀极为愤怒，言语之间十分动情，甚至不惜冒犯李鸿章的权威。

从更深层次来说，他反对归并的真实原因说到底是一个“权”字，也就是说，他不愿意失去对湖北煤铁事务的控制权。更何况，煤厂归并轮船招商局，实际上是将煤厂的权力交到自己的敌手唐廷枢手中了，这无论如何是他所不愿意看到的。盛、唐矛盾源起于轮船招商局内的权力之争。19 世纪 70 年代初轮船招商局筹备之时，李鸿章对盛氏很是信任，命他拟定轮船招商章程等，还瞩望于让他来做轮船招商局总办。可是，因资历、声望等因素，他最终输给了当时在上海商界颇有影响的唐廷枢、徐润，出任总办的愿望落空。在唐廷枢、徐润上任后一个月，李鸿章才札委他为会办，兼管揽载、漕运，而这两方面实际有徐润和朱其昂兄弟分别具体负责。这样，盛宣怀在招商局领导层中处于微妙而无实权的地位。后来他自称的在招商局“滥竽四年”系实情。盛氏尴尬的地位，埋下了他与唐廷枢、徐润之间矛盾的种子。因此，当李鸿章准备将湖北煤厂并入轮船招商局时，他强烈反对并立即出击，希望通过改变体制避免两者的合并，从而保证自己对于湖北矿务的控制。显然，盛宣怀要求推翻官督商办成案，并非在于该体制本身及其是否适合湖北煤铁事务，而在于通过改变体制达到对湖北事业的掌控。和李鸿章一样，他抱有明显的自私自利的个人动机。

在追求个人私利的政治动机上，刚刚出道的盛宣怀就已然有了和李鸿章相同的想法，这绝不是偶然的。追根溯源，和其所受的中国传统政治文化的浸染有关。盛宣怀出身于封建官宦之家，从小受到传统的封建儒家价值观教育；和传统社会里众多的士子一样，他也崇尚政治权力，希望通过科举之路获得晋身之阶，但最终未能如愿。[①]由于受其父盛康注重经世之学的影响，1870 年进入李鸿章幕府后，他走了一条时人并不看重的办理近代洋务事业的道路。然而，这并不意味着他放弃了传统的人生观、价值观。相反，他要通过办理洋务这条新的道路来实现自己入阁拜相的人生理想。1876 年，李鸿章对他的人生追求做出这样的评价："盛杏荪机智敏达，而乏毅力，其条陈固欲办大事，兼作高官。"[②] 也就是说，盛宣怀既要办理洋务事业，又追求官场升迁，且通过办理洋务实现政治飞黄腾达的目标。李鸿章准确把握到了盛氏的脉搏，预见到了其后他在官商两界翩跹起舞的人生之路。在这一价值观支配下，盛宣怀反对将湖北煤厂合并到轮船招商局和通过改变煤厂体制以实现自己的控制，也就顺理成章了。

尽管盛宣怀提出了由湖北省自办和官办两种方案，但他最希望的是官办，由自己一手掌握煤厂权力。他的主张很快得到了李鸿章的支持。笔者没有找到李鸿章转变态度的相关资料，但以李盛密切的私人关系以及前近代中国社会用人的原则看，李氏的态度极为正常。1875 年 11 月 20 日，李鸿章函告翁同爵，广济开煤改商办[③]为官筹本督办；并要求盛宣怀代拟李鸿章、沈葆桢、翁同爵三人的会奏稿。[④] 1876 年 1 月 13 日，盛宣怀拟定《湖北开采煤铁总局试办开采章程六条》，其中规定："所需开采资本已奏定在直隶拨给制钱二十万串，湖北拨给制钱十万串。并声明用竣之后，续筹接济。此项奉拨之款，由局陆续请

---

① 盛宣怀于 1866 年在江苏常州参加童子试中秀才。此后又于 1867 年、1873 年和 1876 年三次应乡试，均名落孙山。于是"遂绝意科举"。

未能通过科举考试获得功名是盛宣怀终生深感遗憾的事情，他曾告诉他的儿子们一生有三件遗憾之事，其中之一便是这一件。参见《愚斋存稿·行述》，第 37 页。可见，官场升迁对盛宣怀有多重要。

② 年子敏编注：《李鸿章致潘鼎新书札》第 120 函，中华书局 1960 年版，第 102 页。

③ 即官督商办。盛档资料中所使用的"商办"一词，在 1907 年之前基本上都是官督商办之意。为和资料保持一致，笔者此处也采用"商办"一词来表达官督商办的含义。

④ 李鸿章：《复翁玉甫中丞》，《李鸿章全集·朋僚函稿》卷 15，总第 3633 页。

领，责成职道宣［怀］驻局亲自勾稽。"①翌日，"湖北开采煤铁总局"关防启用，该局正式成立。接着，直隶总督兼北洋大臣李鸿章、钦差两江总督兼南洋通商大臣沈葆桢、兼署湖广总督和湖北巡抚翁同爵联合会奏，请委派盛宣怀会同李明墀试办开采鄂省煤铁。2月1日，清廷谕准三人会奏。湖北开采煤铁总局创建完成，官办体制也就此确定下来。

三　李鸿章、盛宣怀再行官督商办的决策

湖北开采煤铁总局历时四年多，1879年夏，盛宣怀将之裁撤。随即，矿务重心转移至湖北荆门，另建荆门矿务总局，其体制重新采行官督商办。

矿务重心的转移和体制的转变，与湖北煤铁事务初期对于湖北矿产资源的勘察密切相关。湖北开采煤铁总局成立后，盛宣怀先后雇用英国矿师马立师和郭师敦对湖北矿产资源情况进行勘探。郭师敦经过科学勘探考察后得出结论：广济、兴国、宜昌等地煤炭储量小、煤质差，没有使用机械开采的价值。②惟荆门窝子沟一处"所产白煤堪以熔化生铁"，但煤层"仅厚十六寸，亦不得为厚"，运输也不方便，"转运艰难，脚费较巨"③。同时，郭师敦还在大冶发现了矿质极佳、世所罕见的铁矿，"该矿铁质分化极净，净质之内并无硫磺杂质"，"洵称上等佳铁，足与英、美各国所产上等铁矿相提并论"。且铁矿附近还有炼铁所必需的锰铁、石灰石等，至为难得。④该结果表明，湖北的资源状况是"煤劣铁优"。而这又大大出乎李鸿章、盛宣怀的意料。

① 盛宣怀：《湖北开采煤铁总局试办开采章程六条》，盛档二，第43页。

② 参见《郭师敦勘矿报告》，盛档二，第213—224页；《归、巴煤铁勘矿报告》，盛档二，第228页。

③ 《郭师敦勘矿报告》，盛档二，第267页。

④ 《郭师敦勘矿报告》，盛档二，第278—279页。

李鸿章对湖北的期望是找到适合机器局、招商局所需的煤，其指导思想是“先煤后铁”。早在1877年初，他就致函盛宣怀说明了不办铁务的思想，“制局全用洋铁，今不学西人炼铁之技，纵开矿得铁，亦废器耳”①。是年8月，他再次告诉盛氏：“专望鄂煤得利，渐次推拓，以为开铁张本。其应购开铁机器亦止有就已拨之款指用，饷项奇绌，碍难另筹经费。前亏已及三万金，目下煤铁势难兼营，似应收窄局面，专力开煤，俟洋法得手之后，再图大举，较有把握。”②在这一指导思想下，李氏在办矿之初给盛宣怀以有力支持。为保办矿成功，他多次给盛氏加油鼓劲：“既经创办，亦必使成功获利而后已，乃不贻笑于中外。”③ 1877年夏天，盛氏在鄂办矿的态度发生动摇，想从湖北脱身。他没有应允，再次打气说：“鄂省矿务中外具瞻，成败利钝，动关大局，一涉颓沮，势必旁观窃笑，后来裹足……鄂省则足下立足之地，自应在鄂得手，方为办理有效”④，“荆、宜、施所属矿产极富，若由矿师查勘明确，耐心在彼开采，当不致又无把握。直隶开平矿产……现尚未经筹办，欲俟阁下在鄂开采有效，庶开平仿办亦易。若湖北奏办数年，竟以毫无成效，改而他徙，则多谋少成，适足以贻局外之口实也”⑤。

可是，当郭师敦勘明湖北“煤劣铁优”的资源状况后，李鸿章对于湖北矿务的态度转趋冷淡。“煤劣铁优”的资源状况决定了“湖北矿务当以铁为正宗”⑥，而这与李氏“先煤后铁”的指导思想背道而驰。同时，由唐廷枢主持的直隶开平煤矿1878年后有很大的进展，煤藏量丰富，质量好，且在李氏辖区之内，管理方便。所有这些因素促

① 《李鸿章致盛宣怀函》，盛档二，第145页。
② 《李鸿章致盛宣怀函》，盛档二，第212页。
③ 《李鸿章致盛宣怀函》，盛档二，第67页。
④ 同②，第212页。
⑤ 《李鸿章致盛宣怀函》，盛档二，第225页。
⑥ 《盛宣怀上李鸿章禀》，盛档二，第286页。

使李鸿章不愿再支持湖北矿务。

和李鸿章相反，盛宣怀对于在湖北办理铁务的兴趣较为浓厚。随着郭师敦勘矿报告及其核算的生铁厂成本报告的先后出炉，1878 年初，他一面与江南制造局联系希图以制造局铁炉试炼；一面派其堂兄盛宇怀、姻亲周锐赴武昌、大冶，以湖北开采煤铁总局的名义买下大冶铁山①，以便将来设局开办。4 月下旬，盛宣怀公开向李鸿章提出开煤炼铁的想法：

> 伏查武、冶铁矿业经炼有铁样，其铁质之佳，矿质之旺，众所共见。尤难在兴国锰矿近在咫尺，可为炼钢地步。荆当煤质坚好，一无硫磺掺杂，固为炼铁所宜。虽运费较多，煤层较薄，该矿师以此煤能与美国白煤相埒，一墩足抵他煤两墩之用，开挖尚可合算。总之，湖北矿务当以铁为正宗，而采煤不能不一以贯之也。中国试办各矿，尚无一处得手。人情易于图成，难于谋始，既难克期程效，尤难无米为炊。任事者未尝不望而却步。但有此地产，有此矿师，有此开办之端倪，如竟畏难中止，尽废前功，亦非职道所敢自言，惟有仰乞宪台钧裁定压，俾有遵循。②

盛宣怀的主张在李鸿章那里遭到了冷遇。几个月后，李鸿章答复，“大冶铁矿亦须筹股招商，次第举办”③。后来他又表达了忧虑：“荆煤单炼生铁恐无销路，兼炼熟铁难筹巨本。秋亭④能否招股办成铁

① 夏东元：《盛宣怀年谱长编》上，第 78 页。

② 《盛宣怀上李鸿章禀》，盛档二，第 286 页。

③ 《李鸿章札盛宣怀文》，盛档二，第 341 页。

④ 秋亭即李金镛，江苏无锡人，1860 年投效淮军，后成为李鸿章幕府中重要人物之一。19 世纪 70 年代因在山东、直隶赈灾的机缘，和盛宣怀开始交好，关系甚密。

盛宣怀由于担当了很多其他事务，难以全力致力于湖北矿务，遂于 1878 年 9 月奏请由李金镛任总办，负责办理湖北矿务事宜，得到李鸿章的批准。参见《盛宣怀上李鸿章禀》，盛档二，第 340 页。

冶？但虑煤铁相去过远，水脚成本既重，未必获利，将来或专办煤矿，或兼办铁冶，或煤铁均难如愿，应俟执事与秋亭察度情形，从长计议”，“荆门煤矿第一、第三签煤层仅二尺许，究嫌单薄。郭师敦言煤路广坦亦可开挖，惟煤质虽佳，轮船不甚合用，终虑未能畅销耳”①。

尽管如此，盛宣怀依然没有放弃开煤炼铁的打算。1879 年 5 月，盛宣怀、李金镛为开煤炼铁“从长计议”，拟定了两种方案：

> 如仍归官办，拟请在制造、海防项下每年拨款，以煤熔铁，以铁供制造，联为一气。而以前首五年用款，援照制造局奏销。此一策也。如谓矿务与制造有别，拟请截止官本，另招商股，遣撤洋匠，专办煤矿，一听商之自为成否。而已用之官本若干，不得已，请就截存之官本生息弥补，毋庸奏销。此一策也。②

第一种方案是，开煤炼铁，仍采用官办体制；第二种方案，只办煤务，采用官督商办体制。李鸿章直接否定了前者，“无如沪、津两局额拨海关洋税，常虞局用不敷……何能再有余款拨充开矿资本；南北洋海防经费各处报解寥寥……更属无可分拨。所请每年各拨一万五千两，均毋庸议”。对后者他给予肯定，“鄂省矿局办理数年……若因经费不继，中道而辍，未免可惜。应照所拟招商开办之一法，较为便捷。所有前领官本，必须一律截止，以清界限而免轇轕。其应如何设法招商……悉由该道体察情形，会商妥筹禀办”③。

根据李鸿章批示，盛宣怀决定将矿址转移至荆门。1879 年 6 月，盛宣怀与李金镛共同拟定《湖北荆门矿务招商章程》十六条，为商本商办的“荆门矿务总局”做准备：

---

① 《李鸿章致盛宣怀函》，盛档二，第 368 页。

② 《盛宣怀致李瀚章函》，盛档二，第 383 页。

③ 《李鸿章批》，盛档二，第 384 页。

> 招集股分先以十万为率，无论官绅商富均准搭入，每股规银一百两，至少一股，至多百股为限。惟收银必有先后，不能一例。总归收银之日，由局填发股票、息折，截至本年底，按照日期长短，将息付清。嗣后每至年终，给付官利，结算盈亏。股票每张一百两，较为灵便。现拟收齐股分五万两，一面即行至鄂开局，料理采煤运转等事，以免旷时。其银总存湖北妥当银号，以便陆续支用，应收拆息，一总归账。①

8月18日，荆门矿务总局宣告成立，盛宣怀任督办，李金镛任总办。

李鸿章、盛宣怀再次采行官督商办，在考虑问题的角度上和最初设计准备采行该体制有着很大的不同。两人起初的着眼点在于，一方面能够从民间筹到所需资金减轻政府财政压力，另一方面又可以保持政府对企业的控制，总体上是现实和理性的。同时，两人对该体制及预期中的经济效益抱有较高的热情。而再次采用官督商办情况就不同了。李鸿章是出于“先煤后铁”的考虑，希望通过官督商办以图摆脱湖北事务。盛宣怀采纳官督商办，则是在李氏的要求下不得已的结果。两人对湖北矿务已经失去了当初的热情，李氏的策略性动机十分明显，盛氏则穷于被动应付，关注重点已不在此。

荆门矿务总局成立后开展了招商活动，但招股不理想。原本准备招集股份5万两，结果仅收银19200两②，难以满足开采煤矿所需。第二年续行招股，仍难以筹到所需资金。筹集不到充足的资金，采煤局务就不能正常运转。于是，荆门矿务局只得采取不事生产、而以收买“民煤以转售”的方式来维持生存。而这又违背了原定的“开中国未兴之地利，收外人已占之利权”的初衷。1881年8月，湖北荆州府

---

① 盛宣怀：《湖北荆门矿务招商章程》，盛档二，第416页。

② 盛宣怀：《荆门矿务总局续行招股启事》，盛档二，第430页。

知府蒋铭勋告发了荆门矿务局的这一行为。得悉此事后，李鸿章训斥盛宣怀“实属办理荒谬”，并要求他“荆煤既无可采，应即将该局裁撤，免再靡费”①。荆门矿务局仅仅存在了两年就草草收场了。联系李鸿章、盛宣怀再次采行官督商办的态度，这一结局不可避免。这同时也意味着，19 世纪七八十年代展开的湖北矿务就此夭折。

第三节　湖北煤铁事业夭折的政治层面原因与体制

湖北煤铁事业夭折的原因是复杂的，具体主事者盛宣怀和后来的学者都做出了一些判断。盛宣怀曾在不同的场合进行过不同的解释，主要是“交通不便”、“运道艰难”②、“经费短绌”③、“风气未开”④等。后来的学者则从多种角度提出了一些看法，总体上不外乎从主客观方面探寻失败的原因。陈景华指出，当时主事者采用官办形式，“在创办形式上对矿务发展不利”；“在矿址的选择上缺少科学性”；所聘“矿师不佳，浪费资金”；“经营活动偏离办矿宗旨”等因素导致了湖北煤铁矿停办。⑤梁华平的看法和陈景华较为接近，认为“误选矿址”、“误延矿师”、“改归官办”、“经营不善”、“盛宣怀办矿经验不足和在创办过程中夹有私心”等，是该事业失败的主观原因。⑥徐元基把荆门矿务总局停办归因于主事者不曾处理好当时错综复杂的官商关系。⑦袁为鹏则从地理区位的视角出发认为，湖北铁佳煤不佳的矿产资源条件、地处内地没有形成煤铁需求市场的社会经济条件、李鸿章和盛宣怀等社会政治与人

① 《李鸿章札盛宣怀文》，盛档二，第 449 页。

② 《盛宣怀开给矿师郭师敦证明单》，盛档二，第 392 页。

③ 《盛宣怀上李鸿章详》，盛档二，第 402 页。

④ 《盛宣怀禀复》，苑书义等主编：《张之洞全集》卷 118，第 3221 页。

⑤ 陈景华：《盛宣怀传》，哈尔滨出版社 1996 年版，第 150—152 页。

⑥ 梁华平：《论盛宣怀早期创办湖北煤铁矿务夭折的主观原因》，易惠莉、陈吉龙等编：《二十世纪盛宣怀研究》，江苏古籍出版社 2002 年版，第 202—216 页。

⑦ 徐元基：《荆门矿务总局停办原因简论》，《社会科学》（上海）1981 年第 5 期。

事因素等，是湖北煤铁事务夭折的主要原因；并进一步认为，湖北办矿失败的深层原因，是湖北地区处于内地的区位因素，还不具备启动地区工业化的必要条件。[①]上述见解从客观和主观等方面较为全面地概括了湖北煤铁事业失败的原因，中肯而又深刻。

学者们主要是从微观的层面、从湖北矿务本身寻找失败的主客观原因，而没有从更宏观更广阔的政治层面进行探讨，也就是说，没有对清政府的政策决策、作为朝廷重臣的李鸿章的办矿动机、一心追求政治升迁的盛宣怀主持矿务的真实动机进行深入细致考察。尽管已经涉及官办体制和盛宣怀办矿过程中夹杂私心等问题，但仅仅是浅表地提及。客观地说，由于湖北矿务处于初创阶段，且办理矿务的难度确实比一般的工厂要艰巨得多，资金缺乏、资源不佳、矿址选择错误、误聘矿师、经营不善等具体原因，都可以成为关键的制约因素。但笔者认为，这些因素尚不足以决定性地影响湖北煤铁事业的成败，举足轻重的决定性因素应该从清政府、李鸿章、盛宣怀自身来找。在晚清封建专制制度及相关政治文化的背景下，这些因素从根本上决定着湖北煤铁事业的成败。

湖北矿务作为洋务运动的一部分，清廷中枢的态度是漠视的，所提供的支持微不足道。第二次鸦片战争以后，鉴于内忧外患的统治危机，清政府内少数比较开明的地方督抚要员以维护清朝统治为目的，引进西方先进技术办起了洋务运动。按照常理，清政府应该给予大力支持。然而，清廷中枢的态度并不积极。这看似出人意料，实在情理之中。作为一个专制主义高度集权的封建政权，清政府首要的目标是维持自身对于全国的统治权力。第二次鸦片战争和太平天国运动的交相发生，沉重打击了清王朝的统治，清廷中央权威遭到削弱，地方督抚势力崛起，造成内重外轻局面。在这种情况下，清廷中枢认为，地方督抚势力的扩展对清廷政权的危害比外国列强的侵略更大。而地方

---

① 袁为鹏：《清末汉阳铁厂布局研究》第一章。

督抚办理洋务会进一步增强督抚本身的势力，这是清廷中枢所不愿看到的。因此，清廷中枢不仅不积极支持地方督抚展开的洋务运动，反而采取分化、瓦解、在督抚中制造矛盾、清议等方式和手段，来驾驭和控制地方督抚势力的膨胀。①这样，清廷中枢对于地方督抚的态度是既倚重、又打击和控制，既依靠他们来维护其封建统治、又时刻提防他们觊觎政权，表现出矛盾和悖论。权倾朝野的李鸿章是当时清廷既倚重又打击和控制的重要对象。对于他所主持的湖北煤铁事务，清政府自然不会给予大力支持。甲午战争失败后，李鸿章总结其举办洋务失败的原因时郁闷地说："我办了一辈子的事，练兵也，海军也，都是纸糊的老虎，何尝能放手实在办理？不过勉强涂饰，虚有其表，不揭破犹可敷衍一时。如一间破屋，由裱糊匠东补西贴，居然成一净室。虽明知为纸片裱糊，然究决不定里面是何等材料。即有小小风雨，打成几个窟窿，随时补葺，亦可支吾对付。乃必欲爽手扯破，又未预备何种修葺材料，何种改造方式，自然真相破露，不可收拾。但裱糊匠又何术能负其责？"②这从一个侧面反映了清政府对于李鸿章所办洋务的真实态度。

清廷中枢对于湖北矿务的漠视态度，典型表现就是没有提供所需的庞大资金。湖北矿务办理的7年间，来自官方的资金只有区区30万串（折合不足16万两）。而这还是来自直隶和湖北地方政府、由李鸿章自己和其政治人脉所筹集，清朝中央政府没有拿出一个子来给予接济。需要强调的是，资金缺乏是李鸿章放弃湖北矿务的一个重要理由，③ 也是后世学者视为湖北矿务失败的重要原因。

有人未免以财政匮乏为清政府辩解。值得疑问的是，当时清政府

---

① 关于晚清中央与地方关系的著述很多，国内较有代表性的有：刘伟的《晚清督抚政治》（湖北教育出版社2003年版）、楚双志的《晚清中央与地方关系演变史纲》（中共中央党校出版社2006年版）。

② 吴永：《庚子西狩丛谈》，岳麓书社1985年版，第107页。

③ 盛档二收录的李鸿章致盛宣怀函，其中有很多关于资金缺乏的表述。

的财政真的到了没有能力支持办理湖北矿务的地步？事实并非如此。这是因为：第一，清政府财政匮乏只是相对而言的。经过了第二次鸦片战争和太平天国运动的打击，19 世纪七八十年代的财政确实困难，但对于庞大的清帝国来说，集中全国财力和物力办理一个近代化的煤钢铁企业并非难事。更何况，太平天国结束后，清政府采取了一系列筹款措施，财政状况逐步好转，财政收支还出现略有结余。19 世纪七八十年代的清廷财政，远比人们想象的要好。清政府完全有财政能力投资筹建一座近代化的煤钢铁企业。最具说服力的反证是甲午战后清廷大借外债办理铁路的史实。当时，清廷财政已经彻底崩溃，但通过甲午战争中日本利用铁路调兵的快捷和自身缺乏铁路而调兵缓慢的史实，慈禧等人彻底领教了铁路的优势。在这种情况下，清政府不遗余力借债筑路，并取得一定成效。[①]第二，洋务运动期间清政府的财政支出及对洋务企业的用度表明，清廷中枢并非没有财政能力筹办湖北煤铁事业。甲午战前，清政府对洋务近代工业的投资累计大约在 6500 万两左右，其中军事工业累计耗资为 5000 万两左右，民用工业为 1500 万两。而同时期清政府的财政支出，按平均计算大约每年支出在 7500 万两左右，1865—1894 年 30 年间大致支出总计约为 22.5 亿两。洋务企业支出仅占总支出的 2.9%，[②] 比重相当微小。上述数字直观地反映了这一现象：对洋务近代企业投资数额在整个财政支出中微不足道；而即使这些对洋务近代企业的微小投资，军工企业又占了绝大部分，民用企业投资不值一提。清政府有能力承办湖北煤铁事业而不愿投资，不过是其抑制李鸿章政治策略的一种外在表现。

在中国传统封建专制主义中央集权的政治制度下，拥有绝对权威的清廷中枢不能提供大力支持，从长远看，已经预示了湖北煤铁事业

---

① 有人统计，在晚清外债中，铁路外债占全部国家外债的 1/4，占整个实业外债的 85%。参见王致中的《中国铁路外债研究》（1887—1911），经济科学出版社 2003 年版，“前言”第 1 页。

② 周育民：《晚清财政与社会变迁》，上海人民出版社 2000 年版，第 307 页。

注定失败的命运。

受制于清廷中枢对湖北矿务及自身的态度，李鸿章在主持办理这一事业时不可避免要从维护自身的政治地位和利益出发。最能说明问题的是他“先煤后铁”的指导思想。他把办理煤务放在第一位，视炼铁为缓图。不可否认，李氏的想法有着一定的现实性。这是因为，洋务运动刚刚起步，客观上对能源（煤炭）的需求要比对原材料（钢铁）的需求更大、更迫切；同时，兴办钢铁工业技术难度较大，投资更巨。清廷中枢不能给以强力支持，煤铁兼办确实困难重重。由此看来，李鸿章放弃湖北煤铁事务表面看来顺理成章。

但仔细审视李氏的这一思想，不难发现其存在着急功近利的特征。A. 19 世纪 70 年代，世界钢铁工业正处于飞速发展的阶段，钢铁工业在国民经济中的地位凸显重要。及时办理煤钢铁事业可以迎头赶上世界潮流。作为直隶总督兼北洋大臣的李鸿章，已是清廷朝野举足轻重的人物，全盘筹划煤钢铁建设本为他的分内之责。可是，李氏不仅没有这么做，反而因湖北“煤劣铁优”的资源状况放弃了湖北煤铁事务。B. 李鸿章多次以资金缺乏为由拒绝办理铁务，事实上是站不住脚的。正如无法以财政匮乏来为清政府辩护一样，李鸿章挂在口头上的资金缺乏也只是一个相对的理由。对比同时期他对于轮船招商局和直隶磁州煤矿的官款投资，就可以看出来。轮船招商局初创的1873—1874 年度，李氏一下子就投入官款 12.3 万余两，以后陆续增加；至 1878 年，官款数额增至 192.8 万余两①，占轮局资本总额（股本 + 官款 + 其他借款）的 42.2%。即如 1875 年筹建未成的直隶磁州煤矿，李氏就投入官款达 27.8 万银元②，折合约 19.5 万两。而对于湖北煤铁矿务，在创办的 7 年间他仅在最初由直隶和湖北筹集投入 30 万串，

---

① 张国辉：《洋务运动与中国近代企业》，中国社会科学出版社 1979 年版，第 168 页。

② 吴承明主编：《中国资本主义发展史》二，第 386 页。

最后实际只动用15.8万串，[①] 折合约10万两左右。这组鲜活的数字说明，李鸿章对湖北的投入远远低于轮船招商局和直隶磁州煤矿。另外，以当时郭师敦的估计，大冶开矿和设炼铁厂，用荆门之煤冶炼，再加上修筑一段从荆门煤矿到长江口的运输铁路，总费用约需50万两以上即可维持。[②]而50万两相比于对轮船招商局的投入，只是一个小数目。由此可见，李氏以资金缺乏作为挡箭牌坚持"先煤后铁"、从而放弃湖北矿务，是一种急功近利的短期行为。

李鸿章急功近利的指导思想来源于他复杂的政治动机。在封建专制政治制度和儒家伦理的支配下，身为清廷重臣的李鸿章在办理洋务运动时带有双重的政治动机，既要通过办理洋务实现"剿发捻、勤远略"维护清廷统治，又要在此基础上为自己捞取尽可能多的政治资本、最终达到维护自己政治地位的目的。这两重动机相互联系，前者是直接目标，后者是根本目的。于是，受清廷打击排挤的李鸿章不可能将湖北煤铁事务当作功在当代、利在千秋的事业来开展。更何况，湖北煤铁事务投资大，风险大，而回报周期又长，一旦失败必然招致清议，还可能危及自己的政治前途。既然清政府无意筹建这一关系国家和民族长远大计的事业，李氏自然也不愿意冒这样的风险。

上行下效，盛宣怀办理湖北煤铁事务的目的和李鸿章的思路基本是一脉相传的，将之视为捞取政治升迁的资本。在这一政治目的支配下，尽管盛氏在创办之初信誓旦旦要"亲总纲领，常川驻厂，往来江广，禀商筹办"[③]、且在1875—1877年的多数时间里身在湖北具体主持勘察事宜，但随着勘矿的逐步深入以及对"煤劣铁优"的资源状况探明后，他开始将注意力和精力转到其他事务上。1877年以后，盛宣怀多数时间不在湖北，而是奔波于上海、天津等地，参与其他多项事

① 《表七 动支官本数额（光绪元年—五年五月）》，盛档二，第490页。

② 夏东元：《盛宣怀传》，南开大学出版社1998年版，第59页。

③ 盛宣怀：《湖北煤厂试办章程八条》，盛档二，第26页。

务，概要如下：

> 1. 1876 年 9 月，去烟台参与马嘉理案谈判事宜；2. 接下来会同上海道台冯焌光，就淞沪铁路问题与英方谈判，并最终处理这一问题；3. 1876 年底至 1877 年初，参与和定议购买旗昌船产事宜；4. 1878 年春至秋，奉命筹办河间赈灾事宜，以后还继续承办此事；5. 1879 年秋冬，与李鸿章酝酿架设电线办电报，并奉命于大沽、北塘海口炮台试设电报；6. 1880 年 6 月，与郑观应谈上海机器织布局筹办事宜。

作为李鸿章的心腹幕僚，盛宣怀奔波于各地很大程度上是李氏的安排，但同时也是他本人寻求从湖北脱身的步骤。盛氏暗中秘密策划着官场升迁。1877 年夏，他为争取实缺津海关道而努力。① 1878 年初，秘密策划仍在进行之中。②这年秋天，他将湖北事务一手委托给他深为信赖的李金镛、周锐。翌年，他又以“时有别项差委事件，南北纷驰，未能专顾矿务，而工程一经开办，实不可一日擅离”为由，直接

---

① 恽祖翼于 1877 年 7 月 11 日致函盛宣怀说：“以吾弟勋绩，虽两司亦在掌握，何论关道！耐心守候，不必再求表见。”参见：《恽祖翼致盛宣怀函》，盛档二，第 202 页。

恽祖翼，字松耘，“松”又写作“菘”，“耘”又写作“云”、“芸”。晚清江苏常州人，从 1875 年至 1896 年调任浙江布政使前一直在湖北官场任职。和盛宣怀关系甚密，这可以 1879 年他写给盛宣怀的信函为证：“兄前次伤足极剧，幸已医好。辱蒙爱注，感不可言……吾弟谊笃分金，俾纾内顾，令人铭刻，倘有为难，决不客气。世情凉薄，管鲍几人哉！”（《恽祖翼致盛宣怀函》，盛档二，第 389 页）以管仲和鲍叔牙的经典之谊来比拟两人关系，可以想象他们之间的亲密程度！由此可以判断，恽氏极可能参与和筹划了盛氏争取津海关道以从湖北脱身的行动。另外，1896 年盛宣怀接办汉阳铁厂时，时任湖北臬司的恽氏积极斡旋，配合盛氏的接办行动，本书第三章会继续涉及。

② 盛宣怀妹夫周锐于 1878 年 8 月 29 日致盛氏函中说：“如可荣篆海关道，即望密示。此间事兄另有秘陈也，必于尊处有益。”（原件作者在“密示”、“秘陈也”、“有益”字下各加双圈，以示重要。——整理者注）参见《周锐致盛宣怀函》，盛档二，第 333 页。

禀请李鸿章任命李金镛和周锐分别为湖北矿务的总办和会办①，自己则从湖北脱了身，此后对湖北事务仅仅进行“遥控”。是年6月，荆门矿务总局成立时，他仅仅象征性地担任了督办一职，李金镛任总办，具体事务由其亲信金德鸿负责。11月，他如愿以偿获得了署理天津河间兵备道一职。此时，尽管盛宣怀还没有完全放弃采煤炼铁的打算，但湖北事务已经不再是他主要考虑的问题了。

表1—1　　具体办理湖北煤铁事务主要负责人员概况

姓名	职位或工作	和盛宣怀的关系
李明墀	任湖北汉黄德道兼江汉关监督，负责协调湖北煤铁事务与湖北地方政府的关系。1877年2月调离	江西人；没有明显的地缘、血缘、派系关系。李鸿章评价他“才识俱优，洵为出色之员”
何维健	1877年1月接替李明墀任湖北汉黄德道兼江汉关监督，同样负责协调湖北煤铁事务与湖北地方政府的关系	待考
盛宇怀	1876.6—1878.7任湖北开采煤铁总局提调兼稽查上海运销事宜	盛氏同族堂兄
周锐	1877年到湖北开采煤铁总局任职；1878年7月接替盛宇怀任提调，接着又被委会办；1879年8月始任荆门矿务总局会办	盛氏妹夫
李金镛	1878年9月始任湖北开采煤铁总局总办；1879年8月始任荆门矿务总局总办	江苏无锡人；淮系，同为李鸿章幕府中人，关系非同一般
金德鸿	荆门矿务总局董事，具体负责该局的经营	江苏苏州人；盛宣怀亲信

资料来源：盛档二，第7页及页下注、第152页及页下注、第35页及页下注、第57页下注、第340页及页下注等；陈玉堂：《中国近现代人物名号大辞典》（浙江古籍出版社1993年版），第316、318页。

因应于捞取政治资本的个人动机，盛宣怀在用人方面则任人唯亲，这是中国前近代封建社会里传统的用人原则。因资料关系，笔者

① 《盛宣怀上李鸿章禀》，盛档二，第340页。

很难找到可靠和翔实的资料对湖北煤铁事务内部的人事关系作全面理清，只是对于管理高层的人员及其与盛氏的关系作一粗略梳理。且看表1—1。

表1—1显示，除李明墀、何维健外，参与经管湖北煤铁事务的主要负责人员，或因血缘、或因地缘、或因派系等，和盛宣怀结成不同程度的各种关系。[①]由此可以判断，在更低级别的管理层上，还会有相当数量的人员和盛氏保持着各种复杂的关系，基本不外乎是盛氏的亲属、同乡、亲信等等。客观地说，任人唯亲是李鸿章、盛宣怀通过湖北煤铁事业加强自身政治地位和捞取政治资本的政治动机的进一步延伸，也是当时政治左右经济的重要表现。因此，任人唯亲的后果必然是管理不善、效率低下，弊窦丛生，如：靡费、贪污、放纵亲信进行非法活动等。对此，外间诟病颇多，盛氏本人也很清楚："局外传闻，遂将官矿与商矿一律看待，竟以湖北矿务为职道之私举矣。"[②]

通过以上探讨不难发现，无论是清政府还是李鸿章、盛宣怀在决策或采取具体行动时，都把自身的政治利益放在首位来考虑，而不是当作单纯的经济事务来对待。正是他们将湖北煤铁事务纳入到政治理念的层次上来决策和行动，使这一事业所具有的正常经济地位和意义遭到削弱，其失败的结局也就难以避免。

再回到体制问题上来。笔者不否认体制对于湖北煤铁事务的失败负有一定的责任。问题是，在办理过程中先后采用了官办和官督商办两种形式，它们都没有拯救湖北矿务的命运，怎么看待呢？体制问题是不是可以简单地就体制论体制？体制问题的核心是什么？

首先，需要明确的是，湖北煤铁矿务先后采用的官办和官督商办体制，在权力控制、人事、经营管理等诸多方面基本是一致的。尽管1879年改制时盛宣怀声称"前次经手官款，一一截清，自行清理。此

---

① 笔者没有找到李明墀、何维健和盛宣怀私人关系的资料，但也不排除他们之间保有亲密关系的可能。

② 《盛宣怀上李鸿章详》，盛档二，第402页。

次招商入股，悉照新章，不与前款交涉”①，但湖北开采煤铁总局和荆门矿务总局存在着内在的继承关系：A. 基本都由李鸿章统揽、盛宣怀主持。两局的设立、大政方针以及停办、结束等，都是李鸿章一手批准决定，他对两局拥有很大的支配权力。1878 年秋之前，局务由盛宣怀一手主持；后来他把局务交给了李金镛，但对于重大问题的决策仍然保持遥控。B. 湖北开采煤铁总局于 1879 年 7 月已经结束，但直到 1881 年元月荆门矿务总局还在使用其关防，并在收煤、运销、纳税等方面继续享有官局权益。②这说明，荆门矿务总局名为官督商办，但事实上享受官局地位和待遇，局务各事大体上遵照旧章办理。可见，湖北煤铁矿务所谓的官办和官督商办除了筹资方式不同外，本质上没有多少区别，西方股份制分权制衡的本质特征③，在官督商办体制中难以觅到影子。官办弊端多多，不能给企业带来发展，官督商办同样如此。在这种情况下，谈论官办和官督商办的体制区别和作用，显然没有多少意义。

其次，谈论体制绝不可简单、机械地就体制论体制。研究企业制度的学者往往有一种倾向，认为企业制度有好坏和优劣之分。诚然，从防止弊端和实现经济效益最大化的制度设计看，不同的制度确实存在优劣的区别。但是，这一倾向是基于纯粹的理论意义提出的，实际上忽视了制度运作受多种现实因素影响这一点。事实上，任何一种企业制度都是在一定的社会政治、经济制度及文化背景下运作的，其能否发挥功效受制于很多因素，如：A. 要受制于它所依赖的社会政治、经济、文化等制度平台。这些因素对于制度的运作成败有着不可估量的影响。B. 受制于制定者和执行者的动机及运作制度的方式手段。任

---

① 盛宣怀：《湖北荆门矿务招商章程》，盛档二，第 418 页。

② 参见盛档二，第 437 页下注。

③ 学者郑若山认为，“公司制是分权制衡的国家治理制度在企业治理中的再现”，“公司制的本质在于公司机关之间的权力制约”。参见其著述《公司制的异化》（北京大学出版社 2003 年版）第二章。

何制度都是由人制定和执行的，企业制度作用发挥得好坏关键取决于制定者和执行者采用制度的动机以及如何运作制度。因此，笔者觉得，谈论某一企业制度时，一定不能脱离它所运作的社会平台以及制定和运作制度者的身份、地位、价值观和动机等。不可简单地给企业制度贴上优劣的标签。就连盛宣怀本人在论及官办和官督商办的功用时都说，“或谓官办恐有侵蚀。岂官督商办便无侵蚀乎？如制造局、厘金局每年百数十万之出入，亦未有敢闻侵蚀者，是在用人立法之善耳”①。

本章通过对李鸿章的用人和选址湖北的政治人脉原则、李盛选择和改变体制的政治动机、办矿失败的政治层面原因等多方考察，基本呈现出晚清社会的政治、经济、文化等对于企业制度功用发挥的左右和影响。就作为主持者李鸿章和具体主事者盛宣怀的动机而言，他们更多地将体制当作获得政治利益的手段而不是当作发挥企业经济效益的手段来考虑。一般情况下，企业制度的选择应是基于提高企业的经济绩效目标。既然李盛把体制当成了达到政治目的的招牌和手段，赋予它更多的政治意义，那么，体制提高经济效益的功能必然受到抑制。可以说，在诸多影响湖北煤铁矿务企业制度运作和失败的因素中，李盛的动机有着举足轻重的作用。如果他们能够摆脱传统伦理价值观的束缚、如果他们能够冲破狭隘的个人政治前途的算计和考虑，如果他们具有视湖北煤铁事务为功在当代、利在千秋事业的胸怀，如果他们在制定和运作制度时以经济利益最大化为原则，湖北煤铁事业在当时可能就是另外一番景象。

对比 19 世纪后半期 20 世纪初欧美和日本钢铁工业的企业制度及所取得成功的史实，可以进一步加强笔者这一观点的说服力。欧美钢铁企业普遍采用股份制，多数获得了成功。日本的八幡制铁所采用了官办体制，经营运转同样良好，成为世界钢铁工业的典范。如果简单

① 盛宣怀：《湖北煤厂应归湖北筹办并拟改归官办议》，盛档二，第 33 页。

地以优劣论之，官办在日本的成功和股份制在晚清尝试的失败就难以理解。事实上，中外不少有识之士对于企业制度的制定者和执行者的价值观、动机及管理企业的理念和方式等对于企业的决定性影响，已经做出了不少精辟的论断。这在本课题以后的研究中会有涉及，在此不做赘述。

综上所述，湖北煤铁事业失败的深层原因在政治，晚清政府、李鸿章、盛宣怀等都具有不可推卸的责任。鉴于研究课题的需要，笔者重在突出，李鸿章、盛宣怀等囿于传统伦理价值观，在采用和改变体制的政治动机以及经营运作中的人事和经营管理方式上背离了经济活动的正常原则和要求。因此，官办和官督商办体制不该为湖北煤铁事业的失败埋单。

第二章　张之洞与1889—1896年汉阳铁厂官办体制

1889 年，即湖北煤铁事业夭折后八年，时任两广总督的张之洞担当起了晚清中国创办近代化钢铁厂的重任。当时，随着世界第二次工业革命的进一步扩展，钢铁工业越来越成为世界各国重点发展的产业。张之洞筹划设立炼铁厂，无意中抓住了这一时代的脉搏。①

张之洞原准备在广州设厂生产。然就在筹划之初，因筹建芦汉铁路之需，清廷将之调任湖广总督。负责筹建铁路事务的海军衙门主持将铁厂随其迁至湖北，利用大冶之铁矿炼铁制钢。1890 年张之洞决定在汉阳设厂，并于年底动工，1893 年冬建成，1894 年夏开始炼铁。

铁厂移鄂将李鸿章、盛宣怀与张之洞深深纠结在一起，使铁厂问题复杂化了。盛宣怀已于 1878 年初买下大冶铁山，湖北煤铁事业夭折后，他并未放弃办理近代化钢铁厂的抱负，同时，海军衙门主张将铁厂移鄂是经李盛提议的，李鸿章、盛宣怀在铁厂尚未落地之时已经展露出觊觎铁厂的野心。作为清廷重臣，李鸿章与张之洞之间本来就存有很深的官场矛盾，而李盛的野心又使这一矛盾在铁厂厂址、体制以及其他建设等问题上得以延伸和发展。得到清廷中枢大力支持的张之洞毫不相让，双方明争暗斗、针锋相对。作为经济事业的铁厂，其建设几乎完全受制于李张之间的政治野心和官场矛盾。

---

① 吴承明：《中国资本主义发展史》二，第 430 页。

在铁厂体制问题上，有着浓厚官本位意识的张之洞，最初的本意是官办。因其精明圆通的为官之术，曾做出了官督商办的姿态。李张争夺中，李盛主张官督商办以及清廷中枢的支持，促使张之洞最终决意要实行官办，并得到海军衙门大臣奕譞所保证的每年200万两的建设经费。客观地说，李盛坚持的官督商办尽管带着明显的政治意图，但在当时有着一定的现实性和合理性。张之洞掌控铁厂以提高自身政治地位的自私之举，使他决意排除李盛对于铁厂的干涉，也坚定排除了官督商办体制。张之洞杜绝李盛插手铁厂又进一步激化了双方的矛盾。铁厂定下官办之局不久，李鸿章怂恿清廷停拨每年200万两的经费，铁厂资金陷入第一次变局。对此，张之洞一方面坚持官办不动摇，另一方面从湖北省内东挪西借以克服资金困难。由于湖北省地处内陆、经济并不发达，张氏所筹资金有限，对于需要庞大资金的铁厂来说无异于杯水车薪。

为了能从李鸿章手里借到建设资金，1892年冬至1893年初，张之洞打体制牌，向他提出将铁厂交给李盛经营和实行官督商办的建议。李盛明白张氏是以体制为诱饵来借款筹资的真实意图，坚决拒绝了他的要求。1893年夏，张之洞为筹资到广东招商，但因其并不放弃对铁厂的权力控制，最终不了了之。

张之洞与李鸿章、盛宣怀之间的体制之争，事实上是权力之争。张之洞坚持官办，可以以官方代理人的身份掌控铁厂；李盛则希图通过官督商办实现自己对铁厂的私欲。因此，这种权力之争更多地融进了封建官僚的心态和意识，超越了纯经济状态下谁出资谁控权的企业所有权原则，对于铁厂经营效益的提高没有多少积极意义。

第一节　张之洞官办的初步设想及选择官办的决定性原因

一　张之洞对铁厂体制的初步设想——官办？还是官督商办？

在铁厂的早期筹划阶段，张之洞对其体制有所考虑，有两则重要材料为证。第一则是他于1889年9月20日上奏清廷奏折中的表述，这也是笔者所见到的他最早的公开说明：

> 惟有先筹官款，垫支开办，俟其效成利见，商民必然歆羡，然后招集商股，归还官本，付之商人经理，则事可速举，资必易集。大率中国创办大事，必须官倡民办，始克有成。①

第二则是他于1890年1月20日致海军衙门和李鸿章的电文所述，其中说道：

> 俟厂成利见，粤商必然争先缴价承领，此数十万之款仍可收回。不过官任其劳、民享其利而已。彼时或推于商办，或官自办，可临时斟酌……机为粤一省用，则应粤筹；铁路为全局事，（铁厂——引者注）自应请动部款。②

上述两则材料在含义上基本是一致的。据此，代鲁先生认为，张氏是主张先官办后商办的；且“商办”问题，早于筹划建设之始便已经提出。他还进一步指出：“汉阳铁厂后来之招商承办，本是张氏初衷之所在。对此，张之洞既非始料不及，亦非完全迫不得已，似乎一

---

① 张之洞：《筹设炼铁厂折》，《张之洞全集》卷27，第705页；《汉冶萍公司档案史料选编》上，第66页。

张之洞所说的“官倡民办”一般被认为是官督商办。但是，学者郝晏荣在《张之洞与“官倡民办”》一文（载苑书义等主编：《张之洞与中国近代化》，中华书局1999年版，第179页）中却认为，洋务派的“官督商办”和张之洞的“官倡民办”，呈现出不同的思想特征。在前者，政府与商民的角色是混淆在一起的，政府包揽商民的行为，限制商民的权利，垄断商民的利益；而在后者，政府与商民在共同的经济活动中扮演不同的角色，政府是一个扶持者、倡导者、开风气者，而商民才是发展经济真正的承担者，实施者；前者的行为依然是传统专制国家的经济政策的体现，而后者则表现出近代国家推动经济发展的一些基本特色。基于官督商办是一项原则的原因，笔者采用一般所采用的说法。

② 张之洞：《致海署、天津李中堂》，《张之洞全集》卷181，第5420—5421页。

切都在张氏之意料之中。”[①]袁为鹏在接受代先生观点基础上，从李鸿章、盛宣怀与张之洞官场矛盾及其争夺的角度，对这一问题作了补充性研究。[②]两位学者的观点分别形成于20世纪90年代和21世纪初，对于研究汉阳铁厂体制有重要意义。

时至今日，潜规则的概念已经成为人们热议的话题之一，心理分析在史学研究中被日益重视。在此，笔者试图用潜规则和心理分析的方法来对张之洞的主张做一新的审视。

诚然，张之洞上述之言确实容易诱导人们得出“先官办后商办”的看法，但这到底是不是其初衷呢？或者说，这到底是不是他真实想法的流露呢？笔者觉得不尽然。其一，中国传统思维有一种习惯，往往在做出某一决定之时，附带设想一下这一决定将来可能出现的美好预期。实际上，这并不意味着一个人是在为未来做充分的规划。至于将来是否真的要实现他的预期，并不是他所关心的和重要的，他所关心的是当前事情的结果。从上述两则材料中加着重号的“惟有先……俟……然后……”、“俟……彼时……”几个连接词来仔细推敲，张氏的话语重在强调眼下的官办，对于商办只是作为将来的远景设想附带提及而已。如果就此认为张之洞主张先官办后商办，恐怕是背离了张氏话语的原意。其二，任何话语都有一定的语境，而语境本身又浸透着个人的个性、习惯和深刻的文化背景等种种复杂因素。张之洞是晚清时期处世精明圆通的典型官僚，精于审时度势，以为进退之据；因时因地制宜，以为行事之规；灵活变通，立于不败。[③]张氏本人对自己

① 代鲁：《清末汉阳铁厂的“招商承办”述析》，《清史研究》1994年第3期。

② 袁为鹏博士论文：《清末汉阳铁厂布局研究》第四章。

③ 张之洞的这一处世风格已为人所公认。就笔者所掌握的文献看，时下关于张之洞权术心机的著述不下六种。如：司马烈人解译：《境经——张之洞一生的九大心智》，中国华侨出版社2002年版；刘登阁：《张之洞纵横官场的三十六种韬略》，吉林摄影出版社2002年版；史哲解译：《〔张之洞〕磨砺人生处事绝道》，中国致公出版社2003年版；司马烈人解译：《张之洞谋胜心策》，中国华侨出版社2002年版；马道宗解译：《张之洞权经》，台海出版社2003年版；吴剑杰：《张之洞的升迁之路》，湖北人民出版社2005年版；吴维健主编：《张之洞绝学：近代官场奥秘集成》，时代文艺出版社2001年版。

的心术也有足够的自觉与体会，临终之际对其子总结平生说：“学术行十之四五，治术行十之五六，心术则大中至正已。”[①]后人对此毁誉参半、褒贬不一。褒之者称他“不愧一代能臣，工于心计，精于权变，善于转圜。对于仕途坎坷、官场倾轧之种种机关，可谓尽得其钥。”[②]贬之者亦毫不客气斥之为“宦术甚工”[③]。鉴于张氏超高的权变心术，也鉴于中国封建社会官僚说与思、行分离的事实，笔者觉得，张之洞之语有可能言不由衷，其中包含着某种程度权谋的因素。

那么，张之洞的真实想法到底是什么呢？依笔者之见，应该是官办。有人可能会觉得笔者的看法未免武断。为了更好地说明这一问题，我们不妨来看一下张之洞督抚时期创办的民用企业体制及其最初的体制设想，并从中发现一些有规律的现象。他在督抚任上曾经主持、参与创办了11家近代民用企业。笔者对其体制和体制的最初设想作了深入的查核。对于企业创办之初的体制设想，笔者仅仅找到了5家企业，分布时段在1889—1898年间。尽管没有找到张之洞更多的关于其他企业体制的最初设计，但因这5家企业是张氏创办时间最长、付出心血最多的代表性企业，张氏的设想具有一定普遍性和代表性。具体见表2—1。

表2—1　　1887—1908年张之洞办理的民用工业企业体制概况

名称	创办时间	最初的体制	最初的体制设想和表述	其后的体制变化
广东机器铸钱局	1887	官办	未找到	
汉阳铁厂	1889	官办	惟有先筹官款，垫支开办，俟其效成利见，商民必然歆羡，然后招集商股，归还官本，付之商人经理，则事可速举，资必易集。大率中国创办大事，必须官倡民办，始克有成	因资金缺乏和经营亏损，1896年被迫改为官督商办

① 胡钧：《张文襄公（之洞）年谱》卷6，台北，文海出版社，第287页。

② 冯天瑜、何晓明：《张之洞评传》，南京大学出版社1991年版，第254页。

③ 苏同炳：《中国近代史上的关键人物》上，第131页。

续表

名称	创办时间	最初的体制	最初的体制设想和表述	其后的体制变化
湖北织布官局	1891	官办	官为商倡，先行筹款垫办，以应急需，待有规模，再陆续招商集股	因经营严重亏损，1902年，不得不将四局出租给广东商人韦紫封组织的应昌公司
湖北缫丝局	1894	官办	先酌借公款试办，以后……凑集商股办理，将来或将官本附入商股，或令商人承领，缴回官本，统俟开办后察看成本、经费实需若干，销路如何，公项有无闲款，再……筹议办理	
湖北制麻局	1898	官办	官先筹款设局，以之为倡，民再集股份办，以之为继	
湖北纺纱官局	1898	官办	惟有招商助官之一法……大率系官商合办，将来视官款、商款之多少以为等差，或官二商一，或官一商二，或官商各半，均无不可	
武昌制革厂	1903	官办	未找到	各厂建设未竟，张之洞奉诏离鄂去京就任大学士
武昌白沙州造纸厂	1907	官办	未找到	
湖北毡呢厂	1908	官商合办	未找到	
湖北官砖厂	1908	官办	未找到	
湖北针钉厂	1908	官办	未找到	

资料来源：1. 陈真编：《中国近代工业史资料》第三辑，三联书店1961年版，第22—25页；2. 苑书义等主编：《张之洞全集》，河北人民出版社1998年版，卷26，第685页；卷35，第943页；卷130，第3585页；卷35，第941页等。

通过表2—1可以发现两个重要现象：一是除了湖北毡呢厂外，张之洞所办的民用企业基本上都采用了官办体制，而后来转归商办都是在经营亏损的情况下迫不得已进行的；二是在能够找到的企业体制设想中，张之洞的表述有着惊人的一致，对商办的远景描述得十分诱人，让人产生“先官办后商办”的感觉。我们常说“察其言观其行”。鉴于晚清官场封建官僚言行分离的事实以及张之洞精于权变的个人处世风格，我们在判断张氏真实心态上，更应该看重其行而非其言。因此，由他所创办的民用企业基本都采用官办这一点来判断，张之洞对于官办体制情有独钟，有着很深的心理情愫。官办汉阳铁厂实在应该是他最真实的想法。

那么，张之洞为什么要在口头上时刻不离商办，将商办前景描绘得十分诱人，表现得言不由衷呢？这可能由其精于权变的为官处世风格所决定。我们知道，在封建君主专制制度下，封建官僚职位具有危险性大、保护性差、竞争性强的特点。他们对于皇帝，只有义务，没有权利，在官僚体制中也没有为保护官僚的私人利益而设置的法律、法规。官僚们为了自己在官场上的生存，为了获得升迁的机会，得到更多的权力和恩宠而你争我夺，竞争激烈。在这种恶劣的官场环境下，张之洞培养起高度的自我保护意识，为人处世小心谨慎，决策之时往往为自己留出进退适宜的后路，正如上述所列之评介。19 世纪七八十年代及其后，李鸿章、盛宣怀所办洋务企业多采用官督商办的形式，且显示出一定的示范作用，私有化逐步成为国内企业发展的方向。在官督商办的思潮和实践逐步为人们接受的背景下，张之洞一味坚持官办，将会显得与现实格格不入，甚至招致非议。精明圆通的他主动打出商办的招牌，做出官督商办的口头规划和承诺，在当时清廷财政拮据的情况下，既摆出自己跟上时代的姿态以避免各种非议，又可以减轻采取官办所可能引致的各种社会阻力。

二 张之洞选择官办的决定性原因

某人选择某一方式做某事，必然有其主客观原因，至于哪一条因素起到决定性作用，则要具体问题具体分析。可是，当某人在多项事情上选择同样的方式做事时，这其中必然有一种决定性因素在支配着这个人的思维。而这一决定性因素不会是偶然地来自外界，而是来自于这个人内心深处的某种情愫。就张之洞选择官办体制来说，如果他只是在铁厂体制上选择了官办，那么，影响他做出决策的决定性因素可能来自自身，也可能来自外部。可是，当他对自己创办的民用企业几乎都采用官办体制的时候，影响他决策的决定性因素就不可能是来自外部，而是来自其自身。

遗憾的是，笔者尽管做出了很大努力，但在张之洞的相关资料中并未发现能够说明他这一情愫的有力证据。因此，张氏对官办心理情结的根源就显得十分耐人寻味。那么，到底是什么因素使他对官办体制情有独钟呢？从心理学的角度上讲，这可能和他从小所逐步培养出来的人生观和价值观密切相关，而这一推测也是最可靠和最具有说服力的。因为一个人的人生观和价值观一般是通过家庭和社会的早期教化和影响下逐步形成的，一旦形成之后对其人生有终生性的影响，并在不同背景、不同事物上起到基本相同的支配性作用。这在一定程度上印证了俗语所言"江山易改，本性难移"的道理。

考察张之洞的家庭教育及其仕途际遇，笔者觉得，奠定和影响其人生观和价值观形成的重要因素，主要来自以下两方面：一是其父严格的儒家封建伦理教育奠定了他的人生价值观基础；二是其深得慈禧太后重用和提拔的仕途际遇，强化了他的官本位意识和对于政治权力的崇拜。

张之洞父亲在其人生成长过程中有着重要地位。张之洞（1837—1909），字孝达，号香涛，晚清直隶南皮（今河北）人，是晚清堪与曾国藩、李鸿章比肩的重要人物，"功业在曾（国藩）胡（林翼）左（宗棠）李（鸿章）而外独居一席"①。张氏家族虽非显贵，但有着读书做官的传统，自高祖而下，四世为州县官；又累世多有举人或贡生的科举功名，可称得上"家世以儒学显"②。其父张瑛于1813年中举，官至署贵州贵东道。后以大挑分发贵州，历任清平、安化、贵筑、威宁、古州

---

① 景润和陆元鼎挽词，见《张文襄公荣哀录》卷4、5，清宣统北京集成图书公司刷印本；转引自李细珠《张之洞与清末新政研究》，上海书店出版社2003年版，第25页。

② 宋杰：《南皮张公贵州兴义府遗爱祠碑记》，《张之洞奏稿（散件）》，中国社会科学院近代史研究所图书馆所藏档案甲182—475；转引自李细珠《张之洞与清末新政研究》，第26页。

诸厅州县，有治绩，后又迁擢贵州兴义府知府。1837 年张之洞出生时，适值其父兴义府任内。

张瑛以言传身教奠定了张氏的人生观和价值观基础，主要表现在：第一，倾心家教，注重对张之洞学业和品行的培养。张瑛曾厚聘远近名儒向儿子传授封建的儒家经籍。由于贵州地处偏远，他不惜耗资购书数十橱，供子弟阅读，其中“大率史部书，近代说经之书及朱子书为多”①。可以看出，作为一个传统的官僚士大夫，张瑛教子的根本宗旨离不开儒家忠孝节义的伦理规范。他还经常用自己的经历，告诫他们要努力保持仕宦之家的书香本色。他训导诸子，“贫，吾家风。汝当力学”②，并说：“予家世清白吏。及予少长，家益贫。自刻苦读书，厄于冻馁者，数矣！……予为食饥驱，走河南北、江河海峤间者十三年。予惧汝辈藉席余荫，不知汝父遭遇之艰难也。”③父辈的谆谆教诲以及“以俭约知礼为宗”的家风的熏染，使少年张之洞对案几上的儒家经籍产生了浓厚的兴趣，他幼小的心灵萌生了力学致仕、修身齐家的强烈愿望，而这种人生理想正和当时社会士子文人的追求相一致。第二，注重用自己的行为为张之洞树立榜样。他在贵州任职时的品行政绩，可称者有五：“一廉，二善听讼，三治盗，四义仓，五兴书院。”④而这些在以后的张之洞身上几乎都能找到影子，最典型的是他的清廉。《清史稿》称其“任疆寄数十年，及卒，家不增田一亩”。张瑛“当官梗直不阿，好面折人过”，张之洞的清流本色，恰有乃父之风。⑤ 张瑛给张之洞最好

① 许同莘：《张文襄公年谱》卷 1，商务印书馆 1947 年版，第 2 页。

② 同上书，第 2—3 页。

③ 胡钧：《张文襄公（之洞）年谱》卷 1，第 3 页。

④ 宋杰：《南皮张公贵州兴义府遗爱祠碑记》，《张之洞奏稿（散件）》，中国社会科学院近代史研究所图书馆所藏档案甲 182—475；转引自李细珠《张之洞与清末新政研究》，第 26 页。

⑤ 鹿传霖：《赠太仆寺卿诰赠光禄大夫建威将军张公神道碑》，许同莘辑《张之洞年谱史料》，中国社会科学院近代史研究所图书馆所藏档案甲 622—623；转引自李细珠《张之洞与清末新政研究》，第 28 页。

的身教是他对清王朝的忠诚。19世纪50年代初，受太平天国运动蓬勃发展的影响，贵州苗民发动起义。1854年冬，苗民义军围攻兴义府，张瑛率部下及家人子弟拼死抵抗三昼夜，始得以解围。张之洞亲历其事，感触良深，从此在他内心深处播下了忠于清室的种子。1856年张瑛去世，当时张之洞也只有20岁。但是张瑛的言传身教，已经活化于张之洞的读书做人及为官从政的思想和理念中，并成为他立身处世的行为准则。

张之洞的仕途际遇十分特殊，深得清王朝最高权威慈禧太后的"帘眷"，对其一生有非同寻常的影响。他13岁中秀才，16岁中举人，26岁中会试第三名进士，旋授翰林院编修，可说是少年得志，"早掇巍科"①。其会试有着不寻常的故事。初试，中式第一百四十一名贡生。复试，列一等一名。廷试，因其对策"指陈时政，不袭故常"②，阅卷大臣不悦而置之于二甲末。但总裁、大学士宝鋆以为奇才，名次遂拔至二甲之首。试卷进呈慈禧，又拔至一甲第三（探花），引见后授职为翰林院编修。慈禧对张氏的"帘眷"有着她的政治目的。时值慈禧"垂帘听政"不久，她亟须人们立陈政务上的积弊，用以钳制反对派。张之洞敢于批评时政，正好迎合了她的需要。而对于张氏个人来说，则是他"受知于朝"③的开始，自然对慈禧颇为感恩④。此后，他逐步培养起"深知西太后的好恶，好其所好，恶其所恶"⑤的政治敏锐性，并在1877—1881年间和慈禧的关系走得更近了。1881年，在慈禧的"帘眷"下，张之洞接连获得升迁，先是补授翰林院侍读学士，官从四品；接着再升为内阁学士兼礼部侍郎衔，官从二品。5个

① 许同莘：《张文襄公年谱》卷10，第226页。

② 胡钧：《张文襄公（之洞）年谱》卷1，第31页。

③ 徐世昌：《张之洞传》，《大清畿辅先哲传》卷7，天津徐氏刊本，页1；转引自李细珠《张之洞与清末新政研究》，第40页。

④ 苏同炳：《中国近代史上的关键人物》上，第133页。

⑤ 朱峙三：《香涛文情及其上层路线》，《武汉文史资料·张之洞遗事》1986年第1辑，第53页。

月后，他又出人意料地补授兼兵部侍郎的山西巡抚，顿时成为封疆大吏。按照清代惯例，各省巡抚一般由布政使或按察使补授。然而，张之洞从未做过布政使或按察使，甚至没有州县地方官的经历。在“京曹久不放疆吏”的背景下，这确是个例外。难怪有人称之为“特擢”①。慈禧的宠遇有加，使张之洞无论是基于报恩或是为自己的政治前途着想，都需要对她格外效忠。于是便注定了张之洞在性格上只能成为一个迎合慈禧意旨为主的人。②

张之洞早年的家庭教育以及特殊的仕途经历，在情感上极可能造就他政治保守的官僚态度。以下三方面可以充分说明这一点：其一，1877—1881 年间在京加入清流党；其二，他对儒家文化充满眷恋和关怀。他以儒家文化的卫道士自居，而成为清代最后一个“儒臣”③。其三，他展开的湖北新政，进行改革的领域很广泛，但不触及政治领域。

张之洞的政治保守和官办体制之间就可能存在着以下密切联系。中国前近代社会所形成的高度集权的封建专制制度及以儒家伦理为核心的政治文化，崇尚政治权力对一切事物的支配；封建官僚的官本位意识浓厚，崇拜政治权力无所不能的神圣。张之洞的政治保守，意味着他对于传统政治制度和政治文化的充分认可。而官办在中国前近代社会里一直是居于支配地位的企业制度。封建王朝采用官办体制不是为了发挥其集全国人力、物力、财力来举办大型事业的功能，而是将其视为政治权力延伸到企业的手段。在这种情况下，封建社会里的官办企业事实上是历代封建政府的附属物，而不是独立的经济（或生产）单位。政治保守的张之洞尽管在创办近代企业上跟上了时代步伐，但经营的思维和理念却严重滞后，仍然企望用传统官办的理念和

① 陈义杰整理：《翁同龢日记》第 3 册，中华书局 1993 年版，第 1631 页。

② 苏同炳：《中国近代史上的关键人物》上，第 133 页。

③ 辜鸿铭说：“周之末季自荀卿以后无儒者，今自张文襄以后亦无儒臣。”参见《张文襄公幕府纪闻·禁嫖赌》，《辜鸿铭文集》上，第 432 页。

方式来对待他所办理的近代企业。官督商办尽管和传统官办的管理方式没有多大的变化，但商人的参与多少会改变经营管理的方式并影响到张之洞在企业中的地位，这是张氏所不愿意看到的。

第二节　张之洞、李鸿章的权力之争与官办体制的最终确定

一　张之洞、李鸿章官场矛盾与铁厂移鄂

张之洞于1889年春开始筹备铁厂时是在两广总督任上，厂址自然定在广州附近。[①]本来，这和李鸿章、盛宣怀毫无瓜葛。然而，是年8月，清廷因任命张氏办理芦汉铁路将之调任湖广总督。这一调动将李鸿章、盛宣怀与张之洞密切地纠结在了一起。

清廷决定将张之洞调任湖广总督之时，张氏已经委托驻英法公使刘瑞芬在英国代购了炼制生熟铁的机器，张氏的调动直接牵涉厂设何处的问题，仍然设在广州还是随同迁至湖北？1889年9月20日，就在张之洞上奏清廷谈及开办铁厂相关问题（其中有关于铁厂体制的最初设想）的当天，他对于厂址的态度发生细微的变化，电询湖北巡抚奎斌关于大冶铁矿情况，“大冶向来出铁，近来民间有无开采？出产多少？请详询曾任大冶兴国一带州县，或遣人密查；万勿宣播”[②]。这表明张氏已有将铁厂移鄂、利用大冶之铁炼铁制钢的想法，但准备秘密考察。

张氏态度谨慎，原因有二：一是大冶铁山已为盛宣怀所买下，张

---

① 1889年3月至7月间，张之洞多次致电时任驻德俄等国大臣洪钧和时任驻英法公使刘瑞芬，详细询问西方炼铁技术和定购机器等相关问题，并托刘瑞芬在英国代为订购了炼生熟铁的机器，准备在广东设炼铁厂炼铁。参见《汉冶萍公司档案史料选编》上，第61—62页的系列电报。按照当时晚清督抚办理洋务的习惯，厂址一般会设在广东省内。这年9月20日，张之洞在上奏皇帝折中谈铁厂厂址时说：“择定于省城外珠江南岸之凤凰冈地方，水运便利，地势平广，甚为相宜。”参见张之洞《筹设炼铁厂折》，《汉冶萍公司档案史料选编》上，第66页。

② 《张之洞致奎斌电》，《盛宣怀年谱长编》上，第314页。

之洞要利用大冶之铁为铁厂原料来源，很难绕开盛氏这一关。二是张之洞与李鸿章素有矛盾，这在晚清官场是公开的秘密。二人嫌隙始于1879年的中俄交涉。时为钦差大臣出使俄国办理交涉的崇厚，擅自与俄国外交大臣签订了丧权辱国的《里瓦几亚条约》，引起国人愤怒。可李鸿章却袒护崇厚。清流健将张之洞尖锐指斥李鸿章“岁糜数百万金钱以制机器而养淮军，若并不能战，安用重臣？”①中法战争时，身为湖广总督的张之洞竭力主战，而作为朝廷重臣的李鸿章则主张妥协，两人分歧和矛盾扩大。尤其是在战争取得初步胜利后，李鸿章胁迫张氏撤兵求和，令他恼火。张之洞为自己在关键时刻无力影响朝廷的决策所刺痛，也更深一层地体味到政治权力的分量与洋务建设之间的交互补益的关系。于是，中法战后，“之洞此时，自命深明事务，欲在南方造一局面，与北洋大臣李鸿章建树功业相颉颃”②。作为李鸿章的追随者，盛宣怀和张之洞自然存在门户之见。在这种情况下，张之洞准备利用大冶之铁来炼钢制铁，行动上必须小心谨慎。

事实上，李鸿章、盛宣怀在铁厂移鄂问题上态度还是比较积极的。对此，盛宣怀后来回忆说：“逮光绪十五年……职道（盛宣怀——引者注）条陈就鄂铁造轨……蒙醇贤亲王（奕譞——引者注）发交宪台（张之洞——引者注）核议办理。”③也就是说，是盛宣怀主动提出、而由海军衙门大臣奕譞主持将铁厂移鄂的。张之洞于1889年10月23日致中国驻伦敦公使刘瑞芬的电文中亦称：“湖北大冶县产煤铁，海署嘱亟筹开采。”④这说明盛氏之言不虚。

盛宣怀主张将铁厂移鄂，是为了实现自己办理钢铁事务的愿望，对铁厂的掌控欲望自在意想之中。10月16日，盛宣怀致电奎斌：“在

① 张之洞：《熟权俄约利害折》，海王邨古籍丛刊：《张文襄公全集》卷2，中国书店1990年版，总第90页。

② 刘禺生：《世载堂杂忆》，辽宁教育出版社1997年版，第44页。

③ 《盛道覆禀》，《张文襄公全集》卷100，总第749页。

④ 张之洞：《致伦敦刘钦差》，《张文襄公全集》卷133，总第360页。

京奉醇邸面谕查勘大冶铁矿。现派比国头等矿师白乃富赴汉。”①几天后，盛宣怀向张之洞禀明此事，“湖北煤铁，前请英矿师郭师敦勘得。如果开办，仍请原经手较易……兹先派矿务学堂矿师白乃富先往复看，再行禀复”②。此中的“原经手”很显然指盛宣怀自己，觊觎铁厂控制权的意图表露无遗。

海署和盛宣怀主张将铁厂移鄂，而此时张之洞的态度却表现消极。10月31日，他致电海军衙门，表达了想在晋、粤、闽、黔等省“勘矿购机，分投采运”、“多置数处，必有一获”③的想法。针对张氏的消极态度，李鸿章于11月2日和10日两次致电，劝他：“粤既购机炉、雇矿师，似宜就大冶开办”④，“惟炼铁至成钢轨、铁桥、机车，实非易事……粤既订购采炼机炉，应运鄂试办。大冶铁质好而无煤，须由当阳运煤乃合用，虽滨江亦稍费事。此外各省产铁处距水太远，难收实效，且无款无人从何下手？化学、矿学堂为开采根基，知者少，同志亦少，愿公实力提倡。”⑤同时，海军衙门也劝他坚定移鄂，“炼铁之论可佩，余均意见颇同。大冶下手自是正办。”⑥

在李鸿章、奕譞的敦促下，本有将铁厂移鄂想法的张之洞，对于移鄂的态度开始转趋积极，并和盛宣怀就设立铁厂的相关问题通过电报展开交流。⑦于是，张之洞与李鸿章、盛宣怀在铁厂问题上开始纠结在一起，由此，双方在铁厂体制上的分歧和争夺也拉开帷幕。

---

① 《奎斌致张之洞电》，《盛宣怀年谱长编》上，第314—315页。

② 《盛宣怀致张之洞电》，《汉冶萍公司档案史料选编》上，第71页；《盛宣怀年谱长编》上，第315页。

③ 张之洞：《致海署》，《张之洞全集》卷181，第5389页；《汉冶萍公司档案史料选编》上，第68页。

④ 《李中堂来电》，《张之洞全集》卷181，第5391页。

⑤ 《李鸿章致张之洞电》，《汉冶萍公司档案史料选编》上，第69页；《张之洞全集》卷181，第5398页。

⑥ 《总署来电》，《张之洞全集》卷181，第5390页。

⑦ 参见夏东元主编的《盛宣怀年谱长编》上，第315—316页。

二 张之洞、盛宣怀的上海会晤

1889年12月7日至15日，张盛在上海会晤，对铁厂相关问题进行了充分的交流。

这次会晤是由张之洞提议的。11月15日，张之洞赴鄂督任途中到达上海，致电盛氏邀请他到上海一晤，“阁下能来沪，面商大冶铁事，甚好……缘海署来电，注重先办大冶”[①]。21日，张之洞又致电海军衙门和李鸿章，请代为转奏，令盛氏赴沪：“窃思盛道既备悉大冶铁矿，并知鄂省煤厂情形……如能与该道晤面，询商一切，到彼较为透彻易办……谨请钧署裁酌，如事属可行，拟请代为转奏，令该道至沪一晤，俾得询商大冶铁矿并开煤设厂一切事宜，实于公事有益。”[②]盛氏接电后没有推辞，迅速驰赴上海与张氏进行了长达一周的商谈交流。尽管目前很难找到会晤的具体资料，但可以想见的是，这次会晤涉及内容广泛，对铁厂未来建设有着重要影响。

会晤后，盛宣怀立即呈送李鸿章《筹拟铁矿情形禀》[③]，并同时呈送张之洞和山东巡抚张曜。该禀文包括“责成”、“择地”、“筹本”、“储料”等四部分，对于开煤炼铁所面临的问题都有涉及，较为全面地展示了盛宣怀对于办理煤铁矿务的思想认识及办理思路。

盛氏对于煤铁致富及办矿设厂的难度有清醒的认识：“查欧洲英、德各国多以开矿致富，而开煤、铁尤能致强……近年竞言富强，独不自行开铁，弊在难于谋始也”，“矿务为洋务商务中最无把握之事，稍一草率，恐功堕半途，无可推广”，“煤、铁皆质重价轻之物，化质既佳，应筹运道，运道不便，必无利益，甚至价目昂于洋铁，以致滞销，不可不防。”在充分认识到开煤炼铁的难度后，盛宣怀中肯建议

---

① 张之洞：《致烟台盛道台》，《张之洞全集》卷181，第5403页；《盛宣怀年谱长编》上，第316页。

② 张之洞：《致海署、天津李中堂》，《张之洞全集》卷181，第5404页。

③ 参见《汉冶萍公司》一，第6—8页。本目以下所引盛宣怀关于铁厂筹办问题上的资料，未加注者，均出自该禀文。

要“谋定后动，务使一动而不易”。盛氏的看法是稳慎周到的。

关于铁厂体制，盛氏也有全盘和理性的思考。他写道：

> 一曰责成。兹事重大而条理细密，非有大员督办，不能提挈纲领。拟请先行奏派一人督筹铁矿，以后用人立法，均由该员随时禀商宪台定夺。
>
> ……
>
> 一曰筹本。闻英、德煤铁矿皆商办，询其为何不归官办？曰：“国家不愿与商民争利。”犹藏富于商之意。今中国创开铁矿，如用官本官办与船政、制造局同，应先筹定的款，年年拨济若干万，必须拨款永远不少，督其役者永远不敝，未始不可利归于上。如用商本商办与轮船、电报及开平煤矿同，应先招集商股，不足则官助之。商股系正本，盈亏皆归于商股。官助系活本，但期原本缴还，不与商人争利。今参酌欧洲铁矿无不商办，中土情形亦复相同。据比矿师约估，铁矿、煤矿各一，开办资本至少需银一百八十万两，较海军衙门原奏所估一百四十万两之数，增至四十万，仍不过约略之数。拟请奏明责成督办铁矿大员筹议章程，招集华商股银八十万两作为正本。并请户部借拨银八十万两作为活本。查海军衙门原奏，海防捐输全归铁路，今铁矿即为铁路根本，自应即在此项内拨借。除应先还津沽铁路洋债七十万两外，续收之款，请即拨银八十万两，发交铁局分次具领。如捐输未集而铁即需用，请户部不拘何项先行借拨，俟集捐输，仍归部款。此项活本拟照招商局前借公款，五年后分十年归还，免其计利，庶使商股不致观望。其余不敷资本以及推广添置机炉，均由局随时设法筹维，总期立定基址，逐渐推广，以拓利源。

盛宣怀上述表述明确表达了官督商办的主张。通过中西方官办和商办体制的正反对比，他认为新建铁厂应该参考西方商办的模式来办理，在当时中国也就是要官督商办。于是，他进一步建议，奏派督办铁矿大员筹议章程，招集华股为正本，由户部借拨款为活本来具体办理；而户部拨款则由海军衙门的海防捐输项下借拨。当然，户部拨款最终要拟照轮船招商局的公款处理办法，归还政府。

客观地说，盛宣怀对于体制的主张和分析是理性的和正确的。首先，他对于当时英、德等国家的铁厂体制及经营成效有一定的了解，也十分清楚诸如清政府的财政状况、国内企业制度、传统社会政治制度和伦理等国情，总览东西方企业制度及其经营优劣，他的视野颇为开阔，高屋建瓴，认识自然较为客观和理性。其次，他有经营近代化洋务企业的丰富经验，对官督商办体制亲身实践，且总的来说效益良好。更为可贵的是，他有经营湖北煤铁事务的尝试和深刻教训，该事业的夭折及其本人最后赔累[①]的史实使他深深感到“领公款则万不可”[②]。因此，盛氏为未来铁厂设计出官督商办体制，基本上符合当时实际。

然而，盛宣怀理性的真知灼见之下包含着觊觎铁厂的野心。他口口声声要求奏派“大员督办”、“以后用人立法，均由该员随时禀商宪台定夺”，可谓寓意深长，实则有自荐代张办理铁厂之意。这是因为，以当时国内商界办理洋务的阅历及实践官督商办体制的经验而论，没有哪一个人比他更有能力和资本担当起督办的职责。

张之洞本来是主张官办的。盛宣怀坚持官督商办，已经显示出两

---

① 湖北开采煤铁总局的资金来自直隶和湖北两省的地方政府拨款，共 30 万串。1879 年该局撤销前共用去 15.8 万串。这年 5 月，李鸿章要求即将新设的荆门矿务总局实行官督商办时，对已用和尚未动用的官本做出这样决定：“所有前领官本，必须一律截至”，“将截存直、鄂两省官本照案发交江苏、汉口各典生息，以每年利息弥补动缺官本”，且仍责成盛宣怀“一人清理，按年缴呈息钱，逐渐归本，如有延欠，定行参赔”。参见《李鸿章批》，盛档二，第 384—385 页。直至 1884 年该案才得以了结。

② 《盛宣怀复金福曾函》，盛档二，第 397 页。当然，不排除这是盛宣怀的过激之言。

人对于体制的重大分歧。使张氏更为不能接受的是，盛宣怀暴露出的希图通过官督商办控制铁厂的野心。于是，针对盛氏的主张，他用沉默以应对。在会晤一个星期后，也就是在正式接掌湖广总督后的12月21日，他才在致海军衙门和李鸿章电中轻描淡写地说："盛道宣怀到沪，连日晤谈，详加考究"①，再没有透露更多的细节。直到1890年1月18日，在谈及铁厂当初订购机炉之汇丰借款和准备利用广东闱姓款项时，他才透露出对铁厂体制的真实态度。他致函李瀚章说："鄙人定购之时，本意系指明年冬更换闱姓商人预缴饷款一百四十万元一项内支用，充然有余，且办成后，招商承领，愿者必多，是以敢于挪垫。今归鄂用，自应请海署于部筹铁路经费项下发款。"②两天后，他又致电海军衙门和李鸿章："俟厂成利见，粤商必然争先缴价承领，此数十万之款仍可收回。不过官任其劳、民享其利而已。彼时或推于商办，或官自办，可临时斟酌"，"机为粤一省用，则应粤筹，铁路为全局事，自应请动部款"。

显然，张李矛盾及其在铁厂控制权上的争夺，是张之洞坚定官办主张的又一个重要因素。

三　清廷"扬张抑李"策略与张之洞最终选择官办

张之洞在排除李鸿章、盛宣怀对铁厂觊觎和坚定选择官办时，表现得底气十足，与他从清廷中枢得到的支持分不开。

张之洞是晚清政治的宠儿，在人生际遇的关键时候往往得到慈禧太后的拔擢。之所以如此，除了他清廉的政治操守、突出的政治才能、治绩及善于迎合慈禧的官场之术等因素外，晚清政治在某种程度上也成就了他。在第一章中已经叙述到，太平天国运动以后，清朝政局发生重大变化，中央权力衰落，地方督抚势力崛起。清廷为加强自

① 《张之洞致海军衙门与李鸿章》，《盛宣怀年谱长编》上，第318页。

② 《张之洞致李瀚章电》，《汉冶萍公司档案史料选编》上，第81页。

身统治，采用政治平衡术来驾驭地方督抚势力。敢于批评时政的张之洞，于19世纪70年代后期成为清流党集团的重要一员①，并和当时的清流党领袖李鸿藻关系密切。这使他成了慈禧太后用以控制恭亲王奕䜣和李鸿章等权势日盛的洋务大臣的一枚重要棋子。80年代以后，清廷对他继续采用扶植政策，先后提拔他出任山西巡抚、两广总督，以对抗李鸿章。1885年"甲申易枢"后，光绪生父奕譞接替恭亲王奕䜣主持外廷，并担任刚刚成立的海军衙门大臣，对他更是支持有加。在两广总督任时，张之洞办理的官办洋务企业不用担心资金来源。奕譞对张之洞的各项财政需求给予满足，指示户部"如张某在粤有亏空，可设法为之弥补，不必驳斥"②。1889年春，张之洞主张缓造李鸿章倡议的津通铁路而改建芦汉铁路，被清政府所采纳。接着，张之洞调任湖广总督，奕譞主持将铁厂移鄂。张氏主张官办由自己一手控制，奕譞同样给予支持。

最能充分体现清政府支持力度的事件，是奕譞在张之洞坚定官办后的反应。1890年1月23日，也就在张之洞致电海军衙门和李鸿章表明官办态度后的第三天，海军衙门迅速致电张氏给以答复，告诉他"部款岁二百万已奏准的项矣"③，保证从其所掌控的铁路经费项下每年拨给铁厂200万两的建设经费，支持张氏官办铁厂。海军衙门反应之迅速、拨款数额之大，令人惊异！对此，李鸿章很为不满，不无讥讽地对其兄李瀚章说："香复海署，抑扬铺张，欲结邸欢。即准拨部款，恐难交卷，终要泻底。枢廷皆知其大言无实也"④，话语中不免有几分妒忌和幸灾乐祸的味道。

有清廷中枢撑腰，张之洞自然底气十足，在体制何去何从的选

① 有人认为，李鸿藻为"青牛（清流同音）头"，张之洞与张佩纶为"青牛角"。由此可见，他们是清流党内的重要人物。参见刘禺生《世载堂杂忆》，第77页。

② 《抱冰堂弟子记》，《张文襄公全集》卷228，总第1034页。

③ 《海署来电》，《张之洞全集》卷181，第5421页。

④ 《李鸿章致李瀚章电》，《汉冶萍公司档案史料选编》上，第82页。

择上，也更坚定了与李鸿章、盛宣怀对抗和排除他们插手铁厂的可能。3月16日，他致电李鸿章，明确表示不同意盛宣怀商本商办铁厂的意见，“盛道前在沪具一禀，所拟办法与鄙见不甚同。商股恐不可恃，且多纠葛”①。“盛道前在沪具一禀”显然是指张盛会晤后盛宣怀呈送李鸿章的禀文。至此，张之洞将铁厂的官办之局完全确定下来。

被排除在铁厂之外，盛宣怀颇不甘心。为了安抚他，5月18日，张之洞致电盛氏，“此矿前经阁下远募良师访得，实为首功，拟每年酌提余利若干，以为酬劳”②。几天后，盛宣怀回电，接受张氏建议，“宣怀不获随侍供驱策，徒抱苦心十五年，空赔公款十五万……乃蒙追微劳，欲每年酌提余利若干……如此恩谊，恨不沥肝以报。”③接着，张之洞复电表明补偿条件：“拟按年炼成总数，或钢或铁每吨提银二钱，以为弥补奖励创办矿务官商经费……若每年所炼在五万吨以下，即以岁提万金为断……立案永远照办，不拘年限”④。平心而论，张氏的补偿条件足可安慰盛宣怀的沮丧和失望。

通过对铁厂体制决策过程的考察可以清晰地看到，张之洞选择官办既受制于他自身的儒家伦理、官僚身份等因素，也由他与李盛对铁厂权力的争夺所促动，还和清廷的大力支持分不开。需要强调的是，铁厂经济效益这一最应该支配他决策的经济动因，几乎没有走进他的视野。李鸿章、盛宣怀坚持官督商办，是经过中外体制对比及对国内现状的理性思考后做出的，尽管有从经济角度出发的考虑和更为符合当时国内的现实，但因他们有以体制为招牌觊觎铁厂的意图，最终被喜欢揽权的张氏一并排除掉了。

---

① 《张之洞致李鸿章电》，《汉冶萍公司档案史料选编》上，第72页。

② 《张之洞致盛宣怀电》，《汉冶萍公司档案史料选编》上，第84页。

③ 《盛宣怀致张之洞电》，《汉冶萍公司档案史料选编》上，第84页。

④ 《张之洞致盛宣怀电》，《汉冶萍公司档案史料选编》上，第84页。

第三节　铁厂官办体制运作透视

张之洞定下官办之局后，开始着手具体筹办铁厂事宜。2 月，在武昌水陆街旧营务处公所设立湖北铁政局①；6 月，将之迁往武昌宝武局公所，并委派蔡锡勇为总办，赵渭清、徐建寅为会办，负责铁厂的筹建工作。后又添札勒哈里、桑彬为提调。下设文案、收支、矿务、翻译、督幕奏折、郎中及大小班差等，机构人数达 60 多人。② 是年夏，张之洞决定厂设汉阳，冬季开始动工兴建，1893 年冬建成，1894 年夏开始投入生产。

对于晚清时代官办企业的运作，学者们已经形成了基本的看法，即：1. 管理上，不管是官府手工业还是近代机器工业，它们的经营管理方式都带有官僚衙门的特征，用管理封建衙门的办法管理企业。企业成为一个官僚机构，由清朝政府委派的官僚主持，设有总办、督办、会办、提调等官职。管理机构非常庞大，与官场无异。2. 企业成为行政机构的附属物，不是独立的经济（或生产）单位，用行政办法管理企业，凭官僚意志办事，谈不到科学的管理。可以说，官办企业的体制运作事实上就是传统官场政治的缩影。

作为官办企业，汉阳铁厂的运作不可能逃脱传统官办体制的宿命。通过本章第一、二节的研究，我们已经明确，铁厂从一开始就卷进了张之洞与李鸿章等人的官场矛盾。张氏选择官办，不仅没有消弭这一矛盾，反而加剧了它。于是，张李之间的矛盾在铁厂体制的运作

---

① 湖北铁政局是官办时期汉阳铁厂的正式名称，其成立时间存在不同的说法。张之洞于 1890 年 6 月札蔡锡勇文这样说：他于 1 月 24 日接到海军衙门的电文后，"遵即于正月在鄂省内水陆街旧营务处公所设局"。由此判断，设局的时间最可能在 2 月份。参见：《张之洞札蔡锡勇筹办煤铁事宜文》，《汉冶萍公司档案史料选编》上，第 74 页。

② 《钟天纬致函盛宣怀》，《汉冶萍公司》一，第 25 页；刘明汉主编：《汉冶萍公司志》，华中理工大学出版社 1990 年版，第 103 页。

上得以延续，使其更加偏离经济活动的轨道。因其表现在方方面面，笔者无力全面展现和剖析，在此仅择较为典型的两例，以期达到解剖麻雀之功效。

一　实例一：选址汉阳——张、李矛盾进一步延伸的产物

稍有科学知识的人都知道，铁厂厂址不是随随便便确定的，是要经过科学考察后依据经济效益等诸多因素来合理确定的。19世纪末，铁厂厂址的选择原则是靠近煤铁矿的产地。一般来说，煤铁资源很难在一地同时兼具，最有利的选择是“以铁就煤”，就是说要设在煤矿产地。退一步考虑，也可“以煤就铁”，设在产铁之地。总之，铁厂厂址是要靠近资源产地。就湖北“煤劣铁优”的资源情况看，如果在湖北设立铁厂，厂址最好建在大冶铁山附近。事实上，郭师敦于19世纪70年代末曾经选定了离大冶很近的黄石港东首一地作为将要开办的炼铁厂厂址。

然而，张之洞却一反设厂原则和此前已有成案，将铁厂设在了既无煤又无铁的省城武汉，实在匪夷所思。于是，张氏之选址问题历来为人们所诟病。人们往往将之视为汉阳铁厂经营失败的原因之一。①

是什么原因导致张之洞做出如此决定呢？张氏曾有多次正式表述，较为全面的表述有两次，一次是1890年5月27日的致盛宣怀电文，其中列举了七条理由：

> 铁厂宜设武昌省城外。黄石港地平者洼、高者窄，不能设厂，一也。荆襄煤皆在上游，若运大冶，虽止多三百余里，回头无生意，价必贵，不比省城；钢铁炼成，亦须上运至汉口发售，并运至

① 当然，有一些学者为张之洞选址辩护。代鲁认为，当时条件下最为科学的布局，是依据近煤焦产地的原则。可是，因湖北缺乏适宜的煤矿很难办到。因此，厂址只能就大冶或省城做出选择。而张之洞主张设在省城是有相当考虑的，而这些考虑也是有一定道理的。参见代鲁《对张之洞办铁厂几条指摘的辨析》，苑书义、秦进才主编：《张之洞与中国近代化》，第266—269页。

省城炼枪炮，多运一次，不如煤下行铁矿上行，皆就省城，无重运之费，二也。大冶距省远，运煤至彼，运员收员短数掺假，厂中所用以少报多、以劣充优，繁琐难稽，三也。厂内员司离工游荡，匠役虚冒懒惰，百人得八十人之用，一日作半日之工，出铁既少，成本即赔，四也。无人料理，即使无弊，制作亦必粗率，不如法炼成制成料物，稍不合用，何从销售？五也。铁厂、炮厂、布局三厂并设，矿物、化学各学堂并附其中，安得许多得力在行大小委员分投经理？即匠头、翻译、绘算各生，亦不敷用；三厂若设一处，洋师华匠皆可通融协济，煤厂亦可公用，六也。官本二三百万，常年经费、货价出入亦二百余万，厂在省外，实缺大员无一能到厂者，岁糜巨款，谁其信之？若设在省，则督抚司道皆可常往阅视，局务皆可与闻，既可信心，亦易报销，七也。此则中法，非西法。中法者，中国向有此类积习弊端，不能不防也。即使运费多二三万金，而工作物料虚实优劣所差不止数十万金矣。[1]

另一次是该年12月上奏清廷的奏折，他提出了六条便利的说法：

荆湘等煤皆在上游，若下运大冶，虽止多三百余里，上水回船既无生意，运脚必贵，今设汉阳，懋迁繁盛，商贩争趋，货多价贱，其便一也。钢铁炼成亦须上运汉口销售，并须运至枪炮厂制造，今炼成发售如取如携，省重运之费，其便二也。人才难得，通达洋务、谙习机器者尤不易，觏鄂省铁、布、枪炮三厂并开，断无如许之多精通得力委员分投经理，至西洋工师绘算各生尤不敷用，今铁厂、枪炮厂并设一处，矿学、化学各学堂俱附其中，布厂亦在对江，皆可通融任使，其便三也。员司虚浮，匠役懒惰，为中国向有之积习，不可不防。厂距省远，料物短数，煤

---

① 《张之洞致盛宣怀电》，《汉冶萍公司档案史料选编》上，第101页。

> 斤掺杂，百人仅得八十人之用，一日仅作半日之工，出铁不多不精，成本即赔，今设在对江督查甚易，其便四也。官本二百余万两，常年经费货价出入亦百万余两，厂在省外，实缺大员无一能到厂者，岁糜巨款，易动浮言，今则督抚司道等皆可亲往察看，百闻不如一见。其便五也。矿渣煤渣每年约出三万余吨，除填筑本厂地基外，兼可运往汉口后湖填筑湖身，汉口城垣可免盛涨冲灌，沿湖居民可免淹浸，其便六也。①

仔细审视，六条便利和七条理由基本是一致的，涉及运输费用、监督管理及人才综合利用等方面。总括起来不外乎两个大方面：一是自然环境与交通，二是监督管理和人才利用。1895 年 10 月，张之洞为选址辩解再次强调说："此限于鄂省地势，又参酌中国人情，无可如何。"②因此，笔者以七条理由作为分析研究张之洞选址汉阳的重要依据。

仔细阅读这七条理由，并联系张之洞出台这些理由的背景，笔者认为，左右他选择汉阳的真正原因有二：一是他本人的官本位意识；二是当时张李对铁厂控制权争夺的矛盾。

张之洞浓厚的官本位意识渗透在七条理由的字里行间，尤以第一、二、六条为甚。第一条是讲抛弃大冶黄石港的地理原因。黄石港为英国矿师郭师敦经过科学考察后慎重选择的。对现代科学技术知之甚少的张之洞，在决定抛弃黄石时并没有经过新的科学考证。③第二条

---

① 张之洞：《勘定炼铁厂基筹办厂工暨开采煤铁事宜折》，《张之洞全集》卷 29，第 774 页。

② 张之洞：《奏查复煤铁枪炮各节通盘筹划折》，《汉冶萍公司档案史料选编》上，第 115 页；《张之洞全集》卷 39，第 1028 页。

③ 曾经对黄石港测绘过、时任铁厂会办的科学家徐建寅，对于张氏的选址这样说："如煤、铁、灰石均聚一隅，自应在黄石港设炉，而香帅偏信白乃富之邪说，——以在距省相近者为合用，现已决计在汉阳矣。"参见《徐建寅致盛宣怀函》，《汉冶萍公司》一，第 18 页。白乃富：比利时矿师，1889 年初受盛宣怀聘请来华勘矿。后被张之洞聘为汉阳铁厂总工程师。此人没有什么学识，对当时湖北矿务并没有进行科学的实地考察。张氏偏信白乃富，实际上反证了他是在没有科学考察的情况下主观地抛弃了黄石港。

是讲运费问题。在张氏看来，铁厂设在省城，煤下运铁矿石上运，可以减轻运费节省成本。此想法固然很好，但是否真的可以节省成本还需实践检验才行。笔者觉得，鉴于煤铁质重价轻的特性及运输规模和数量大等因素，厂设省城未必就能节省运费。张之洞的想法实为主观臆想。第六条是讲铁厂、炮厂、布局三厂联合利用人才的问题。张氏希望三厂设在一起、以达到“洋师华匠”“通融协济”、综合利用人才的效果。事实上，三厂的技术和生产差别很大，很难有通三厂技术的复合型人才，所谓的联合利用几乎是空想。第三、四、五、七条是阐述铁厂管理中可能出现的弊端并要通过厂设武汉加以防止的。这些理由有着较为合理的成分，因为张氏所列现象确为中国传统官办企业共有的弊病，他对此有清醒认识。但是，能否达到目的仍然是一个未知数。因此，张之洞的这七条理由充满了一相情愿的主观臆想，既体现了浓厚的官本位意识，也是官本位意识思维的必然结果。可以说，选址汉阳根本上是由张氏的官僚心态所决定的。对此，张之洞还故意以“此则中法，非西法。中法者，中国向有此类积习弊端，不能不防也”来为自己辩解，可谓是此地无银三百两，官僚心态跃然纸上。①

促动张之洞选址汉阳的直接因素，则是当时已经激化了的张李矛盾。李鸿章、盛宣怀在体制争夺上败在了张之洞手下，失去了对铁厂的控制权，对此他们当然不会甘心。而双方矛盾的激化则逐步延伸到

---

① 关于张氏这七条理由的研究，史学界少有触及。学者袁为鹏对此提出了质疑。他用张李矛盾和争夺的史实经过充分论证，认为：所谓的七条理由“不过是特定政治环境下的一篇‘官样文章’”。张氏选址汉阳的主要原因，“则是由于他与李鸿章、盛宣怀等人矛盾激化，彼此间疑忌加深，而不得不作出的选择”。“厂设武汉，张之洞方可通过自己的亲信蔡锡勇等将铁厂牢牢控制在自己手中；而李鸿章盛宣怀诸人觊觎铁厂之企图方可不杜而自绝。”参见袁为鹏博士论文《清末汉阳铁厂布局研究》第三章。

笔者觉得，张之洞的理由并非简单的“官样文章”。以张氏“书生习气”的个性和清廉的品行来看，他某些理由的牵强附会和过于关注经营管理中的弊端，在一定程度上反映了他的真实想法。

了厂址选择上。1890年春，张之洞也曾有将铁厂设在大冶的想法。[①]接着，就发生了关乎铁厂前途的重大事件。因中俄关系紧张，在李鸿章的奏请下，清廷决定先办关东铁路、而搁置芦汉铁路。[②]这一决定直接关系到铁厂经费问题。4月21日，海署通知张之洞："惟芦汉之路可徐办而炉座炼铁不容中辍，若二百万鄂、东分用，固两不济事；设专归东，鄂之采炼无款，将若之何？"[③]海署的口气表面上是商酌，实际上是告知要停拨铁厂经费。铁厂建设耗资巨大，这一突如其来的资金变局给铁厂的前途蒙上了阴影。而这一变故的关键，是海署将停拨的经费转拨给了李鸿章主持修建的关东铁路，这不能不使张氏觉察到李鸿章在其中的作用。失望之余，张之洞寄望于能够通过向关东铁路销售产品从而获得资金来源。两天后，张之洞致电李鸿章，询问营珲铁路准备使用何铁问题，"尊处所办营珲路拟用何铁？是否即用鄂铁拟兼用他铁或另开铁矿？望速详示，以便筹酌"[④]。李鸿章则冰冷回答："东路需急办，应购西洋钢轨。将来鄂钢炼成，自可拨用，然须随拨随付价，界限乃清。轨用钢，不可用铁，幸勿浑言铁也。"[⑤]5月18日，张之洞致电海署表示："大冶铁厂若此时即速开办，一年后即可制出钢轨……似可不必多定洋轨，反致中国自造之轨置之无用。"[⑥]同时也致电李鸿章表达了同样的想法。5月21日，李鸿章回复说："向来订购章程，须令各国铁厂将货价呈送，定期开封，择货精价廉者购办，未便预为限制。鄂省机炉到齐，盖厂安设，运煤开铸，计尚需

① 参见《张文襄公全集》卷134，第387—390页，张之洞于光绪十六年三月十七日、廿九日、三十日所发《致天津李中堂》、《致海署》等各电。

② 《清史稿》第16册卷149，"交通一"中这样叙述："十六年，以东三省事亟，从海军衙门王大臣及直督李鸿章言，命移芦汉路款先办关东铁路。"参见《清史稿》卷149，第4434页。

③ 《海署来电》，《张文襄公全集》卷134，第384页。

④ 张之洞：《致天津李中堂》，《张之洞全集》卷183，第5472页。

⑤ 《李中堂来电》，《张之洞全集》卷183，第5473页。

⑥ 张之洞：《致海署》，《张之洞全集》卷183，第5490页。

时，似一年后未必能造成合用钢轨。英匠言印度造路甚长，该处所开铁矿轨尚不合式，仍需远购英轨，非得已也。鄙意俟鄂厂成轨，取样比较，如果合用，即价略昂，必当自用自物，况如尊论较洋轨为廉耶！似应届时商办。"①李氏用公事公办的口气委婉表达了拒用鄂轨的意思，可谓"老成精审之至计"②。这等于给张氏当头浇了一瓢冷水，使其愤怒之至。然而，就在张李因铁厂资金和产品销路嫌隙和矛盾升级之时，盛宣怀却于5月25日连续致电张氏，表示出督办铁厂的强烈愿望③，这势必引起张之洞强烈的反感和防范。于是，在铁厂厂址尚未确定的情况下，张之洞正式决定放弃大冶、将铁厂设在武昌省城附近。两天后，张之洞致电盛氏表达了厂设武昌的七条理由。之后，经过对武昌、汉阳自然地理条件和人文环境的考察，张氏最终决定在汉阳设厂。

通观张之洞厂址决策过程可见，选址汉阳是张李矛盾及其激化诱发张氏内心深处的官本位意识和长官意志、并使之外在化的结果。

二 实例二：张之洞长官意志与人事管理的任人唯亲

以张之洞之封建官僚身份和思维，他必然将官权机制引入汉阳铁厂的管理之中，在人事任用上以传统的政治人脉关系作为任人的基础和原则，这和李鸿章、盛宣怀几乎没有区别。当时在铁厂任文案的钟天纬深有感触，"此间全用官场办法，习气太重，百弊丛生，不可穷诘"④。笔者在此仅择其要做一叙述和分析。

第一，在管理机构的设置上，张之洞将铁厂置于自己的完全控制之下，对铁厂大小事务事必躬亲。钟天纬看得很清楚，"名为蔡毅若（蔡锡勇——引者注）观察为总办，而实则香帅自为总办，委员、司

---

① 《李中堂来电》，《张之洞全集》卷183，第5487—5488页。

② 《致天津李中堂》，《张之洞全集》卷183，第5495页。

③ 参见《盛道来电》（共四电），《张之洞全集》卷183，第5488—5490页。

④ 《钟天纬致盛宣怀函》，《汉冶萍公司》一，第45页。

事无一人不由宪派，用款至百串即须请示而行，蔡毅宪仍不过充洋务幕府之职”①。

不可否认，张之洞为铁厂建设确实付出了巨大的心血。然而，他不是一个科学家，也不是一个懂得经济事务的官员，对于铁厂的建设没有一个科学严谨、行之有效的计划，管理中不可避免有很强的主观性和随意性：

> 香帅躬亲细务，忽而耐心，锱铢必较；忽而大度，浪掷万金；忽而急如星火，立刻责成；忽而置若罔闻，延搁数月。一切用人用款皆躬操其权，总办不能专主，委员更无丝毫之权。用款至百缗以上，即须请示而行，迨请示则又健忘多病，动延数月。②

即如铁厂订购机器，他也不断改变想法，“本拟每日炼铁百吨，忽又改为二百吨。所定熔炉、机器皆须重换，蔡观察力争不听”③。

主观随意性管理还表现在铁厂建设不合程序上。铁厂正常生产之前，必须要囤积大量的原料，如煤和铁矿石。铁厂生产对燃料煤的质量和数量要求都很高，因此，在建立铁厂之前必须找到质量适合、蕴藏量大的煤矿，并早于铁厂进行基础建设，或至少同步进行。铁厂正常生产后还需要保证有充足的、源源不断的供给。可是，在展开铁厂基础建设之前，张氏一直没有找到适宜的煤矿。他曾经花费很大力气派员带同矿师沿长江中下游探测煤矿，足迹遍达四川、贵州、湖北、湖南、安徽等地，并先后开挖了大冶王三石和武昌马鞍山煤矿，但收效不大。王三石煤矿煤质欠坚实，开采两年后因煤井冒出大水而放弃。马鞍山煤质灰多磺重，不适宜炼制大冶之铁矿石。至于铁矿石原料，尽管大冶铁山有丰富藏量，但因需求量大，在铁厂建设之前都必

---

① 《钟天纬致盛宣怀函》，《汉冶萍公司》一，第28页。

② 同上书，第21页。

③ 同上书，第15页。

须有相当数量的生产和储备。然而，张之洞在筹划和建设铁厂时却违背了程序，在没有找到合适的煤矿和开采大量铁矿石之前先展开了铁厂的基础建设。对此，盛宣怀曾对时任驻英公使薛福成说："炼铁必先开煤……煤成不怕铁不能炼，此一定层次也。鄂省先办铁而至今未开煤矿，何异养牲口而不蓄草料乎？"①钟天纬则通俗和恰如其分地做出如下比喻：

> 大冶铁矿尚未动手，天纬窃尝比之裁衣，先雇缝工满堂，而布帛犹未具，先急于办刀剪、针线之类，缝工问主人衣料何在？则指田中之木棉以为衣料，不知尚须采取、轧弹、纺织诸工方能成布而供缝工之剪裁也。大冶铁山天然整块，锤夫万指能凿几何？必须凿碎运出，堆积如山，方可开炉鼓铸。即以转运计，亦须经年方敷供一月之用，煤则所用更多，尚未定何处开办，一切用料、用人皆未计及也，奈何奈何！②

张氏如此行为实在令人啼笑皆非。稍有科学知识的人恐怕都不会犯这样的错误，更何况张氏身边并不缺乏内行的科技人才，如：本国科学家徐建寅和外籍矿师等。联系张之洞在筹办铁厂时的订购机炉问题、盲目选址问题等，我们不难发现，类似的主观臆断的例子实在不少，李鸿章曾毫不客气地讥讽他"书生习气"、"大言无实"。那么，张之洞为什么总是犯这种低级错误呢？难道他的智商有问题？其实，这与他的智商无关，其根源还是他的官本位意识和长官意志在作祟。

第二，任人唯亲这一传统企业中普遍存在的问题，在张之洞的管理理念中照样大行其道。铁厂创办初期，张之洞没有建立专一的管理

---

① 《盛宣怀复薛福成函》，《盛宣怀年谱长编》上，第350页。

② 《钟天纬致盛宣怀函》，《汉冶萍公司》一，第22页。

制度，人事任免全由他一人掌握。尽管他任命的总办、会办并非都是他的亲信，但他真正信任的只有蔡锡勇，并把铁厂事务交由他具体负责办理。蔡锡勇，字毅若，福建人，早年曾是广州同文馆的高才生，后赴京师同文馆深造，师从近代著名数学家李善兰，深得赏识。1876年随陈兰彬出使美国，充翻译、参赞等职。1881年回国不久，被广州实学馆聘为英文教习，并兼职于广州文报局。蔡锡勇是近代中国第一批新型知识分子的典型代表，投身洋务新式事业是他一生所追求的目标。1884年入张幕，后又随其到湖北任事。张之洞创办炼铁、枪炮、织布等厂，事事都需依赖他。因此，蔡氏被称为张之洞的洋务总管。张氏重用蔡锡勇固然和他才勘重用及任事诚恳的个人作风有关，但主要的是由他“无湘无淮，无台无阁”的背景所决定。在李鸿章、盛宣怀急于插手铁厂事务的情况下，蔡锡勇的背景正符合了张之洞的要求。因此，张之洞极力培植和重用蔡锡勇，将其视为嫡系。

和对蔡锡勇的态度相反，张之洞对会办徐建寅则是另一种态度。徐建寅，字仲虎，江苏无锡人，清末著名科学家徐寿之子。1861年随父入曾国藩幕，先后在安庆内军械所和江南机器制造总局工作，成绩突出。1874年又应李鸿章之邀到天津机器局工作。1879年，他还以驻德使馆二等参赞的名义，被委派出国进行技术考察。1890年2月，应邀入张之洞幕委为会办，但不被重用。客观地讲，徐氏的能力和知名度略胜蔡锡勇一筹。徐建寅之不被重用，固然和张、徐两人的性格有关，更主要是因其与湘、淮系势力有颇深渊源。正如时人所言：“盖香帅用人不过亲信数人，铁政局必委蔡观察主政……如徐仲虎观察虽有办矿之才，固未许独当一面也。”①当时在张之洞幕中任事的钟天纬，也曾因是盛宣怀的学生而被置于“不用不弃之间，去留尚可自主”②的尴尬境地。张之洞囿于门户，不让徐建寅参与局中要务而重用嫡系蔡

---

① 《钟天纬致盛宣怀函》，《汉冶萍公司》一，第16页。

② 同上书，第26页。

锡勇并视为心腹，最终导致徐建寅入幕不久即愤然离职。

上述事例是张之洞任人唯亲的典型正反两例。诸如此类的例子还有很多。然而，蔡锡勇的才能、人品和性格都堪重用，而其他的人就难说了。汉阳县令朱滋泽也是深得张氏信任的人物，“喋喋利口，善承旨意”，委以承办基建工程重任，但是，该令却“恃宠而骄，恃才而傲，事事掣肘”①，致使正常的事情难以正常办理。这对于汉阳铁厂的建设只能是有害无益，以致导致出现冗员充斥、人浮于事的局面：

> 自文案、收支、翻译、矿务以及大小班差遣及挂名干脩月支薪水者共有六十余员，大半尚未谋面，其才具之优绌，并非总办所知，且大半系本省候补人员。大率香帅用人喜用委员而不喜用司事，委员之中又视候选不及候补，视候补不及现任。每出一差，则委员必十位八位，爵秩相埒，并驾齐驱，以致事权不一，互相观望。②

既然张之洞的管理理念和管理作风不脱前近代传统官办企业的窠臼，那么，汉阳铁厂必然逃脱不了前近代传统官办企业弊端多多的厄运。管理中靡费现象十分严重。因汉阳地势低洼，后来在施工中，整个厂区“东西三里余，南北大半里，各厂基自平地起，至铁柱墩及炉座机器诸石墩止，均须填土高一丈一二尺不等。大小十厂，均须连为一处，共应填土九万余方”③，关于开炼之日前即须施工处所一律填齐。而此项工程即耗银30多万两。这是一笔本不该支出的冤枉钱。同时，企业办理人员中饱私囊也很严重。张之洞任用亲信管理企业，而这些人物基本都是旧式官吏，身体接触到了先进的大机器，观念仍然

---

① 《钟天纬致盛宣怀函》，《汉冶萍公司》一，第21页。

② 同上书，第25页；《盛宣怀年谱长编》上，第350页。

③ 张之洞：《炼铁全厂告成折》，《张之洞全集》卷34，第895页。

是传统的“官职升迁”、“出息若干”之类。因此，尽管张之洞清廉自律，并下了很大气力要改变这种局面，但无法完全制止这种现象。张之洞认为“堪以委派”的候补知县张飞鹏，在负责大冶王三石煤矿期间大肆作弊。1893 年 1 月 17 日，张之洞在批阅张某的一份报销清单时感到十分震怒：“据铁政局转呈张令飞鹏等王三石局用每月常支各款及应买杂用各物清折一扣，本部堂详加报阅，滥支糜费，任意浮开，实堪骇异，当饬铁政局逐条签驳。兹据签出各条，滥用司事，多立名目，浮支薪资，局丁、巡丁、县差重复开支，离奇已极。……种种荒谬离奇，不可殚述。”①

显然，张之洞的官本位意识及其外在化的官僚意志，是官办体制运作难有成效的决定性因素。

第四节　官督商办体制的再议

一　张、李矛盾主导下的铁厂资金变局

稳定和可靠的资金来源是企业生存和发展的必要前提，对于那些投资大、回报周期长的重工业尤其如此。汉阳铁厂本身属于重工业，且兼开煤、采铁、炼钢于一身，其资金需求量之大是可想而知的。因此，资金是汉阳铁厂生存的命根子。本来，在初定官办之局时，海军衙门保证每年拨给经费 200 万两，张之洞不担心铁厂建设的资金问题。然而，1890 年 4 月，李鸿章说服清廷将海军衙门允诺的经费转拨给了他所主持的关东铁路。铁厂在拿到 1890 年的应拨之款后，经费就陷入毫无着落的境地。作为官办工业，铁厂资金是要清廷中枢或湖北地方政府筹拨的。19 世纪晚期，湖北经济相对落后，难以提供庞大的资金来支持筹办钢铁工业。清廷停拨经费等于卡住了铁厂建设和正常运转

① 张之洞：《严札申饬王三石煤局委员、并饬铁政局将所呈清折再核裁涉》，孙毓棠：《中国近代工业史资料》第 1 辑下，第 803 页。

的喉咙。于是，汉阳铁厂遇到了严重的资金变局。

由于缺乏近代冶金知识，张之洞在变局之初并未意识到问题的严重性。在他看来，200 万两的经费已经差不多够用了。①他所关心的是铁厂产品的销路。铁厂移鄂后的产品定位是为了给芦汉铁路提供钢轨，而芦汉铁路缓办就意味着铁厂暂时失去了销路，没有销路铁厂就难以正常生产和运转。因此，张氏希望能够得到为关东铁路制轨的权力，通过售轨为铁厂开辟建设和发展的经费之源。然而，此后张、李之间关于关东铁路使用汉阳铁厂路轨的交涉并不顺利，这在前述张之洞选址问题时已有较详细的叙述。针对拒用鄂轨引起张之洞的愤怒，李鸿章随后于 5 月 30 日复电，提议通过挪用鄂省应解部款的方式来解决铁厂经费："前电虑一年后未必能造成钢轨，窃计造厂及安设机炉即须年余，煤由各处零星购运，势必多运多积，乃能开炉昼夜不停，布置一切尚需时日……应请督筹赶办，俟成轨合用，定当就近源源购运，可纾荩廑……惟部饷支绌……如急需支用，似可将鄂省应解部款酌数划抵，最为简捷。公讲求西法至精，此事利害相共，知无不言，见推逾分，岂所敢承，惟盼速成济用而已。"②李氏的建议得到了张氏的采纳，也得到了户部和海署的同意。③至此，铁厂的资金问题得以暂时缓解。

尽管经得海署和户部同意可以在湖北省内挪用部款为铁厂筹集资金，但张之洞所筹款额远远难以满足建设需要。1890 年冬，张之洞估算所需资金约为 246 万余两，然至 1892 年冬铁厂还未竣工之时已经耗

---

① 张之洞对于开办铁厂所需经费没有一个科学周详的考虑。直至 1890 年 12 月，他才估计了一个大概的费用约数，即 246.8 万两。参见《张之洞咨呈约估筹办煤铁用款折》,《汉冶萍公司档案史料选编》上，第 85 页。是年 4 月海军衙门停拨铁厂经费时，张之洞可能连这个数目概念也没有。

② 《李中堂来电》,《张之洞全集》卷 183，第 5496—5497 页。

③ 参见《致海署、天津李中堂》、《致海署》和《海署来电》,《张之洞全集》卷 183，第 5498—5499 页。

银300余万两。[①] 张之洞的努力只能缓解一时，但不能从根本上解决问题。同时，随着铁厂建设即将完工，铁厂未来的生产又将面临每年约100万两的生产流动资金（张之洞称之为“常年出货成本”——引者注）。这些巨额资金从何而来呢？张之洞对此绞尽脑汁。对清廷中枢是不可能抱有任何幻想了，1891年初奕譞去世后，清廷高层人事的变动对张之洞很为不利，新任海军衙门大臣奕劻和李鸿章关系甚深，户部尚书翁同龢和张氏关系不睦。在这种情况下，张之洞想从清廷中枢获得官方拨款，可谓难上加难。“惟此时向户部请款，必仍以统归北洋铁路经费为辞”。因张之洞对湖北可以开发利用的饷源基本上都利用过了，湖北省内也失去了筹措的空间。在这种情况下，张之洞深为焦虑，“惟明春即须开炼，开炼即不能间断停工，亟须筹定常年出货成本，计每年约需银一百万两”，“此非专筹银不可”。而“若无开办巨款，惟有厂成以后，奏请停工”。

为了筹款，张之洞将目光再次转向了经费丰厚的关东铁路。在他看来，“北洋修路，湖北造轨，本是一事，似无再买洋轨之理”，希望从李鸿章那里筹到预支轨价和借款。1892年12月3日，他致函李氏表达了借款的意向，由此引起了双方关于铁厂体制的再争议和争夺。

二　张之洞向李鸿章借款及双方在体制上的再较量

张之洞在致李鸿章函中首先谈到预借轨价和借款：

> 窃思此事，自应先与中堂筹商，以期周详妥善，成此大举。现拟有一办法：尊处铁路经费，未经动用者尚多，拟于此项铁路经费内，由部预支轨本五十万……即或路轨所用不及五十万，而

① 这是张之洞于1892年12月3日致李鸿章函中所说的用款数字。张氏该函的目的是向李鸿章所主持的北洋铁路官局借到铁厂建设所需款项，为此，张氏还相应提出了官督商办的主张。参见《张之洞致李鸿章函》，《汉冶萍公司》一，第28—31页；《汉冶萍公司档案史料选编》上，第92—93页。本目以下所引资料没有加注的，均出自该函。

天津各机器局需用精钢、熟铁，亦必不少，足可用至此数……此系官厂，自应先领货本，以便制造……尊处用料若干，仍照用过货价拨付现银，以后每年如此。俟关东路工告成之年，总计盈绌。或鄂找津，或津补鄂，照数清结。至此外，并拟向尊处经费内暂借五十万，俟光绪二十五年各省应解铁路经费已毕，鄂省仍每年接续认解五万，共解十年，即将五十万还清。此不过先后一转移间，于尊处经费，毫无所损，而中国铁务从此大兴矣。

接着，又重提铁厂官督商办方案：

至经久之计，终以招商承领，官督商办为主。非此不能持久，非此不能节省、迅速旺出畅销……拟于开炼后，即一面招商承办。窃思方今有才思、有魄力、深通西法商务者，惟津海关盛道为最……若盛道能招集商股，只须集资数十万，酌缴鄂省挪垫官本，以为归还鄂省暂挪枪炮厂等项之用，即可付之承领……然必须官先筹常年造办成本，开炼一年半载，俾出货之精粗迟速，行销之利钝，具有规模，商股自然易集……中国创开之举，尤须扶持，不能不官任其难，俾商享其利也。

最后，表现出将铁厂交给李鸿章和盛宣怀掌管、自己仅仅给以大力支持的意向：

今日铁务，非公大钧宏运一力维持，恐无他妥善之策。若能照议举行，从此风气大开……有裨富强大计，则中国铁务虽鄂省经理之，实台端主持创成之耳。

盛道若能照所拟各节招商督办，俟定议时，当会同台端具奏……奏准后，当属盛道酌派亲信可靠一二人来鄂，酌拟商局章程……至盛道承办以后，若晚在此，厂事当一切皆与公会奏商办……即晚去鄂后，亦如招商、电报诸局例，统归尊处主持，断不虑其停废矣。

张之洞事实上表达了两层意思：一是希望从李鸿章那里筹到预支轨价和借款；二是铁厂改行官督商办，并交给李、盛办理。表面看来，借款和改行官督商办没有直接关联，其实不然。张氏的真实用意是想从李鸿章那里取得100万两的预支轨价和借款。鉴于此前双方在铁厂体制上的较量及李鸿章的失败，张之洞心里很清楚。要想从李氏那里借到所需款项，就必须在体制和控制权上做出让步。这是因为，资金、体制、控制权等形成了复杂的连环套。鉴于此，张氏将借款和官督商办一揽子向李鸿章提出来。可是，张之洞在谈及改变体制时的用词颇具深意，笔者在这些词句下特意加上了着重号（见上述第二段引文）。从“经久之计”、“拟于开炼后”、“开炼一年半载”等词句，可以看出，既体现了他超高的权术心机，也清楚地传达了他真实的动机。显然，正如在1889年9月对于铁厂体制的最初设想一样，张氏将改行官督商办只是作为将来的远景来规划了，说得更为实质一点，他不过是将之视为迎合李鸿章、盛宣怀从而获得借款的一块招牌。① 在内心深处，张氏并未放弃官办初衷，也并不准备放弃对铁厂的掌控。②以改行官督商办为名欲达借款之实，反映出张氏权术之老辣。

李鸿章、盛宣怀十分清楚张之洞的意图，以权变应权变，先后给以回复，对预支轨价和借款要求断然拒绝。盛宣怀说：“闻该局出入

---

① 盛宣怀对官督商办情有独钟，张氏非常清楚，在致李鸿章该函中还说：“前三年，初议建设铁厂时，盛道曾条上一禀，有慨然自任之意。近日来电，亦仍持官督商办之说。”

② 1894年10月，张之洞在上清廷奏折中吐露心声：“经臣细心筹画，若归商办，将来造轨制械转须向商购铁，虽塞洋铁之漏卮，究非自强之本计。”参见张之洞《铁厂拟开两炉请饬广东借拨经费折》，《张之洞全集》卷35，第933页；《汉冶萍公司档案史料选编》上，第120页。

相衡，并无存项，所购洋料，未给定银，转眴运到，须付全价……职道并不参预轨事，竟难越谋大约局员会议后，傅相（指李鸿章——引者注）自有详函筹复。”[①]盛氏将皮球踢给了李鸿章。李氏则十分明确地说：“惟拟预支轨本五十万，并由敝处经费内暂借五十万，责望太奢”，“前奉饬办关东铁路，原奏谕旨并未言及湖北铁政统归北洋铁路经费之内。虽有岁拨铁路二百万明文，但部帑实甚支绌……倘再于额款内分拨解鄂，断断无此力量，必致厂、路两事皆归遗误，更为各国所笑矣”[②]。对于采用官督商办体制，李盛则表现出另一番态度。盛宣怀说：“泰西各矿，皆归商办，岂诸大国虑少官本哉？良以运造出货之本，固无穷期，非商办不能权交易，不能通有无……宪意经久之计，终以招商承领官督商办为主……中国铁政创开风气，固不计官任其劳，商享其利，为国深谋，无逾于此，傅相亦甚钦佩。”[③]李鸿章也说：“至尊论经久之计，以招商承领、官督商办为主，极是深谋远虑。”[④]尽管两人都对改行官督商办大加赞扬但对接办之事都表示没有能力承接。不难感觉到，李、盛之言甚为表面，并非心迹的真实流露。

李鸿章、盛宣怀之所以对张氏的“拱手相让”表现得如此“谦虚”，主要是因为：其一，他们清楚地知道张之洞改变体制和主动交出铁厂控制权的目的所在，于是，以权变应权变来拒绝张氏的借款要求。其二，当时实行官督商办，招集商股确有很大难度。对此，盛宣怀归纳为四点：A. “华商穷困，招股不易”；B. “今之洋钢、洋铁价轻极矣，中国矿成后，难保洋价不更跌减”，亏本在所难免；C. 官本已用至三百余万两，抽还年限太长；D. 汉厂远离煤铁产地，“煤铁与机器相距数百里”，产品成本比洋货高。因此，“规模宏远，筹划艰

① 《盛宣怀复张之洞函》，《汉冶萍公司》一，第 40 页。
② 《李鸿章复张之洞函》，《汉冶萍公司》一，第 42 页。
③ 《盛宣怀复张之洞函》，《汉冶萍公司》一，第 40—41 页。
④ 《李鸿章复张之洞函》，《汉冶萍公司》一，第 43 页。

难，断非管窥蠡测之见所能肩任”①。

有意思的是，盛宣怀一方面表示对铁厂没有兴趣，另一方面在复函中又难掩意欲接办的企图。他说：“惟念事机所迫，莫纾忧劳，用敢谨就指示要端，略陈梗概……俟奉谕后，再行转邀殷实华商筹议，公举一二晓事员董，率同识事洋师，赴汉冶各厂、各矿复阅一过，以便将出货成本详细核算。倘能确有把握，职道必当竭力劝谕商人遵照承办。俟大端函商允洽，职道再行亲自赴鄂，督商布置，借承训诲。”②盛宣怀这种言和思、说和做的矛盾和割裂，正反映了政治权力和儒家伦理支配下官僚的心机权变以及分裂的人格，和前述张之洞对于官办和官督商办设想的情况在本质上是一致的。

张之洞的意图在用官督商办为招牌、达到借款的目的，李鸿章、盛宣怀则是不借款、而通过实行官督商办实现对铁厂控制，这样，双方无论如何难以达成共识，找到一个都可以接受的平衡方案。在这种情况下，张之洞于1893年2月通过在湖北任职的盛春颐（盛宣怀堂侄，本文第三章有介绍——引者注）回复盛氏，拒绝了他要接办铁厂的要求：“铁厂夏初当可完功，煤厂则尚需时日。倘能办有成规，再为交办，于大局似为嘉善。所有尊处派人来鄂相度之举，拟请暂缓须臾。”③

尽管如此，盛宣怀仍然没有放弃对于铁厂的想法。1893年上半年，盛氏亲信不断为其出谋划策。钟天纬提出：“既归商办，势不能不大为更张，则易总办、裁洋人、撤委员、减司事、甄别工匠之优劣，均在意中。如此雷厉风行，则旧主人未免不欢，不以为德而反以为怨。谚所谓吃力不讨好者，亦不可不过虑也。如能先订立合同，将全盘交出，旧主人绝不预闻，方能得其要领也。”④自称盛宣怀年侄的

① 《盛宣怀复张之洞函》，《汉冶萍公司》一，第41页。

② 同上书，第41—42页。

③ 《盛春颐致盛宣怀函》，《汉冶萍公司》一，第47页。

④ 《钟天纬致盛宣怀函》，《汉冶萍公司》一，第46页。

杨楷献计说："尊议官督商办之说，此时虽尚迟回，窃料经费既罄，久后终必出此计。鄙意不如阴收权利而稍让面子，于事易于落局，未知卓裁以为何如?"[①]直至这年4月，在汉口稽查招商各分局利弊事的郑观应还在致书盛宣怀，要他做好接办准备："汉阳铁政局已用过银四百余万，鄂督张香帅又奏拨七十万，仍恐不敷，势要招商承办"，"如欲接办，必须知之。"[②]

1893年及其后，张之洞又多方努力，希望通过多种途径获得铁厂必需的款项。他一时产生过招洋股的想法，即：将铁厂包给洋人，中方煤铁资源作价供给洋人生产，洋人炼出钢轨后再估价卖给中方。张氏认为，这样做有三方面好处：一，由于洋人"办事综核不浮"，可以节省经费；二，铁厂开办之初，很难获利，洋人承办可以使他们先承担起生产困局；三，由于在华开厂必须利用华工，洋人办厂可以传授华人生产技术。[③] 但是，在当时的情况下，招洋股会有很多不利，如：可能为中外不平等条约所不允；包工本身既容易引起外人控制铁厂，还可能被清廷中的清流官员阻挠；再者，还可能引起外人与地方上的冲突。从张之洞本人的性格和主张看，招洋股并非其真实意愿。[④]难道张氏产生招洋股的想法又是一种权变策略？还是一时的冲动？不得而知。最终，招洋股之议只是停留在口头上而无实际行动。

此后，张之洞还多次到广东展开招商活动。他回粤招商，主要是基于两点：其一，他曾担任两广总督，在广东任职5年，在那里已经形成了一定的人脉关系基础；其二，广东商务发达，富商较多；对外开放程度高，容易募得资金。[⑤] 1893年四五月间，张之洞曾和广东闱

① 《杨楷致盛宣怀函》,《汉冶萍公司》一，第49页。

② 郑观应:《致招商局盛督办书》,《盛宣怀年谱长编》上，第406页。

③ 《钟天纬致盛宣怀函》,《汉冶萍公司》一，第46页。

④ 笔者判断的依据是：一、张之洞政治上很保守，对清王朝及传统封建专制制度有着深厚感情；二、张氏的清流党经历及"书生习气"的个性。由这些因素决定了他不太可能真心愿意招洋股。

⑤ 《周景勋上张之洞论铁政书》,《汉冶萍公司》一，第52—53页。

姓商人刘学洵、周景勋联系在粤招商事宜。6月份刊布《官督商办章程》①，试图通过官督商办体制招集到所需资金。该章程虽称官督商办，但事实上为商本官办，反映了张之洞仍要保持自己对铁厂控制的意图。最终因粤商难筹巨款而作罢。其实，这只是表面现象而已。广东招商失败的主要原因在于：主张商本官办，使粤商望而却步；承办者为闱姓商人，不靠谱，"闻此数人系承办闱姓之人，恐作赌博做法……帅座受其甘言，由商筹本，官为办理，居然照立合同，天下安有此等便宜之事？以后能无翻复则真妙矣"②。此言切中了广东招商存在问题的要害，也道出了不能成功的根本原因。

1892年冬至1893年春夏官督商办体制的再议，在铁厂体制变迁的长河中不过是小小的浪花而已。但通过详细考察不难发现，资金匮乏是导致铁厂体制再起争议的诱因，双方在体制上的态度渗透着他们对于铁厂的权力争夺以及至深的政治权谋。

通过本章研究可见，张之洞与李鸿章、盛宣怀之间关于官办、官督商办的体制之争，深受晚清政治的影响和左右；看似体制之争实则权力之争。李鸿章、盛宣怀主张官督商办招股集资，以便插手和控制铁厂；张之洞顽固坚持官办由政府来筹资，实则由自己控制；清廷中枢支持张氏官办，但不提供充足的资金予以扶助，对铁厂死活不管不问。张之洞、李鸿章、清廷中枢把体制更多地视为政治权谋和利益的手段。因此，体制问题从一开始就落入晚清政治瓮中，而不是一个简单的纯经济事业问题。

官办的一个巨大优势就在于能够动用政府的力量，集中全国的人力、物力和财力为铁厂赢得更为有利的建设条件。在晚清政治的大势之下，张之洞坚持官办，既不能获得清廷中枢的有力支持，更受到张、李官场矛盾的掣肘，铁厂建设举步维艰。即如资金一项，清政府

---

① 该章程全文见《汉冶萍公司》一，第58—64页。

② 《杨楷致盛宣怀函》，《汉冶萍公司》一，第64页。

所拨的200万两经费对于需求庞大的铁厂来说，不过是杯水车薪。到1894年，张之洞无奈地感叹到，“湖北支绌万分，实无可再筹之款。臣夙夜焦急”[1]，焦头烂额之状跃然纸上。

因资金缺乏，汉阳铁厂在甲午战前的形势相当糟糕。铁厂存在技术设备的质量问题。铁厂虽建有甲乙两座生铁炉，但是甲炉由于设计建造的问题，始终未开炉冶炼。开工的乙炉也因设计建造存在问题，生产状况并不理想。铁厂还缺乏适宜的煤焦燃料以维持生产。尽管张之洞从开始筹备铁厂起，就在湖北省内外为找到合适的煤矿而努力，可直到1896年也没有找到理想的煤矿。铁厂不得不使用昂贵的开平焦和进口焦。这就使铁厂生产难以正常展开，基建工程于1893年冬已经完成，直到1894年6月才开始正式生产。自1894年6月开工到1895年6月一年的时间中，炼铁炉只间断性地开工不足四个月。

汉阳铁厂如此局面必须要做出改变！

① 张之洞：《铁厂拟开两炉请饬广东借拨经费折》，《汉冶萍公司档案史料选编》上，第121页。

第三章　盛宣怀与1896—1907年汉阳铁厂[*]的官督商办

1894—1895年的中日甲午战争是中国近代史上具有深远影响的重大历史事件，深刻影响到汉阳铁厂的命运。财政崩溃再加上战败耻辱的刺激，清政府不得不改变经济政策，汉阳铁厂被迫招商承办，由官办改行官督商办。同时，战败导致清廷内部政治力量重组。就地方督抚势力来说，李鸿章政治失势，张之洞迅速崛起，张、盛从政治对立走向政治合作，为盛宣怀接办铁厂扫清了政治障碍。在这一新的政治背景下，1896年5月，张之洞以承办铁路为条件将铁厂交给盛宣怀办理，铁厂改制完成。

接办铁厂是盛宣怀早有的夙愿。接办后，他投入较大精力来建设铁厂，以自己掌握的其他官督商办企业为铁厂和萍乡煤矿挹注资金，

---

* 本章所研究时段内，汉阳铁厂和萍乡煤矿是分立的经济实体。萍乡煤矿采用近代化的机器生产方式开采始于1898年，是盛宣怀为给铁厂找到适宜的煤燃料而开办的，也采用官督商办体制。但是，两者的产权关系并不明晰。1899年4月，在《萍乡煤矿公司与上海礼和洋行借款合同》的末尾刊印关防之处，有这样一行话：“［关防印］督办湖北铁厂事宜关防（萍乡煤矿公司属于铁厂，故用此印）”参见陈旭麓等主编《汉冶萍公司》二，上海人民出版社1986年版，第98页。1899年12月，盛宣怀在谈及开发萍乡煤矿对汉阳铁厂的重要性时说：“诸执事当念汉厂、萍矿，似二是一，数年辛苦，数十万巨款，大举萍矿，原冀炼成佳焦，足备汉厂炼钢、炼铁之用，不受他人挟制。”参见《盛宣怀致盛春颐、施肇曾、宗得福函》，《汉冶萍公司》二，第179页。鉴于此，笔者认为，1908年合并商办之前，萍乡煤矿可以视为汉阳铁厂的一部分，在本章研究中以汉阳铁厂为主、萍乡煤矿为辅来处理。

帮助它们解决建设和生产经费。到 1902 年，萍矿基本建成，铁厂长期缺乏适宜煤焦的局面得以解决。

尽管盛宣怀为铁厂建设付出了不少的心血，但他“醉翁之意不在酒”，接办目的着意于追求通过接办获得政治上的飞黄腾达。于是，19 世纪末 20 世纪初盛氏的人生和铁厂的命运形成了鲜明的对照。以接办铁厂为契机，他在官商两界接二连三获得升迁，地位迅速上升，达到长袖善舞的地步，能量无人可比，并由此迎来了人生的第一个高峰。而铁厂经营却不见起色，继续亏损。由于盛氏更关注接办铁厂的政治意义，说明他在经营管理中依然采用传统的方式处理问题，使官督商办体制在运作上具有浓厚的封建色彩。

甲午战后政治格局的改变，使铁厂自创办以来受困于张、李矛盾和清廷“扬张抑李”政策的局面结束，铁厂暂时赢得了宽松的建设和生产环境。但是，20 世纪初袁世凯势力的崛起和盛宣怀的宦途挫折，使汉阳铁厂再次陷入新的政治旋涡。1902 年冬，袁世凯从盛宣怀手中夺走了轮船招商局和电报局，直接波及汉阳铁厂。因铁厂与轮船招商局和电报局的资金挹注关系，袁氏抢走轮电使铁厂失去了资金来源，铁厂再次陷入资金变局。同时，经过此次风波，盛宣怀产生了掌控汉冶萍诸企业的强烈欲望。此后，他大借日债筹集资金，对汉冶萍诸企业展开大规模的技术设备改造和扩建，1907 年时已取得初步成效，其后改建、扩建工程继续进行。然而，因日本对汉冶萍带有明确的侵略目的，大借日债为其落入日本控制埋下了伏笔。官督商办没有从根本上改变铁厂的命运。

第一节　甲午中日战争与汉阳铁厂改制

甲午中日战争直接和间接地改变了汉阳铁厂的命运，推动其从官办改行官督商办。主要表现在以下三个方面：

第一，甲午战后，清政府财政崩溃，使铁厂面临的资金形势更为严峻。我们知道，清廷财政在甲午战前就很拮据。而甲午战争所用军费和战后赔款数目庞大，据不完全统计，清政府支出军费数额至少有 6000 多万两，战后对日赔款 2 亿两，随即日本又以归还辽东半岛为条件，向清政府勒索 3000 万两赎金，合计总数高达 3 亿两白银。这使清廷财政不堪重负。户部的一份奏折透露出战后清朝政府的财政状况："方今国用匮绌，既异寻常……罗掘已空，供应何恃？"①有人估算，1896 年至 1901 年庚子赔款成立前，清政府的岁入总数约为 8800 万两，而岁出达 10100 余万两②，每年亏空高达 1300 万两左右。这意味着清政府的财政已经崩溃。如果说战前的汉阳铁厂还可以奢望从清廷或湖北筹到一些资金的话，战后几乎是没有任何可能了。铁厂彻底跌入了资金困境的深渊。要想维持它的生存，就只有改变体制之一途。

第二，甲午战败促使清政府改变传统的经济政策，铁厂改制不可避免。甲午战败在清廷朝野上下引起极为强烈的震动和刺激，《马关条约》使中国丧权失地的屈辱达到空前未有的地步。于是，朝野人士纷纷上书，要求清廷改变传统的限制工商业的政策，大力发展工商实业。如顺天府尹胡燏棻在奏折中强调："筹饷练兵之本源，尤在敦劝工商、广开学校。"他主张开铁路以利运输，铸钞币银币以裕财源，开民厂以造机器，开矿产以资利用。③张之洞也认为甲午战争后形势紧迫，提出"亟造铁路"、"速讲商务"、"讲求工政"等九条革新措施。④

朝野人士的吁请和敦促，使清政府开始调整经济政策，于 1895 年 7 月颁发上谕："自来求治之遭，必当因时制宜。况当国事艰难，尤应

---

① 朱寿朋编：《光绪朝东华录》四，中华书局 1958 年版，总第 3728 页。

② 中国近代经济史资料丛刊编委会：《中国海关与义和团运动》，中华书局 1983 年版，第 64 页。

③ 《胡燏棻条陈变法自强事宜》，沈桐生辑：《光绪政要》卷 21，台湾文海出版社，第 1105—1121 页。

④ 张之洞：《吁请修备储才折》，《张文襄公全集》卷 37，总第 678—688 页。

上下一心，图自强而弭祸患……叠据中外臣工条陈时务，详加披览，采择施行，如修铁路、铸钞币、造机器、开各矿”等，如能“实力讲求，必于国计民生两有裨益”。同时还表示要“以筹饷练兵为急务，以恤商惠工为本源”，并命各省将军督抚暨地方官“悉心妥筹，酌度办法，限文到一月内分析复奏”[①]。这一上谕是清政府甲午战后基本经济政策的表述，与甲午战前经济政策相比发生了重大变化。

在经济政策转变的背景下，对于洋务派已经办理的官办民用企业，清廷实行逐步向商办转变的措施。1895年6月，给事中褚成博奏请：“中国制造机器等局不下八九处，历年耗费不赀，一旦用兵，仍须向外洋采购军火；平日工作不勤，所制不精，已可概见。福建船厂岁需银六十万，铁甲兵舰仍未能自制；湖北枪炮、炼铁各局厂经营数载，糜币已多，未见明效。如能仿照西例，改归商办，弊少利多。”[②]褚氏所奏为清廷处理官办、官督商办企业指明了方向。于是，力图重振的光绪帝于8月2日下诏：“中国原有局厂经营累岁，所费不赀，办理并无大效；亟应从速变计，招商承办，方不致有名无实……一切仿照西例，商总其事，官为保护。若商力稍有不足，亦可借官款维持。”[③]清政府处理官办企业的大政方针正式确定下来。

褚成博将汉阳铁厂列为改制的对象，这就意味着铁厂改制已如弦上之箭。事实上，要求汉阳铁厂改制的呼声还有很多，如：1895年9月，刘坤一因张之洞请部挪用江南筹防局经费来解决铁厂之困，上奏清廷：“请饬该铁政局设法变通，及时补救，勿蹈福建船政局覆辙。”[④]

---

① 朱寿朋编：《光绪朝东华录》四，总第3631页。

② 《清实录》编辑部：《清实录·德宗景皇帝实录》卷371，光绪二十一年六月庚寅谕军机大臣，中华书局1985年版，第860页。

③ 同上。

④ 刘坤一：《整顿船政铁政片》，孙毓棠编《中国近代工业史资料》第1辑下，第809页。

于是，清廷在光绪帝谕令颁布两个月后，又电旨严催："湖北铁政经营数年，未著成效，即如快枪一项，至今尚未制成。着张之洞通盘筹划，毋蹈前失。"①又过月余，清廷更降谕旨电责："现在时事多艰，中外大臣宜讲求一'实'字"，"毋妄费，毋受欺蒙，方有实济"②，语气甚重。

尽管张之洞甲午战后强调发展工商业，但仍不愿铁厂招商承办。这年11月5日，他向总理衙门抱怨说："窃思此两厂（湖北枪炮厂、汉阳铁厂——引者注），事多相连，招商总不甚便，似仍以筹款官办为宜。"③1896年初他在致礼部尚书李鸿藻函中仍然坚持："此事本为炼铁利用，塞漏卮以图自强，原非为牟利起见，无如户部成见已定，不肯发款，委以招商。"④张氏视李鸿藻为自己的政治前辈和引路人，两者关系非同一般，上述之言实为心迹的真实吐露。⑤然而，在清廷的强令之下，张之洞只好走招商之一途。

第三，中日甲午战争改变了清廷政局，为铁厂改制又提供了有

① 《旨著张之洞通筹湖北铁政局毋蹈前失电》，王彦威编：《清季外交史料》卷117，台北，文海出版社，第2053页。

② 《总署来电》，《张文襄公全集》卷79，第339页。

③ 《张之洞致总理衙门电》，《汉冶萍公司档案史料选编》上，第124页。

④ 《张之洞致砚斋中堂函》，《汉冶萍公司档案史料选编》上，第127页。

⑤ 李鸿藻和张之洞有着颇深的官场和个人私谊。两人是河北同乡，李鸿藻又是张氏的政治前辈和引路人。早在同光之际，李鸿藻已经是慈禧太后的宠臣，并一直官运亨通。19世纪七八十年代，深受慈禧太后庇护的清流党以李鸿藻为魁首，张之洞加入其中并成为一员干将。两人"过从甚密"，他们经常"深夜长谈"。参见李宗侗、刘凤翰《李鸿藻先生年谱》上，中国学术著作奖助委员会丛书之廿八，台北1969年版，第8、357页。有人称张之洞为李鸿藻的"腹心"、"羽翼"或"喉舌"。"腹心"说见徐世昌《李鸿藻传》，钱仪吉编：《清碑传合集（4）·碑传集补》，上海书店出版社1988年版，第3050页。"羽翼"说见黄濬《花随人圣盦摭忆》，第47页。"喉舌"说见张达骧的《张之洞生平述闻》，《武汉文史资料·张之洞遗事》，1986年第1辑，第6页。1881年张之洞得以"超擢"为地方大员，和李鸿藻的大力推荐分不开。因此，张之洞对李鸿藻颇为敬重和信任。如果说张氏的政治圆通和权变使他很多时候口是心非，那么对于李鸿藻则基本上会吐露心声了。

利的政治条件。战前，身为直隶总督兼北洋大臣的李鸿章权倾朝野；张之洞、刘坤一等分任湖广总督和两江总督，镇守长江一线。清政府采用地方平衡术驾驭地方督抚，对李氏具体采用"扬张抑李"政策，几个手握政治、经济、军事实权的洋务派大官僚既相互牵制又能同舟共济，地方政治格局较为均衡。战后，情况发生变化。李鸿章因战败饱受指责，在光绪帝批准《马关条约》换约后，被撤掉了直隶总督和北洋大臣的职务，此后在官场上再没有获得实权；其培植的北洋官僚集团中的相当部分将领和官员也都受到严惩。张之洞、袁世凯势力崛起，特别是张之洞，一时间成为中国政治、经济和军事新的希望和依赖。客观地说，张之洞在经世济民的实际能力和攻略上都不能与李鸿章相比，事实上张氏也没能真正取李代之。但是，张之洞势力在甲午战后确实得到了扩展，并在晚清舞台上成为主要力量。

清廷政局的这种变化为张之洞、盛宣怀的政治结合提供了条件。盛宣怀对封建官场有很深的洞察和了解，精通派系分合的官场潜规则，知道如何处理和平衡官僚之间错综复杂的关系。鉴于他的这一能力，甲午战后，他不仅没有因李鸿章的失势而受到牵连，反而继续受到后继的北洋大臣王文韶以及两江总督刘坤一的信任。同时，为了给自己及所主持的企业寻找新的保护伞，他转而投到张之洞门下。尽管张氏不喜欢他的为人①，但对他办理近代企业的能力还是颇为欣赏，于是，战前张、李之间的门户之见在战后突然消失，张、盛形成了新的政治组合。以此为前提，张之洞愿意将铁厂交给盛氏招商承办；而盛宣怀也乐意为张氏分忧解难。这样，甲午中日战争作为一种外力推动了汉阳铁厂的改制，盛氏办理钢铁事务的多年心愿也终于得以实现。

---

① 张之洞在致李鸿藻函中说："盛为人极巧滑……盛之为人，海内皆知之，我公知之，晚亦深知之。"参见《汉冶萍公司档案史料选编》上，第127页。

第二节　张、盛政治交易与铁厂改制

一　张、盛政治交易的不同说法和考辨

甲午战前，张之洞与盛宣怀官场门户对立，在铁厂争夺上势同水火。甲午战后，两人走到了一起，盛宣怀最终接办铁厂。我们知道，盛氏追随李鸿章办理多家近代洋务企业，有着精明的商人头脑，对于当时铁厂糟糕的情势也深为了解。那么，盛宣怀为什么愿意接办铁厂这一烂摊子呢？许同莘所著《张文襄公年谱》中有这样记述："是时盛官津海关道，招之来鄂，强而后可。"[①]似乎是盛宣怀碍于情面、不得不勉为其难的结果。联系到张氏招商不顺利的史实，许同莘的说法应是实情。但是，精明的盛宣怀为什么要碍于张之洞的情面接受铁厂呢？其间必有一定的隐情。然而，在张之洞和盛宣怀的文稿、电稿中，笔者没有找到直接和完整可靠的答案。

时人及后世学者提供了一些值得重视的说法，有助于对个中原因的理解。就笔者所掌握的资料看，主要有以下四种：1. 叶景葵说法："盛方以某案事交张查办，张为之洗刷，而以承办铁厂属之。"[②] 2. 全汉升的说法："据非正式的记载，盛宣怀涉嫌与一宗贪污案有关，得张之洞的帮助才得以解脱，故答应张氏接办铁厂。"[③] 3. 胡思敬的说法："王文韶继为北洋大臣，倚之（盛宣怀——引者注）如左右手。是时芦汉铁路议成，南端由之洞主政，北端由文韶。文韶欲保用宣怀，恐之洞不从，遣宣怀私诣武昌，探其意旨。之洞办武昌铁政亏空

---

① 许同莘：《张文襄公年谱》卷6，第1页。

② 叶景葵：《汉冶萍产生之历史》，转引自汪敬虞编《中国近代工业史资料》第2辑上，第469页。

③ 全汉升：《汉冶萍公司史略》，第72页。

有学者考证，叶文有诸多失实之处，上述所引即为此类。参见张实《关于叶景葵及其〈述汉冶萍产生之历史〉的考证》，《黄石理工学院学报》2008年第4期。

过百万，方窘迫，莫知为计。宣怀至，许为接办，任弥补。之洞大喜，遂与文韶合疏保荐宣怀为督办芦汉铁路大臣。”[①] 4. 梁启超的说法：甲午战后，盛宣怀因“为合肥所信任，攻之尤力。有旨命盛开去天津关道缺，交南北洋大臣查办复奏……盛乃诣张乞保全。当时张所创湖北铁政局，经开销公项六百万，而无成效，部门切责。张正在无措之时，于是盛来见，张乃出两折以示盛，其一则劾之者，其一则保举之者。盛阅毕乃曰：‘大人意欲何为？’张曰：‘汝能帷幄接办铁政局，则保汝；否则劾汝！’盛不得已，乃诺之，更进而请曰：‘铁政局每岁既须赔垫巨款，而所出铁复无销处。则负担太难矣。若大人能保举宣怀办铁路，则此事尚可勉承也。张不得已而诺之，随与王联名保盛督办铁路云。”[②]概括起来，上述说法显示了这样的信息：在盛宣怀接办铁厂问题上，张、盛之间有着政治交易。具体说来大致归为两种：一是张之洞为盛宣怀“洗刷”了一宗贪污案，使他愿意接办铁厂。叶景葵和全汉升的说法属于这种情况。二是张之洞以承办铁路为条件，诱使盛氏答应接办铁厂。胡思敬的说法归为此类。梁启超的“劾汝”、“保汝”说，应该包含了上述两种说法。

上述说法不免存在一些疑问。第一，他们所罗列的史实并不清楚。第二，梁启超、叶景葵、胡思敬三人的说法不具有足够的权威性。梁启超和张之洞在戊戌维新时期有过密切交往，但以和张氏关系而论，他不可能窥知完全的事实真相。叶景葵做过盛宣怀的幕僚，1912 年还曾经出任汉冶萍公司总理，但作为晚辈也不大可能详知内幕。胡思敬虽为晚清人士，但据其与张、盛的关系，也不可能了解内幕真相。因此，三人的说法可能有一定的依据，但不可能是完全的事实真相。第三，全汉升所引资料本身存在一定问题。他所引两则资

---

① 胡思敬：《盛杏荪办洋务》，《国闻备乘》卷 1，近代中国史料丛刊 446，台北，文海出版社，第 15—16 页。

② 梁启超：《记芦汉铁路》，《饮冰室合集》，中华书局 1989 年版，《文集》之四《商会议》，第 48—49 页。

料，一是来自《经世文编》实业三第66页，“盛方以某案事交张查办，张为之洗刷，而以承办铁厂属之”。一是来自《清季外交史料》卷119第6页的《旨寄王文韶着查盛宣怀所管招商等局被参一案并保员任使电》（光绪二十一年十一月十八日）：“前有人奏津海关道盛宣怀招权纳贿，任意妄为各节……或事出有因，或查无实据。惟总办电报，害则归公，利则归己，复尅军饷，搜罗股票，平日居官，亦多攀援依附……着王文韶……详细确查……勿稍迁就。”[①]其问题在于：A. 两则资料的主角分别是张之洞、王文韶，互相矛盾。合理的情况是，这两则资料反映的应该是同时期的同一件事，那么，出现两个不同的主角显然是很难说明问题；B. 出自《经世文编》的资料，笔者查阅了有关晚清《经世文编》的多种著述版本[②]，都没有见到上述原文。当然，这不排除笔者的工作疏漏。

尽管存在种种问题，但上述说法不会是捕风捉影。事实上，当事人张之洞于1896年初致李鸿藻函中多少透露出一些信息。他说：“去冬因渠（盛宣怀——引者注）事方急，其愿承铁厂意甚坚，近因风波已平，语意又多推宕，幸现有铁路之说以歆动之，不然铁厂仍不肯接也。”[③]这句话表述简单、粗略，难以完整反映史实细节，但足以说明上述说法有一定的根据。尤其是张氏以铁路为条件诱使盛宣怀接办铁厂的史实，基本是清楚的，《愚斋存稿》中有较多的电报资料可以相印证。

关于张之洞为盛宣怀“洗刷”了一宗贪污案而使他接办铁厂的问

① 全汉升：《汉冶萍公司史略》，第75页。

② 晚清时期的《经世文编》有多种版本，台湾文海出版社出版的、涉及甲午战后内容的，有5个版本，一是陈忠倚的《皇朝经世文三编》，2册80卷；二是何良栋的《皇朝经世文四编》，2册52卷；三是麦仲华的《皇朝经世文新编》，3册21卷；四是杨凤藻的《皇朝经世文新编续集》，2册20卷；五是盛康的《皇朝经世文编续编》，20册120卷。这5个版本都没有“实业”条目。

③ 张之洞：《致李兰荪宫保》，《张之洞全集》第12册，第10239页；《汉冶萍公司档案史料选编》上，第127页。

题，则难以得到充分印证。张氏之言透露出，1895 年冬盛宣怀确实遇到了某个比较严重的问题，且和盛氏接办铁厂有一定关联。但是，这两个事件到底是怎样的关联，还是一个难以梳理清楚的问题。其一，为盛宣怀解困的人到底是谁？叶景葵和全汉升认为是张之洞，但两人的看法缺乏有力的材料支持，《清季外交史料》卷 119 的资料则明确指明是王文韶。笔者觉得，梁启超的说法更为合理，即时为直隶总督兼北洋大臣王文韶和时为署理两江总督张之洞都参与了保护盛氏的行动。其二，按照中国传统的思维逻辑，盛宣怀会因张之洞的政治保护而立即接办铁厂的。盛宣怀为什么又会在“风波”平息之后，对接办铁厂“语意又多推宕”呢？笔者觉得，这可能和张之洞在其中所起作用微小有关。因盛为津海关道，隶属王文韶管辖，再加上盛、王之间密切的人脉关系①，王文韶在这一事件上可能居于主要地位，张之洞只是起了一些辅助的作用。在这种情况下，盛宣怀才会在“风波”正紧之时“愿承铁厂意甚坚”，而事情过后又出尔反尔、语意推宕。由此看来，张之洞为盛宣怀洗刷贪污案，在盛氏最终接办铁厂问题上所起作用十分有限。对此，张之洞本人看得很清楚：“渠因年来言者指摘太多，东抚复奏不佳，意甚自危。故决计舍去津海关道，别图他项事业，遂亦欣然愿办。”②至此可以基本判断，张之洞为盛氏所谓的洗刷贪污案，在张盛接办铁厂的政治交易上作用甚微，并不像时人和后世学者所渲染的。如果说两者有着某种关联，这种关联也只是表现在，缓和了此前两人因门户之见所形成的政治对立，在一定程度上加强了张盛之间的政治情感，为此后的接办奠定了一定的基础。1896 年

① 和张謇、郑孝胥有着密切关系的刘厚生曾说，甲午战后，盛宣怀“在李鸿章赴日议和时，王文韶署理北洋大臣，即拜投文韶为老师”。参见刘厚生：《张謇传记》，龙门联合书局 1958 年版，第 149 页。另外，《愚斋存稿》所收录的盛宣怀与王文韶来往函电中，多有“师”的称谓。

② 张之洞：《致李兰荪宫保》，《张之洞全集》第 12 册，第 10238 页；《汉冶萍公司档案史料选编》上，第 127 页。

5 月，即盛宣怀正式接办铁厂后，王文韶致电张之洞说："盛道实济时之彦，上年冒不韪以保全之，正为今日"①，基本可以印证这一推测。

为什么张、盛双方都不公开他们之间的政治交易呢？这是因为政治权力的交易和运作属于潜规则。在中国古代封建社会，潜规则是大行其道但不公之于众的行为规范。张、盛交易即属这种情况。于是，张、盛没有留下详细的史实细节，但给时人和后世留下了捕风捉影的空间，各种各样的说法随之流传开来，给后世史学工作者的研究带来很大难度。而张、盛政治交易的史实进一步彰显出，晚清官场政治对于铁厂改制有举足轻重的影响，纯粹的经济因素并不占主要地位。

二　招商承办过程中的政治权谋及改制的实现

从 1895 年 8 月清廷发布谕令到 1896 年 5 月盛宣怀正式接办，汉阳铁厂改制历时 10 个月，大致可分为两个阶段：1895 年下半年为第一阶段，张之洞尽力招徕，但毫无成效。1896 年上半年为第二阶段，在恽松耘和王文韶等人的参与说和下，张之洞终于与盛宣怀达成招商协议，完成改制。

1895 年下半年，张之洞的招商活动成效并不大。最初，清政府谕令到南洋华侨中招商，"南洋各岛暨新旧金山等处，中国富商在彼侨寄者甚众，劝令集股，必多乐从。著边宝泉、谭钟麟、马丕瑶遴派廉干妥实之员，迅赴各该处宣布朝廷意旨，劝谕首事绅董等设法招徕"②。然而，张之洞认为，"铁厂经营多年，用款甚巨，甫著成效，事体重大，恐南洋华商无此才力"③，转而瞩望由洋商或者华商盛宣怀承办铁厂。9 月 4 日，张之洞致电蔡锡勇，要求他询问在华洋工师是否有洋人愿包等问题，"铁厂一切经费议包于洋人。有愿包者否？每

① 《王夔帅致张香帅电》，《愚斋存稿》卷 24，电报 1，总第 626 页。

② 《清实录》编辑部：《清实录·德宗景皇帝实录》卷 371，光绪二十一年六月庚寅谕军机大臣，中华书局 1985 年版，第 860 页。

③ 《蔡锡勇致盛春颐电》，《汉冶萍公司档案史料选编》上，第 124 页。

年经费若干？速询各洋匠。"[①]十多天后，他又让蔡氏通过盛春颐，向盛宣怀转达他的意图："令叔槃才硕画，承办此厂，必能日见兴盛……议请阁下电商令叔，有无接办之意。"[②]然而，几个月过去了，洋商和盛宣怀都没有动静。洋商没有应者，是因为招徕洋商有很大难度，一是受制于一些客观条件，二是受制于与外商联系的缺乏[③]，短时间内不易成功。盛宣怀态度冷淡则颇值得玩味，当时一些迹象表明，他在等待接办的时机和条件。[④]到了12月中旬，张之洞再次敦促蔡锡勇招洋商接办。[⑤]而蔡氏此时则倾向于由盛宣怀接办，"闻盛道已南来，揆度时势，似包与洋人不如包与华人为宜"[⑥]。张之洞赞同蔡锡勇的建议，但又认为"中华绅商，类多巧滑，若无洋商多家争估比较，定必多方要挟，不肯出价"，坚持继续对外招商，"现已分电许景使及上海瑞生洋行，转询英、德各大厂，派人来鄂看估面议"[⑦]。在他的张罗下，12月底，已有洋商接洽准备接办。[⑧] 1896年元月下旬，洋

① 《张之洞致蔡锡勇电》，《汉冶萍公司档案史料选编》上，第124页。

② 《蔡锡勇致盛春颐电》，《汉冶萍公司档案史料选编》上，第124页。

③ 蔡锡勇曾说："外洋厂包办铁厂，上年白乃富函询比国郭厂，据复以路远不便照料推却。德、英大厂素无来往，电令派匠估包，徒滋骇异，无济于事，似宜有局外人居间游说撮合，事方易成。"参见《蔡道来电》，《张之洞全集》卷270，第6753页；另见《汉冶萍公司档案史料选编》上，第124页。

④ 1895年12月15日，蔡锡勇告诉张之洞说："闻盛道已南来。"参见《蔡道来电》，《张之洞全集》卷270，第6753页；另见《汉冶萍公司档案史料选编》上，第124页。但是，直至1896年元月也没有见到盛宣怀到武汉的资料。另，12月27日，盛宣怀的老部下、时在汉阳铁厂工作的沈鉴对盛表白说："当大人讲求时务之余，卑职又夙隶帡幪，受恩甚重，不得不悉心考察，殚竭愚忱。谨将铁政各局厂办理情形及应变通之此处，胪陈蠡管，伏候钧裁。"参见《沈鉴致盛宣怀函》，《汉冶萍公司》一，第65页。这充分说明盛宣怀在关注铁厂招商态势，并有接办的打算。

⑤ 《张之洞致蔡锡勇电》，《汉冶萍公司档案史料选编》上，第124页。

⑥ 《蔡道来电》，《张之洞全集》卷270，第6753页；《汉冶萍公司档案史料选编》上，第124页。

⑦ 张之洞：《致武昌蔡道台》，《张之洞全集》卷280，第6770页；《汉冶萍公司档案史料选编》上，第124页。

⑧ 这年12月29日，张之洞致电蔡锡勇称："兹有洋商包办铁厂，该道速即来宁面商一切，勿迟。"参见《张之洞致蔡锡勇电》，《汉冶萍公司档案史料选编》上，第125页。

商马陀亲自到铁厂察看，“马陀偕比领事等，昨日到两厂大略一看……索铁厂机器价目全账”①。

然而，张之洞此举引起了国内舆论的反对。元月30日，湖南巡抚陈宝箴致电张氏称：“忽闻铁政将与洋商合办，极用怅然。我公此举原为铁路、枪炮及塞漏卮而设，诚中国第一大政，我公生平第一盛业。今需用正急，忽与外人共之，与公初意大不符合。”②

也就在此时，盛宣怀对于接办铁厂的态度转趋积极。盛氏态度转变的原因有二：一是因招商局事遭受弹劾、“意甚自危”的他“决计舍去津海关，别图他项事业”，以摆脱被众人指责的尴尬。二是张之洞因迫于国内反对洋人包厂的压力，欲以承办铁路为条件诱使盛氏接办铁厂。就在陈宝箴致电张氏的同日，张之洞致电盛宣怀说：“尊恙悬念之至，已渐愈否？何日可惠临？屡函屡电均读悉，今晨敝处电奏即录稿呈览熊谭，日内当可到。粤湘汉铁路须速奏。电寄折稿，北洋缮发，迟则恐为外人强索矣”③，暗示要以承办铁路为条件，作为他接办铁厂的回报。甲午战后，清政府委以张之洞筹办铁路事务的重大责任和权力，有提供盛宣怀承办铁路的权力和能力。张氏抛出的橄榄枝正中盛氏下怀，他早有承揽铁路等新兴事业的野心。于是，在国内反对洋商承办的舆论下，盛、张之间展开了初步谈判交涉。

1896年2月中下旬，双方接洽甚为频繁。当时适值张之洞将从署理两江总督回任湖广总督之时，恽莘耘④为其两江总督的左右手，张盛接洽南京方面由恽莘耘负责，湖北方面则由长期在湖北供职、时任湖北臬台的恽松耘⑤负责。2月17日，恽莘耘致电告知盛宣怀，张之

---

① 《王洪霆致张之洞电》，《汉冶萍公司档案史料选编》上，第125页。

② 《陈宝箴致张之洞电》，《汉冶萍公司档案史料选编》上，第125页。

③ 《鄂督张香帅来电》，《愚斋存稿》卷99，总补遗，总第2080页。

④ 恽莘耘：名祖祁，莘耘是其字号，其中，“莘”又写作“心”，“耘”又写作“云”、“芸”。晚清江苏常州人。

⑤ 恽松耘，即恽祖翼，恽莘耘之兄。关于恽祖翼，本文第一章中已有介绍。张之洞与恽莘耘之间此时电报中所说的“五兄”，即指此人。

洞已经同意由他承办铁厂，“洋商承办开厂，帅意终恐将来费唇舌。五兄来禀，又请邀公议办。帅颇谓然。嘱公速自赴鄂详看，以便筹商。”[①]翌日，盛宣怀即回电表示愿意接办，但担心张之洞“意犹未决……帅到鄂后通筹决策，如无疑义，天稍暖当再亲自赴鄂熟商办法。”[②]三天后，恽莘耘给盛宣怀连发两电，先是告知张之洞的态度，“帅云洋商之弊合同周到即可防范，利却甚大，既多现款又可扩做。惟当今迂谬乖巧之人太多，不用心而好乱说，不办事而好挑眼，实不愿与此辈淘气饶舌，故决意不招洋商矣。今已決计与吾兄商办，但宜趁此闲空之时赴鄂一行，蔡毅若正须回鄂，可相伴一同游览。帅节十七日交替，到鄂须下旬。阁下看毕后正好面商定议，免延时日。帅意阁下开缺倘不得请，春暖后恐须回津，非赴鄂亲看不能商办也”[③]。接着，又催促盛氏及早赴鄂，“今早曾发详电密告帅谕，谅已鉴及。祁窥帅意甚坚，公亦当坚决速行，与五兄力争之意方合。祁廿一赴鄂，公何日行?”[④]恽莘耘回电清晰表达了张氏态度的诚恳和迫切。于是，盛宣怀在表面接受亲自赴鄂建议的同时，又以眼下事务不能脱身为由推迟动身的时间，“佳电命趁此闲时赴鄂一行，自当遵照。因奉总署饬与俄、英、丹筹议海路电线合同，十五后开议，月杪俄使来沪，即须定局，拟送傅相出洋后到鄂一气呵成，只须帅意坚定，必当竭力为国家筹计远大”[⑤]。

盛宣怀推迟去湖北的理由很是牵强。当时正值中国传统的农历年，盛宣怀适在上海家中，去武汉本不需要花费太多的时间，他完全有时间趁机筹议此事。显然，他是在故意拖延时间。是什么因素导致他突然要拖延接办时间？笔者觉得，还在于双方关于承办铁路的条

① 《江宁恽莘云观察祖祁来电》，《愚斋存稿》卷88，补遗65，总第1835页。

② 《寄江宁恽莘云观察祖祁》，《愚斋存稿》卷24，电报1，总第619页。

③ 《江宁恽莘翁来电》，《愚斋存稿》卷24，电报1，总第619页。

④ 《南京恽莘翁来电》，《愚斋存稿》卷88，补遗65，总第1837页。

⑤ 《寄恽莘翁》，《愚斋存稿》卷24，电报1，总第619页。

件。尽管张之洞以铁路诱使盛氏动心，2月22日恽松耘致电盛氏也说，“前日电请再催约我公，悉如前议。帅允照办，并谕：俟公到鄂勘矿后奏办……铁厂到手，铁路亦在掌握矣”[①]。但从双方的交涉中并未见到对此问题的深入讨论。因此，盛宣怀对能否承办铁路不放心，故寻找借口来个缓兵之计。此后他又以马鞍山煤质不佳等为借口故意拖延。[②]3月2日，他致函恽松耘，再次谈铁厂面临的煤质不佳及导致的困难等问题，最后还提及铁路问题：“江苏铁路未必能即成，芦汉闻有三条路可通，勘绘约须一年半，费十数万，人事变迁，何必自寻苦吃。”[③]盛氏反复强调煤质不佳和对铁路“何必自寻苦吃”的恬淡，实在是醉翁之意不在酒。他对铁路不可遏止的欲望，跃然纸上！

正当盛宣怀拖延谈判之时，3月下旬接办形势急剧发生变化。3月20日，张之洞致电时任驻德俄公使许景澄，希望中外合办，“铁厂拟招洋厂附股合办，闻克厂愿商。兹将洋文节略附后，请给该厂阅看，并令速派人来鄂妥商”[④]。接着，曾在驻德公使馆工作过的陈季同告诉郑观应，法人德威尼有资三百万元，拟合办铁厂。[⑤]4月初，陈季同偕洋人戴马陀面见盛氏，称法商准备与他合办铁政。盛宣怀“答以无权与议”。接着，陈季同偕同法商直接赴鄂商议。对此，盛宣怀再次深感不安，急忙致电恽松耘，询问洽商情况，“乞探明所议如何，拟候电示，再定行止”[⑥]。4月中旬，陈季同又偕法商直接面见盛氏协商接办铁厂事宜。盛宣怀立即致电盛春颐，要他“密禀松老（恽松

---

① 《武昌恽松翁来电》，《愚斋存稿》卷88，补遗65，总第1837页。

② 2月23日，盛宣怀电告恽莘耘：“弟须候开河，天津邀一矿师来同看，庶有斟酌。”参见《寄恽莘翁》，《愚斋存稿》卷88，补遗65，第1838页。同日，他致恽松耘电中明确说：“惟马鞍山煤矿不敷用，尚须别寻煤矿为难耳！”表达了畏难和犹豫的情绪。参见《寄武昌恽菘耘观察祖翼》，《愚斋存稿》卷24，电报1，总第620页。

③ 《盛宣怀致恽祖翼函》，《汉冶萍公司》一，第66页。

④ 《张之洞致许景澄电》，《汉冶萍公司档案史料选编》上，第138页。

⑤ 参见《郑观应致盛宣怀函》，《汉冶萍公司档案史料选编》上，第138页。

⑥ 参见《盛宣怀致恽松耘电》，《汉冶萍公司》一，第735页。

耘——引者注），请探帅意”，并关注法商到鄂后的活动，将情况“迅赐电示”①。紧接着，盛宣怀起程赶赴武昌。就在赴汉途中接到密报，得知清廷将芦汉铁路的修筑事宜交给王文韶和张之洞来办理。对盛宣怀来说，这一消息来得及时和令人惊喜。事不宜迟，他接着急忙致电王文韶，一方面询问自己是否可与张之洞商谈承办芦汉之事，另一方面亮明接办铁厂的坚定态度：“钧处奉旨后可否饬令与议，藉抒管见。宣沿江查察各局，今日到汉，香帅约观铁政，上方锐意求矿。鄂厂已糜五百万，但可设法补救，宣系创始得矿之人，颇愿为之区画。”② 4月30日至5月8日，盛宣怀由蔡锡勇陪同视察了汉阳铁厂、大冶铁矿、马鞍山煤矿等，接着筹拟铁厂招商章程。

作为承办铁厂的条件，盛宣怀、张之洞、王文韶三人在协商铁厂事宜的同时，也在谈判由盛氏承办芦汉铁路事。5月8日，张之洞致电王文韶，除对盛氏大加赞扬外，明确表态要由他承办芦汉：

> 昨招盛道来鄂商办铁厂，连日与议卢汉路事，极为透彻。环顾四方，官不通商情，商不顾大局，或知洋务而不明中国政体，或易为洋人所欺，或任事锐而鲜阅历，或敢为欺谩但图包揽而不能践言，皆不足任此事。该道无此六病。若令随同我两人总理此局（将要筹议的芦汉铁路招商总局——引者注），承上注下，可联南北，可联中外，可联官商。③

盛宣怀得知张王要联合保荐自己承办芦汉后，十分欣喜，“如蒙两帅委任，中无隔阂，再拼数年精力，为中国争一口气，亦所不惜”④。这样，张盛在接办铁厂和承办芦汉铁路问题上达成了一致，盛

① 参见《盛宣怀致盛春颐电》，《汉冶萍公司》一，第735页。

② 盛宣怀：《寄直督王夔帅》，《愚斋存稿》卷24，电报1，总第623页。

③ 《张香帅致王夔帅电》，《愚斋存稿》卷24，电报1，总第625页。

④ 盛宣怀：《寄王夔帅》，《愚斋存稿》卷24，电报1，总第626页。

宣怀接办铁厂的障碍得以扫除。5月14日，张之洞札委他接办铁厂：

> 兹查有总办招商局直隶津海关道盛道，才猷宏达，综核精详，于中国商务工程制造各事宜，均极熟悉，经理商局多年，著有成效。因该道从前曾有承办铁厂原议……现经电调来鄂面商，并亲往铁厂铁山运道等处详细查勘，议定湖北铁厂即归该道招集商股，官督商办。①

5月23日，盛氏正式接篆视事。至此，汉阳铁厂基本完成了从官办到官督商办的体制转变。

汉阳铁厂招商承办的过程跌宕起伏，张盛在具体决策中不乏使用权术和心计。尤其是1896年上半年的招商，一些史实值得玩味。第一，招洋商问题。1895年底到1896年初张之洞坚持由洋商包办，明显带有刺激盛宣怀接办欲望和降低其要价的意图。② 1896年3月下旬，张氏在已经放弃了招洋商的计划并初步和盛氏达成了接办的意向后，突然再次打出招洋商的旗帜并和洋商展开了一定的交涉活动，令人感到意外。尤其是某些史实令人费解。洋商戴马陀在接办谈判时几次主动找盛氏协商，要和他合办铁厂。以洋商之资金、技术、经营管理之实力，似无必要和盛氏合办。同时，如果可能合办，掌控者张之洞更有资格和洋商合办。也就是说，尽管盛宣怀已经同意

---

① 《张之洞委盛宣怀督办汉阳铁厂札》，《汉冶萍公司档案史料选编》上，第129页。

② 张之洞清楚地知道当时国内华商的经济实力，最有能力接办铁厂的非盛莫属。他曾说“华商力薄，不能任此。”参见张之洞《致李兰荪宫保》，《张之洞全集》卷254第12册，第10238页；《汉冶萍公司档案史料选编》上，第127页。“窃思方今有才思、有魄力、深通西方商务者，惟津海关盛道为最。”参见《张之洞致李鸿章函》，《汉冶萍公司》一，第30页。而他对盛宣怀“极巧滑”的为人处世亦很了解。参见张之洞《致李兰荪宫保》，《张之洞全集》卷254第12册，第10239页；《汉冶萍公司档案史料选编》上，第127页。因此，他所谓的“中华绅商，类多巧滑，若无洋商多家争估比较，定必多方要挟，不肯出价”，实有暗指盛宣怀之意。

接办铁厂，但接办还没有进入实质的谈判阶段，更没有正式的接办手续，如果中外合办，他在其中的角色和地位都是微不足道的。戴马陀主动找盛氏商量合办，其中似有某种权谋。笔者没有找到张氏态度突变的真正原因，但以当时的情势而论，盛宣怀在等待接办适宜的条件，张之洞则极有可能要以洋商承办来刺激他接办的欲望和降低其要价。招洋商的举措传出后，盛氏确实感到严重不安，并尽快采取了切实的接办行动。因此，招洋商之举极可能是张之洞故意以洋商刺激盛氏的权术安排。

第二，磋商中的重要参与人员问题。1896 年上半年谈判的重要联系者，是恽氏兄弟和王文韶，他们不是铁厂的主要管理者，而是官场中不同层次的官员，且和张之洞、盛宣怀有着非同寻常的关系。恽氏兄弟和盛宣怀是江苏常州同乡，恽松耘和盛宣怀关系极为密切，恽氏曾以管仲和鲍叔牙的经典之谊来比拟两人关系。同时，他又长期在湖北任职，官场人脉深厚，和张之洞也颇为相合。在这种情况下，恽氏兄弟能够作为重要的联系人参与铁厂交涉，不管是张之洞还是盛宣怀都必然是从传统政治人脉关系的角度考虑的，而他们的倾向和作用也就显得十分微妙。盛氏接办后曾说："前有洋商就鄂议办，陈右帅（陈宝箴——引者注）痛切讽止，恽松耘力主华商方能持久，乃属意于宣。"[①]其实，史实背后远不止这一层面。另外，王文韶在承办铁厂和铁路问题的交涉中也起到重要作用。盛宣怀尊王氏为"师"，两人关系也颇为深厚。张盛交易由王文韶来撮合，使铁厂改制打上了深刻的政治烙印。1896 年 6 月，张之洞告知盛宣怀，让他拟稿，然后自己修改，最终由王文韶审阅缮发，将铁厂招商之事上奏清廷。接着，盛氏向王文韶讨教。[②]王氏回电拒绝了张之洞的提议："至将来无论如何定议，总须香帅主稿。吾弟万不可动笔，即鄙人亦只能斟酌稿本，未

① 盛宣怀:《寄王夔帅》,《愚斋存稿》卷 24，电报 1，总第 627 页。

② 盛宣怀:《寄直督王夔帅》,《愚斋存稿》卷 89，补遗 66，总第 1858 页。

可由此间缮发。缘上年复奏之件，知者韪之，不知者忌之。此次不可再著行迹，恐指为一鼻孔出气也。”①得此指点，盛宣怀回电说，“此间本只打算拟一办法节略，以便参酌。今当心领神会，一意推却。”②张、王、盛之间的对话意味深长，尤其是王文韶欲盖弥彰的权谋，把铁厂招商背后的政治运作展示得淋漓尽致。

盛宣怀接办铁厂是一场双赢的政治交易。张之洞摆脱重累，但仍然保持“遥控”。盛宣怀则不仅达到“路与轨两局综于一手”，且为以后他的官商两界飞黄腾达奠定了基础。另外，张、盛实现了新的政治结合，使官督商办时期的铁厂暂时摆脱了官场政治的纠葛，为其建设和生产提供了较为有利的政治环境。

第三节　盛宣怀运作官督商办体制透视

铁厂改行官督商办，其所有权随之发生根本的变更，从官方转到了商人手中。正常情况下，所有权的变更必然引起管理机构、管理理念、管理方式等的相应变化。盛宣怀接办后对铁厂的机构设置进行了调整，铁厂改名汉阳铁厂总厂，督办为最高的管理者，由盛氏自任；其下设总办，并派总董三人，一司银钱、一司制造、一司收发，以后又增设稽核处、提调等职务。大冶铁矿、马鞍山煤矿属于汉阳铁厂总厂，均设一员一董，分任其事。

汉阳铁厂招商承办是官场政治运作的结果，盛宣怀从来就不是一个真正意义上的商人，因此，官督商办并没有给铁厂带来管理理念和管理方式上的突破。笔者仅以铁厂招商章程和人事任用为例作一分析。

① 《王夔帅来电》，《愚斋存稿》卷89，补遗66，总第1859页。

② 盛宣怀：《寄直督王夔帅》，《愚斋存稿》卷89，补遗66，总第1859页。

一　实例一：招商章程——官场政治交易的体现

张、盛达成政治交易以及盛宣怀正式接办铁厂后，张之洞拟定了《商局承办湖北铁厂酌议章程》，于1896年6月26日上奏清廷，后经户部议复，清廷给以批准。该章程共16条，包括铁厂的产权变更、招股办法、产品销售特权、官款偿还、享受免税、机构设置及产生办法等，内容比较全面。仅就其主要条款摘录如下：

第一条 湖北铁厂，遵奉谕旨招商承办。现蒙饬委招集商股，官督商办，自应遵照原奏。官局用款及各项欠款，截至商局承接之日为止，以前用款及各项欠款，均归官局清理报销，以后收支各款，均归商局筹办，以清界限。

第三条 铁厂既归商办，自应招集商股，以固根本。惟目前承接之始，诸事尚无把握，华商欲速见小，未免观望。现拟先招商股银一百万两，仍以一百两为一股。自入本之日起，第一年至第四年按年提息八厘，第五年起提息一分。此为本厂老商，必须永远格外优待，办无成效，额息必不短欠，办有成效，余利加倍多派。嗣后气局丰盛，股票增价，其时推广加股，必先尽老商承认，有旧票呈验，方准其纳入新股，以示鼓励旧商，而杜新商趋巧之习。

第六条 ……从前立厂本意，专为造轨、制械而设……现今议造各省铁路，所需钢轨及应用钢铁料件，系属大宗。拟请奏明无论官办商办，必要专向湖北铁厂随时订购……

第七条 ……马鞍山煤矿直层不能多取，磺重不合化炼……应请奏明，如湖北本省无相宜之煤矿，准在湖南、江西、安徽、江苏四省沿江沿河之处，随时禀明派员勘寻开采，以成利国利民之大政。

第八条 ……所有湖北钢厂自造钢轨及所出各种钢铁料，并在本省或外省自开煤矿为本厂炼铁炼钢之用，应请奏明免税十年，届时察看本厂如有优利足可抵制洋铁，再行征税。

第十条 铁厂奉委商办之后，用人理财，筹画布置，机炉应否添设，款项如何筹措，委员、司事、华洋工匠人等如何撤留及应办一切事宜，悉照轮船、电报各公司章程，遵照湖广总督札饬，均由督办一手经理，酌量妥办，但随时择要禀报湖广总督查考。

第十一条 汉阳总厂拟派总办一员，联络上下官商之情，稽查华洋员匠之弊，并派总董三员，一司银钱，一司制造，一司收发；其余各执事均择要选派。大冶铁矿、马鞍山煤矿各派一员一董，互相钤制。悉除官场习气，皆须切实保人。其紧要之缺派定后，仍随时详报……

第十二条 铁厂收支银钱、采炼钢铁、出售货物，查照轮船商局章程，按月由驻局总办将清帐送与督办查核，按年由督办复核，转送湖广总督查核，并刊刻详细账略，布告众商，准有股各商随时到局稽查察看。

第十三条 督办应由有股众商公举，湖广总督奏派；总办及委员应由督办禀派；办事商董、查账商董应由众商公举；司事应由总办及驻局商董公举，庶几相联指臂，互为钩稽。①

不可否认，作为近代企业制度向西方股份制企业制度过渡的产物，该章程构建的官督商办体制具有历史进步性。但是，作为张盛官场政治交易的体现，该章程将张盛意志及其利益通过合法的形式固定下来，并作为整个企业经营运作的依据和规范。

首先，张之洞保留了对于铁厂“遥控”的权力。章程第十、十二、十三条规定了湖广总督对于铁厂的人事和财务的权力。保留湖广总督的权力，事实上就是保留了张之洞对于铁厂的控制权，只不过是

---

① 该章程内容参见《张之洞全集》卷44，第1170—1174页。原文条款没有序列号，本引文中的序列号，是笔者根据它在原章程中的顺序所加。

从直接控制转向间接“遥控”。当然，张之洞对铁厂的“遥控”地位，是得到清廷批准的。清廷曾谕令说：“虽归商办，该督仍不能辞责。究竟商股如何招集，机器如何购买，煤矿如何开采，钢铁如何运销，并一切厂局位置情形，机炉煎炼办法，务令该督详细查勘。”①

其次，盛宣怀得到了他想要的权力。作为被张之洞任命的督办，其权力和职责相当大，第十、十二、十三条有具体规定。督办是企业的最高主管，“用人理财，筹画布置”，“委员、司事、华洋工匠人等如何撤留及应办一切事宜”，“均由督办一手经理”。尽管章程对于督办的产生办法也作出了“由有股众商公举”的限制，但在实际运作中选举变成了一句空话，而由湖广总督奏派却是实在执行的。督办盛宣怀的权力不是来自有股众商，而是来自张之洞。盛氏成了官方在企业中的代理人。这样，盛宣怀在铁厂中拥有了两种身份：既是招商承办的商人，又是官方的代理人。

再次，张之洞为铁厂争得了一些优惠特权。章程第六条规定的在全国销售钢轨的特权；第七条规定的可以在湖南、江西、安徽、江苏四省为铁厂开办煤矿的权力；第八条规定的免税特权。这些优惠条件对铁厂的建设和发展都是至为重要的。铁厂以钢轨为主打产品，而钢轨不是市场上的大宗销售产品，只和铁路修筑密切相关，市场狭窄。同时，钢轨生产耗资巨大，一旦销路不畅，企业必然亏本。章程规定了产品销路，事实上也就保证了铁厂在正常生产情况下的可观经济利润。铁厂改制以前，一直没有找到适宜的煤焦来源。章程规定铁厂有在湘、赣、皖、苏四省的煤矿开采权力，为铁厂解决煤焦来源提供了有力保障。另外，免税特权能够使铁厂在外来优质钢铁产品的竞争下获得保护和扶植。张之洞为铁厂争取这些特权，一方面体现了政府对于钢铁工业的支持和保护，另一方面也为盛宣怀经营铁厂提供了十分有利的条件。从发展钢铁工业的长远考虑，这种保护是必要的，短期

---

① 台北，“中央研究院”近代史研究所编：《海防档·机器局》，第262页。

内主要获利的是私人，长期看则对国家和民族有着不可估量的影响。日本明治维新期间，政府对官办工业私有化转轨也给予了大力保护和支持。但是，由于清政府是出于无奈才匆忙强令铁厂改制，对于改制后的发展并没有一个长远规划，也由于张之洞和盛宣怀在铁厂改制上各怀私利，那么，从这些保护条款中获利最大的，其实是盛宣怀自己。

最后，章程第三条"优待老股"的条款，保障的是盛宣怀及其亲朋的经济利益。不免有人产生疑问：该章程出台时铁厂的招商活动才刚刚展开①，该条款如何能够保障盛宣怀及其亲朋的利益？笔者觉得，盛氏有着办理近代工业和采行官督商办体制的经验，对于当时招股困难的情况十分了解。尽管招股活动刚刚开始，他已经能够预见到招股的结果，如果汉阳铁厂能够招到股份，这些资本极有可能是自己和亲朋的投资。1908年汉冶萍合并商办前汉阳铁厂和萍乡煤矿所招到的200万两股份主要来自盛氏本人和亲朋的史实，反证了笔者的这一看法。且看下面两表：

表3—1　　1896年招商初期汉阳铁厂商股统计　　单位：万库平两

户名	股银额	户名	股银额
轮船招商局	25.00	萍乡煤矿	10.00
电报局	22.00	上海广仁堂	2.00
古陵记	3.65	钢铁学堂	3.90
南洋公学	0.60		
中国通商银行	32.85	合计	100.00

转引自代鲁《再析汉阳铁厂的招商承办》，《近代史研究》1995年第4期。

---

① 1896年6月11日，盛宣怀发布《招集湖北铁厂股东公告》，其中称："凡我中国仕宦商贾……将股银限一月内送至各省招商局、电报局代收，即由该局书明股商记号，先发印股，再由各局将银汇至湖北铁厂掣换股票息折。"参见《汉冶萍公司》一，第77页。而铁厂章程是本月26日由张之洞上奏的。

表 3—2　　1898 年萍乡煤矿创办时商股统计　　单位：万库平两

户名	股银额	户名	股银额
招商局	23.00	铁路公司	15.00
电报局	22.00	香记等商户	20.00
汉阳铁厂	20.00	合计	100.00

资料来源：根据刘明汉等主编的《汉冶萍公司志》第 118 页内容绘制。

该两表显示的股东户名并非个人而是单位。据代鲁先生考证，汉阳铁厂 100 万两股份中，古陵记、南洋公学、中国通商银行、上海广仁堂和钢铁学堂的股份均是盛氏本人的资本，萍乡煤矿因和汉厂“互搭股份”，可以不计。唯有招商局和电报局的股份，没有属盛的直接证据。[①]以此推断，萍乡煤矿的股份极有可能也属于这种情况。1907 年盛宣怀与沪汉商人达成的“成立股份公司议单”[②]中，所列老股创办人只有盛宣怀一人。此事令人颇感蹊跷，但在一定程度上验证了笔者的判断。另外，盛宣怀在 1907—1908 年大力推进合并商办之时竭力保证老商利益的史实，也可从一个侧面说明这一问题。

上述种种史实说明，盛宣怀具有超出常人的前瞻眼光，在公布官督商办章程之时已经预见到汉阳铁厂招商的可能后果，并把保护自己的有利条款在章程中固定下来，使之制度化和合法化。

由上分析可见，铁厂招商章程实为官场政治交易的延伸和体现。

二　实例二：盛宣怀传统的人事任用方式

汉阳铁厂的官督商办体制并没有构建起西方股份制的公司法人治理结构，相应于股份制企业中的总经理，铁厂督办的权限没有受到相应的制约。督办盛宣怀并非由有股众商选举产生，而只是受张之洞任命的铁厂主管，并在事实上成了官方的代理人。这样，改制后的汉阳

① 代鲁：《再析汉阳铁厂的“招商承办”》，《近代史研究》1995 年第 4 期。

② 其全称为：《汉阳铁厂、大冶铁矿、萍乡煤矿合并成立汉冶萍煤铁有限股分公司议单》。参见《汉冶萍公司》二，第 642 页。

铁厂在经营管理理念和方式上并没有发生多大变化，典型表现就是盛宣怀的专权和任人唯亲。

尽管盛宣怀有着丰富的办理洋务企业的阅历，但他从来就不是一个近代意义上的商人，其思维和方式更像是一个封建官僚。盛氏接办铁厂后，厂中事无巨细，都要向其汇报，并由其定夺。对此，盛氏好友、铁厂第一任总办郑观应深有感触，1897年春盛宣怀面谕他选觅一位栈房总管时，他说："虽有好手仍不敢荐者有故，非畏人怨，恐疑有私。凡由督办所派之人，如其有错无不告诫，果其有弊，理当上达，或记其过，或撤其委，听从督办酌夺。若由官应换人，必启人疑，毁谤随之。虽无私意亦百词莫辩矣。"①郑观应连一个栈房总管都不敢轻易任用，可见盛宣怀专权的程度。

盛宣怀专权的典型实例，就是不听劝告、主观盲目地任用美国洋匠堪纳第为洋总监工一事。1890—1897年间，汉阳铁厂先后使用的洋总监工有英国人贺伯生、比利时人白乃富和德国人德培，但没有一个胜任的，"草创时，英人贺伯生有为者也，嗣以骄慢而被逐。继以矿师白乃富替之，用非其长，不无靡费。后来之接其事者，即为今日之德培。优异待之，必以为钢铁之专门，挽回是易。岂知其急急不惶者，惟恐人之不知其为总管，身价妄高，日以殴辱暴怒为事。即洋匠亦鲜有相契合者，辄以不恢其意请去之，另招德匠以补之，只知树立私党以长声势，至钢厂如何整作，则非所计也"②。洋总监工的这种工作能力和态度，应该为以后任用新的接任者提供经验教训。然而，盛宣怀却没有吸取这一教训。1897年二三月间，盛宣怀开始考虑由美国人堪纳第接任洋总监工之职。堪纳第自称来自"钢铁世家"，盛宣怀对其办事认真的态度给以肯定，并准备任其为洋总监工。对此，制钢司事徐庆沅、提调张赞宸和总办郑观应提出了不同看法。徐庆沅从堪

① 《郑观应致盛宣怀函》，《汉冶萍公司》一，第488页。

② 谈汝康：《统合二十二年度钢厂商办成本说帖》，《汉冶萍公司》一，第460页。

纳第的言行判断，“聆其议论，似系门外汉”①，张赞宸则出于慎重主张试用三个月后相机定去留。② 4 月 27 日，就在盛氏要和堪纳第签订合同之前，郑观应也建议：“堪纳第虽办事认真可爱，惟未曾见其新本领”，主张对其进行考察，“若与堪纳第订立六个月合同，请即询其办事章程……如有不听调度或本领不佳者，准可辞换，亦无掣肘之处”③。至 5 月中旬，迫不及待的堪纳第自行拟定了一份合同，交给郑观应。此举有要挟之意，郑氏十分气愤，连续致函盛宣怀对其行为大加斥责。张赞宸也趁机致书盛氏，“务乞通盘筹划，慎之于始，至以为叩”④，反对贸然和堪纳第签订合同。出人意料的是，盛宣怀不仅没有接受上述诸人的意见，反而在没有和郑观应商量的情况下，迅速和堪纳第签订了合同。当盛宣怀告知郑观应这一事实后，郑氏颇为气馁，“知我公决意雇堪纳第……自悔日前多言，只好恪遵钧谕，即午与堪将誊正之合同画押耳。本厂已有总监工，一切工程理当归渠总管，以专责成……官应可以养病”⑤，情绪相当低落。实践证明，堪纳第和其前任一样也是一个水货，盛氏此后不久也不得不承认，堪纳第“大约用心只在揽权，不在办公，实属可虑”⑥。实际上，盛宣怀因过于专权而致败的史实，远远不止于此！

在人事任用上，盛氏继续沿用传统的用人原则。笔者对高层管理者与盛氏的关系具体进行了考证。且看表 3—3。

该表显示，汉阳铁厂和萍乡煤矿的高层管理者，不少人因三缘和盛氏结成了程度不同的关系。不可否认，盛氏依靠传统三缘关系也任命了一些称职的人士，如郑观应、张赞宸等，这是由铁厂本身对于技

---

① 《徐庆沅致盛宣怀函》，《汉冶萍公司》一，第 458 页。

② 《张赞宸致盛宣怀函》，《汉冶萍公司》一，第 398 页。

③ 《郑观应致盛宣怀函》，《汉冶萍公司》一，第 492 页。

④ 《张赞宸致盛宣怀函》，《汉冶萍公司》一，第 512 页。

⑤ 《郑观应致盛宣怀函》，《汉冶萍公司》一，第 532 页。

⑥ 《盛宣怀致郑观应函》，《汉冶萍公司》一，第 538 页。

术的较高要求和对高层领导的能力要求所决定的。没有相当的能力，高层领导就难以承担起领导全局的工作，也无法保证铁厂的正常运转。而能力要求对于中下层就要宽松得多。既然领导高层的人脉关系已经如此复杂，那么对于能力要求不高的中下层管理者来说，人脉关系几乎是选人任人的唯一标准。盛宣怀人事任用理念及方式的滞后，严重抑制了官督商办体制积极作用的发挥。

表3—3　　官督商办时期汉阳铁厂和萍乡煤矿主要负责人简况表

主要职务	姓名	籍贯	主要经历及能力	铁厂主要任职情况	和盛宣怀关系	官衔
总办	郑观应	广东香山（今中山）人	曾任宝顺、太古洋行买办，后在盛宣怀主持的多个洋务企业中任职，有丰富的经商经验和能力	1896.6—1897.7担任铁厂总办。任职期间，从三个方面整顿铁厂：1. 解决焦炭来源；2. 解决产品销路；3. 解决人才问题	两人于19世纪70年代末相识，关系非常密切，是盛氏非常倚重的左右手	曾捐郎中；后还曾授予道员衔
	盛春颐	江苏武进（今常州）人	曾在湖北纺纱局任总办	1896年被盛宣怀委任为铁厂银钱总董，次年接任总办，至1904年	盛宣怀堂侄	系湖北候补道员，任过湖北当阳县知县
	李维格	江苏吴县（今苏州）人	曾留学海外，精通英、法两种语言，工科知识相当渊博	1896—1897年曾在铁厂任翻译等；因能力、态度和人品，1900年被提为会办兼总稽核；1905年后担任铁厂总办；1908年任汉冶萍公司协理兼铁厂总办	同乡	曾被盛宣怀保荐为候选郎中
大冶铁矿总办	张世祁	待考	待考	1896—1898年间任大冶总办	待考	待考
	解茂承	直隶涿州人	待考	接替张世祁任大冶总办，后到萍乡煤矿工作	待考	待考
	宗得福	待考	待考	曾任汉阳铁厂提调，后接替解茂承任大冶总办至1906年	待考	待考
	王锡绶	待考	待考	宗得福之后任大冶总办	待考	湖北候补道

续表

主要职务	姓名	籍贯	主要经历及能力	铁厂主要任职情况	和盛宣怀关系	官衔
	杨学沂	江苏吴县（今苏州）人	待考	1896年汉阳铁厂改商办后，任总董。继而历任汉冶萍厂矿驻沪总局会办、马鞍山矿务局总办、汉冶萍公司董事会秘书、汉冶萍总公司秘书长等职	盛宣怀亲信之一	保升道员候选知府
萍乡煤矿总办	张赞宸	江苏武进（今常州）人	待考	1896年任汉阳铁厂提调；1898—1907年，被盛氏委派开发萍乡煤矿，任总办	和盛氏为同乡，有很深渊源；因工作能力态度，深得盛氏信任	曾捐得湖北省候补知县；其后盛宣怀为他捐同知、保知府
	林志熙	福建人	待考	1907年接任萍乡煤矿总办	和盛宣怀是姻亲	河南候补道

资料来源：《汉冶萍公司》第一、二册；《汉冶萍公司志》第194—204页；《盛宣怀年谱长编》；《汉冶萍公司档案史料选编》；《盛宣怀档案名人手札选》；《常州市志》；《郑观应评传》。

第四节　19世纪末20世纪初盛宣怀、铁厂的冰火两重际遇

铁厂改制后，盛宣怀和铁厂于19世纪末20世纪初呈现出两种不同的际遇：盛在官商两界屡获升迁，达到其人生的第一个顶峰，长袖善舞，能量无人可比。铁厂则继续亏损，盈利无望，以至于相关人士提出种种不同体制方案，以求挽救颓势。盛氏和铁厂的相反际遇与铁厂改制有没有关联呢？如果有，这种关联又能说明什么问题呢？

一　盛宣怀在官商两界翩跹起舞

甲午战前，盛宣怀的身份主要是李鸿章幕僚，追随李氏办理洋务民用企业。尽管得李氏保荐和提拔先后担任署理天津兵备道、山东登莱青道和津海关道，但这些职位属地方官职，品秩很低。甲午战后，

盛氏的命运发生了翻天覆地的变化。实业方面，从接办铁厂到承办芦汉铁路和升任全国铁路总公司督办、再到办理中国通商银行，盛宣怀将轮、电、纺织、采矿、钢铁、铁路、金融等当时清政府办理的近代新兴重要经济事业基本上都揽入怀中。政治方面，他接连获得升迁，1896 年被任命为全国铁路总公司督办并具有专折奏事特权，接着又被任命为太常寺少卿。1900 年至 1902 年间又先后获任大理寺少卿、宗人府府丞、会办商务大臣、商税大臣、商约副大臣和工部左侍郎①，官衔从地方级一跃升至中央级。于是，盛宣怀攀上了人生的第一个顶峰，在官商两界独步一时。

不可否认，盛宣怀拥有能够长袖善舞的种种优势和条件。其一，他拥有超人的天赋和能力，时人和后来学者的溢美之词可以为证。李鸿章和张之洞的评价分量尤重。李氏曾赞青年的他“机智敏达”。张氏的评价更高：“中国向来风气，官不习商业，商不晓官法。即或勤于官，通于商者，又多不谙洋务。惟该员能兼三长。”②其二，他有着做官和办理近代工业的双重人生追求与丰富的实践经验，这为他甲午战后官商两界的飞黄腾达奠定了基础。其三，甲午战后清政府发展新兴工商业的政策，为他提供了大发迹的契机和舞台。当时，办理新式工商业的人才极为缺乏，而盛宣怀所拥有的办理洋务企业的经历和经验，使他比别人更有资格和能力来承办新兴的经济事业，也正因此被清政府所倚重。其四，甲午战后形成的晚清新政局对盛宣怀也最为有利。继续担任户部尚书的翁同龢和盛氏有着同乡世谊，新任直隶总督王文韶和他颇有渊源，盛氏一直尊他为“师”，同时他还和荣禄、庆

---

① 陈夔龙：《愚斋存稿·盛公神道碑》，第 3 页。

② 张之洞：《芦汉铁路商办难成另筹办法折》，《张之洞全集》卷 44，第 1187 页。中国台湾学者凌鸿勋则这样称赞他：“盛氏以一贵介子弟，弱冠即周旋于公卿之间，以一不第秀才而留心于经世之学。熟悉外情，未出过国门（后来两次赴日乃在六十五岁及被黜以后）而能对于轮船、电报、铁路、钢铁、煤业、纺织、银行等新式事业有创办及组织的动力，诚为一特出之人才。”参见凌鸿勋的《盛宣怀与中国铁路》，转引自易惠莉主编的《二十世纪盛宣怀研究》，第 354 页。

亲王奕劻、李鸿章等保持着密切关系，由此在中央和地方督抚中形成了相当的政治关系网。而这一关系网使他在复杂多变的政局中显得游刃有余，能够立于不败之地。综合上述条件，甲午战后盛宣怀蓄势待发的状况，用“万事俱备，只欠东风”来描述是最为恰切不过了。

盛宣怀所需要的“东风”，就是接办铁厂。换言之，接办铁厂是盛氏的蓄势待发和此后的飞黄腾达的结合点。统览盛宣怀19世纪末20世纪初的发迹轨迹，可以清晰看到二者之间密切的因果关系。接办铁厂，为张之洞卸却重累，张氏答应由其承办芦汉铁路。由此，盛宣怀投靠张氏门下，张、盛形成新的政治关系。此后，张之洞在很多事务上给盛氏以大力支持。[①]盛宣怀以“事权不专，尤恐贻误”为由准备独揽全国铁路修筑权，张之洞、王文韶就联合推荐他担任全国铁路总公司的督办，1896年10月获任，并同时获得专折奏事特权，这样，其官秩一跃升为四品；十天后他接着获任太常寺少卿，由地方级升至中央级。由掌控铁路进而觊觎银行，盛宣怀的理由颇为充分：“铁政奉旨招商，逾年无效，推原其故，华商无银行，商民之财无所依附，散而难聚……铁路收利远而薄，银行收利近而厚。若是银行权属洋人，则铁路欲招华股，更无办法。国家本有开银行之议，钧电铁路既以集华股归商办为主，银行似亦应一气呵成，交相附丽”[②]，“今因铁厂不能不办铁路，又因铁路不能不办银行”[③]，“铁路银行若归一手互有裨益，且不如此亦必两难”[④]。由铁厂而铁路而银行，盛宣怀将三者

---

① 盛宣怀对两人的关系，在不同场合从不同角度多有表述。1896年10月20日，他获任全国铁路总公司督办后致电鄂臬恽菘耘时说：“上谕改四品京堂候补，受宠若惊，饮水思源，皆南皮也，亦皆公也。”参见盛宣怀《寄武昌恽菘翁》，《盛宣怀年谱长编》下，第536页。1907年冬他在给张之洞的一封未发出函中又表露心迹说：“回念甲午以后，离合肥，就庇宇下，接汉阳厂，成京汉路，以及互保拳乱，会议商约，相随鞭策，幸免愆尤。”参见《盛宣怀致张之洞密函》，《汉冶萍公司》二，第649页。

② 盛宣怀：《寄张香帅》，《愚斋存稿》卷89，补遗66，总第1862页。

③ 盛宣怀：《寄王夔帅张香帅》，《愚斋存稿》卷25，总第639页。

④ 同上书，总第637页。

的关系及综于一手的利弊阐述得很清楚，最终清政府将建立中国通商银行的事业也交给他来办理。[①]于是，盛宣怀在19世纪末清廷中的地位愈来愈重要。1900年东南督抚联合进行东南互保，他担当了联络者的重要角色。以此为资本，他于12月被清廷补授为宗人府府丞。1901年1月被派充为会办商务大臣；10月又被派为“商税大臣”。1902年初又先后被任为“商约副大臣”和工部左侍郎。一时间，盛宣怀成了清廷不可少之人，地位炙手可热。可以说，如果没有接办汉阳铁厂，很难想象盛宣怀19世纪末20世纪初的人生会是怎样的景象。

汉阳铁厂改制给盛氏带来的人生际遇昭示出这样的道理：铁厂改制的重要意义不在改制本身，而在于通过权力更迭，成就了一个“既似商又似官，由似官而为官；用商力以谋官”[②]的盛宣怀。

二　铁厂继续亏损及其深层原因

和盛宣怀的飞黄腾达相反，铁厂的命运却走向了另一端——亏损越来越严重。当然，盛氏接办后对于改善铁厂经营状况做出过一些努力，如：招股、利用轮船招商局和电报局融资、向国内钱庄和外国银行借款，为铁厂解决建设和发展的资金；采用近代化的机械采挖方式开发萍乡煤矿，保证铁厂有适宜和充足的煤焦来源。但这些丝毫没有改善铁厂的经营效益。从1896年5月接办到1897年底，仅仅一年多的时间里，铁厂就又亏损70余万两[③]，至1899年底净亏银达100余万

① 对于盛宣怀以接办铁厂进而觊觎铁路和银行事业的野心，其好友恽菘云和张之洞也都觉得甚为过分，希望能够换一下方式或者缓办，以避免舆论的批评。恽菘云说：“银行一层在此时似不宜夹杂上陈。且利权并一人，亦炫观听。随后上紧续奏，便无痕迹。”参见《武昌恽菘云方伯来电》，《愚斋存稿》卷89，补遗66，总第1863页。张之洞也说：“铁路、银行为今日最大利权，人所艳羡者。独任其一，商恐众忌所归。一举兼营，群喙腾议，恐非所宜。拟分为两事，俟铁路定议后再议银行，较为妥善。”参见《张香帅来电》，《愚斋存稿》卷99，总补遗，总第2088页。

② 夏东元：《盛宣怀传》，南开大学出版社1998年版，《盛宣怀新论》第6页。

③ 《盛宣怀致张之洞函》，《汉冶萍公司》（二），第180页。

两。[①] 1902 年冬盛宣怀袁世凯在轮船招商局和电报局控制权上展开争夺时，铁厂的亏损已升至 140 余万两。[②]

面对亏损局面，吕柏、盛春颐、李维格等相关人士忧心忡忡，颇为焦虑。他们将眼光重新转向体制，希望通过改变体制扭转亏累局面。具体方案看表 3—4。

表 3—4　　1901—1902 年间相关人士的体制方案

<table>
<tr><th>年份</th><th>提出者</th><th>方案</th><th>原因或具体办法</th></tr>
<tr><td>1901. 4</td><td>吕柏</td><td>中外合办</td><td>比利时的上海万顺公司和汉厂合办，涉及内容：1. 万顺公司向汉厂提供机器，汉厂向万顺提供钢铁原料；2. 汉厂的修理机器厂、锅炉厂等交万顺代办</td></tr>
<tr><td>1901. 7—8</td><td>盛宣怀</td><td>将萍矿并于轮船招商局</td><td>轮船以煤矿为养命之源，或倘海上有事，禁煤出口，势必无从呼吁。今中国大煤矿仅一萍乡……将萍乡煤矿归并轮船招商局，以资缓急而保利权</td></tr>
<tr><td>1902. 5</td><td>盛春颐</td><td>将汉厂并于铁路总公司，汉厂和萍矿彻底分立</td><td>铁厂亏多盈少，无此巨资长填漏壑，及早归并，尚可补救万一，并不必以萍乡掣肘铁厂，厂既归路，萍亦随之斩然不同，实为上乘</td></tr>
<tr><td rowspan="2">1902. 9</td><td rowspan="2">李维格
盛春颐</td><td>官办</td><td>商人接办以来亏折一百余万，华商力量微薄，已心力交瘁，无可再筹</td></tr>
<tr><td>由比利时大东公司代办</td><td>由盛氏会同湖广总督张之洞奏明由大东公司代办，但严防代办中的擅权、要挟等各种流弊</td></tr>
</table>

资料来源：分别见《汉冶萍公司》二，第 231—233、249、269—270、289—290 页。

吕柏、盛宣怀、李维格等人提出方案的出发点是不同的，所提方案也相差甚远，笔者在此无意探讨相关人士的动机及其方案的可行性。笔者深为关注的是，他们在对症下药时是否找到了铁厂亏损的根本原因和症结。

---

① 《盛宣怀咨呈张之洞文》，《汉冶萍公司》二，第 203 页。

② 《宗得福致盛宣怀函》，《汉冶萍公司》二，第 297 页。

总体上说，他们的看法可以分为两大类。盛宣怀、李维格等往往将之归为资金、技术、微观管理等具体或技术层面的因素。盛宣怀将资金缺乏放在首位："外洋铁厂成本动辄以数千万计，即如日本新设之厂，名曰铸铁所者，闻其国家亦拨三千万，我厂官商并计不过千万，自难收效。"①李维格则从四个方面来总结："窃维铁厂之不能日起有功者，约而举之，不外四病：曰章程未定；曰人才未养；曰料贵；曰货呆。章程未定，则局势散漫；人才未养，则外人挟制；料贵则难以减轻成本；货呆则无以广筹销路。患此四病，铁厂必无起色之一日。"②德国矿师赖伦的见解从一定程度上支持和深化了李氏的看法："汉厂历年来并无起色，而销焦炭仍不较五年之前更多，若有好总办、好工师，此种厂工应早办成赚利，用以整顿扩充，而至今仍然如故。"③

曾长期在铁厂工作过的比利时工师吕柏，其看法则和盛宣怀、李维格完全不同。他说：

> 我们大致把钢铁厂和其所属矿工的职员和工人分为以下几类：
>
> 一、清朝大小官员或大小职员；
>
> 二、"文士"受过高等教育的本国居民；
>
> 三、技术较好的工人和必要的工长；
>
> 四、苦力或是作牛马的挑夫。
>
> 第一类人是经理、车间主任，掌握工厂与官方交往。这些职务是由高官的亲属和亲信担任的，这些职务是他们用钱买下来的，作为个人发财的途径。
>
> 所有稍好一些的职位都被一群寄生虫掌握着，他们除了制造矛盾，把简单的事情搞得复杂起来外，绝大多数人简直就是拿着

① 《盛宣怀致张之洞函》，《汉冶萍公司档案史料选编》上，第166—167页。

② 《李维格致盛宣怀函》，《汉冶萍公司》二，第236页。

③ 《赖伦致盛宣怀函》，《汉冶萍公司》二，第322页。

钢铁厂的工资，一天到晚白混24小时的懒汉。

我们看来，清朝官员和工厂的高级职员其实就是一帮受过高等教育的懒汉。而在中国人的眼里，他们却成为聪明的显贵人物，他们除破坏所有的工程和在外国人的图纸上乱打叉叉，损坏外国人在中国的利益和形象外，什么事不想也不会做。①

吕柏，性格耿直，责任心强，工作勤恳，李维格称赞他“天资敏捷，笃学深思，办事亦有血性”②。由于长期在铁厂任职，对铁厂情形深为了解。他用西方人的价值观和思维来审视铁厂人事管理中的问题。在他看来，身处管理高层的经理、车间主任等，作为高官的亲属和亲信，用贿赂的手段得到职位然后将之视为个人发财的途径，对于铁厂前途漠不关心。是他们的自私自利和无所事事导致了铁厂亏损的局面。基于强烈的民族感情，国人中未免有人将之和“诬蔑”等字眼相联系。而曾任铁厂总办、性情耿直的郑观应下述一段话，从一定程度上支持了吕柏的看法：

讵意所用大小司事，多是湖北候补人员；而为督办所派又多系督办同乡或有交谊。且督办以所用之提调充当总稽查，不谙工程，不晓英语，已属不合；而又每恃与督办有师生之谊，频与洋总监工冲突，以致工程迟滞，常有停工待料之叹。然其大奸似忠，督办以为贤，虽有言其过失，亦不责问。彼辈益无忌惮。甚至弟所与各友函件，据信差云，亦须由提调拆阅而后送也。马鞍山总办盗买（卖）煤斤，因是提调好友，多方袒护，朋比为奸。凡事多被掣肘，任意排挤，盖欲我告退而已……弟实事求是，不合时宜，每为各怀私利党同伐异者所忌。与其受人排挤，不如洁

① ［比］吕柏：《中国的采矿业和钢铁工业》，慕峰涛译，转引自《汉冶萍公司志》，第278页。

② 《李维格呈出洋采办机器禀》，《汉冶萍公司档案史料选编》上，第169页。

身自退。[①]

郑观应之言是他向朋友谈起离开汉阳铁厂总办一职时说出来的，应是内心想法的真实流露。另外，郑氏有着在中外企业工作的经历，对晚清时期的社会状况和官商现实也有深刻了解，其见解具有合理性和权威性。这也再次说明，吕柏之言尽管刺耳，但以理性视之，绝非虚妄，亦非诬蔑。

比较盛宣怀、李维格和吕柏的见解，笔者觉得，盛李的看法较为表浅，吕氏的观点则从更深层次上抓住了铁厂亏损的要害。就官督商办时期的汉阳铁厂来说，身处管理高层人员获得职位的途径靠的是金钱交易，获得职位的目的是为了升官发财，除了将简单的事情搞复杂外，就是无所事事，充当懒汉和寄生虫。这无论如何不可能有助于铁厂的建设和效益的改善。当然，这种局面的形成，和盛宣怀的价值观和思维有着直接的关系。前面已述，盛氏接办铁厂的目的不在铁厂本身，而在于以接办铁厂为跳板获取其他政治和经济利益。[②]可以说，吕柏、郑观应所述铁厂之情形，正是盛宣怀这一价值观和动机支配的必然结果。因此，就管理高层责任而论，盛宣怀难辞其咎且负完全责任。

---

① 郑观应：《答许奏云太守书》，夏东元编：《郑观应集》下，上海人民出版社1988年版，第760页。

② 易惠莉评价说："盛宣怀一生的企业活动，始终贯穿着积极发展个人经济的、政治的权力私欲是一不辩的事实"。参见易惠莉的《郑观应评传》，南京大学出版社1998年版，第705页。

补充说明的是，盛宣怀接办铁厂的目的还可以从《愚斋存稿》辑录资料的倾向看出来。该书所辑录1896—1898年的重要资料，基本上都是关于铁路和银行问题的，很少涉及铁厂建设方面。参见《愚斋存稿》卷24—34，总第619—818页；卷88—93，总第1834—1948页。另外，《盛宣怀未刊信稿》所刊关于1896—1897年的资料中也几乎很少涉及铁厂事务。参见该书第1—151页。任何的资料选辑都不是随意的，选辑者往往是把最能反映重大问题的内容挑选出来。选辑者吕景端，是跟随盛氏多年的幕僚，深知他的喜好、偏向和关注的重点，自然会把最能反映他关注点和活动的资料辑录出来。由此可以判断，盛氏对于铁厂建设并不热心。

通过以上分析可见，19世纪末盛宣怀的人生大发迹和铁厂的亏损有着必然的关联。盛氏视接办铁厂为官场和商界升迁台阶的进一步延伸，必然是人事上任人唯亲、经营上疏于管理，铁厂亏损在所难免。由此也就出现了他本人和铁厂截然不同的冰火两重命运。而这些史实再次说明，铁厂不过是盛宣怀达到政治目的的牺牲品，铁厂改制的政治意义远远超过了经济意义。

第五节　20世纪初盛、袁轮电之争与汉阳铁厂命运

1896年改制前，汉阳铁厂深受晚清政治的影响和左右。是年改制后，因张盛形成新的政治组合，晚清政治明显影响和左右铁厂的局面暂时消失。然而，20世纪初盛宣怀与袁世凯在轮船招商局和电报局权力上的争夺，使汉阳铁厂受到牵连，并再次陷入官场矛盾的旋涡。和前次相比，此次受到的波及程度表面上较小，但潜在影响却是深远的。

一　盛、袁轮电之争及对汉阳铁厂的直接波及

发生于1902年冬1903年初的盛、袁轮电之争，是20世纪初晚清政治的必然产物。从盛宣怀来说，19世纪末20世纪初无人可比的政治能量，必然引起清廷中枢对他的疑忌和抑制，这是晚清的一贯政策，和清廷采用种种手段抑制李鸿章在实质上是一样的。同时，由盛氏导演的东南互保实际上是“抗旨”行为，在清王朝之前250多年的历史上是仅见的。因自身实力衰微，清廷当时不得不宽大处理组织者和参与者，慈禧太后还将他视为不可少之人。然而，慈禧太后内心深处对参与者并未释怀，“终言洋人欺我太甚，恨诸臣不能同心攘夷，于纵匪召乱之事迄无悔辞”①。一旦条件成熟，清廷不会

① 中国历史博物馆编、劳祖德整理：《郑孝胥日记》二，中华书局1993年版，第783页。

放过惩处他们的机会。作为导演者的盛宣怀自然是首当其冲。[①] 因此，盛氏的政治前途隐藏着深刻危机。从袁世凯来说，因出卖维新派和疯狂镇压义和团运动，他赢得了清廷的信任和倚重。1901年李鸿章去世后，被任命为直隶总督兼北洋通商大臣，一跃成为督抚之首，不仅取得足以与张之洞抗衡的政治权势，而且大有超越其上的发展势头。[②] 在这种情况下，袁氏的政治野心急剧膨胀，欲图以筹款练兵来谋求更大的势力扩展。然而，庚子事变之后的清廷财政，无论如何难以满足袁氏的目标。于是，他将目光瞄向了盛宣怀办理的轮船招商局和电报局等新兴企业。因这些企业是早年北洋大臣李鸿章主持创办的，尽管在事实上已随盛氏一起转归张之洞保护[③]，但袁世凯仍然认为，全面地接管李鸿章北洋任上遗留下来的权力和利益是当然之事。袁世凯的野心得到了清廷的支持。在这种情况下，盛袁轮电之争势所难免。

1902年10月盛宣怀父亲的去世，为袁世凯提供了极好的政治契机。按照惯例，盛氏应开去本兼各差缺，以便安心"守制"。而清政府会接受他"守制"的要求，并保留他的原职。当然，这是对官场职务而言。对于所任经济事务职务是可以不必开去的。出人意料的是，清廷接到他的"守制"要求后没有保留其原职，而是趁机将铁路公司督办以外的其他各差均准予开缺或改为署任。[④]对于轮电二局，清廷拟派张翼督办，以便"归入户部筹饷"。显然，清政府此举是在趁机排

---

① 参见易惠莉《郑观应评传》，第619—621页。

② 盛宣怀为轮电二局事，委派郑孝胥专程赴信阳邀袁世凯南下面商，袁世凯途经南京时，"张之洞宴之，不终席而行，据云为张所慢"。由袁世凯的态度，可以想见他的声势。参见郭廷以编：《近代中国史事日志》下，中华书局1987年版，第1171页。

③ ［美］费维恺：《中国早期工业化——盛宣怀和官督商办企业》，第92页。

④ 张之洞在奏保盛宣怀继续担任铁路总公司职务时说："查铁路既由总公司议立合同，本系商务中事，故盛之衔只称为督办铁路总公司大臣，与别项督办大臣不同。丁忧人员似仍可承办。拟恳由钧处请旨，将督办芦汉、粤汉总公司事宜以及淞沪铁路，仍责成盛大臣一手经理，勿任诿卸。"参见《张宫保致军机处电》，《愚斋存稿》卷59，总第1317页。轮船招商局和电报局的性质，应该和铁路公司的性质是一样的。

除盛氏的势力。开去官场职务，盛宣怀无话可说，但坚决反对关于轮电二局的决定。因盛袁同为李鸿章培植的人物，随着政治地位的提高，两人关系不断升温。他们互相推许，互相援引，盛宣怀还曾使出浑身解数帮助袁世凯就任直隶总督兼北洋大臣。对此，盛曾对袁表白说："生平知己，文忠（即李鸿章——引者注）而后莫如我公。"① 在这种情况下，盛宣怀决定向袁世凯求助。

盛氏的决定正中袁世凯下怀，袁将之视为抢夺轮电的良机。11 月 12 日，盛宣怀致电袁世凯说："查轮电发端于北洋，宣怀系文忠所委，并非钦派……公督办商务，此为中国已成之局。公既意在维持，愿勿令其再蹈开平覆辙。伏乞主持公论……俟公到沪，面商再定办法。"② 盛的本意是希望通过"商局创自北洋，拟奏请仍由北洋维持"，从而得到袁的支持和庇护，以达到"仍如从前，北洋不过会委总办，毫不掣肘"③、保住轮电二局的目的。11 月下旬，袁世凯南下，途径武汉参观了汉阳铁厂，路过南京会见了两江总督张之洞，接着直奔上海会见盛宣怀。会谈中，盛氏提出了"船宜商办，电宜归官"的主张，对汉阳铁厂，他坚持"厂电通归官办"④，希望清政府将铁厂收回官办。袁世凯回京后，于 12 月 8 日上奏清廷："查中国轮船招商总局……前北洋大臣李鸿章经手创办……嗣经李鸿章遴委升任道员盛宣怀督办局务，而一切要事，悉禀承北洋大臣主持……适值盛宣怀丁忧守制……当经臣面饬各员董等，嗣后仍恪守定章，官商互相维系，认真经理……一切要务，随时禀承臣核示遵办"⑤，以北洋大

---

① 盛宣怀：《寄袁宫保》，《愚斋存稿》卷 58，第 30 页。

② 盛宣怀：《寄开封袁宫保》，《愚斋存稿》卷 59，电报 36，总第 1305—1306 页。

③ 盛宣怀：《寄王中堂》，《愚斋存稿》卷 59，电报 36，总第 1307 页。

④ 1903 年盛宣怀曾致电军机处、外务部、户部称：铁厂"袁大臣过沪，曾与面商借洋款，还商本，统归官办"。参见《盛宣怀致军机处、外务部、户部电》，《汉冶萍公司》二，第 404 页。

⑤ 袁世凯：《轮船招商总局要务由北洋经理片》，廖一中、罗真容整理：《袁世凯奏议》中，天津古籍出版社 1987 年版，第 676 页。

臣的名义名正言顺地将轮船招商局从盛氏手中抢夺过来。对于电报局，因在南京时袁氏已经得到张之洞将之改归官办的首肯①和盛宣怀同意“电宜归官”，袁世凯以收归国有、改变体制的方式掌握了电报局。

盛袁争夺的目标是轮电二局，但也直接牵动到汉阳铁厂的命运。这主要是因为轮电二局对汉阳铁厂的资金挹注所形成的密切关系，“铁厂招集之股商，即轮电两公司之股商，惟恃两公司之稍有盈余，以辅铁厂之不足，利害相依，视为命脉，大约该铁厂立脚未定之前，无论何人接办，其势皆能合而不能分”②。

鉴于这一密切关系，盛宣怀在轮电争夺中打铁厂体制牌。继向袁世凯提出“厂电通归官办”的主张后，12月16日，盛宣怀致电回京的袁世凯询问情况：“铁厂既无挹注，何能久支？……厂电统归官办一节，承允到京代筹，能否照准？”③第二天，袁回电称：“此行察看内情，公受病惟在船电。人注意亦在此。谋者尚不止留候。厂事无人注意，经详细陈说，力请维持，始得动听。如南皮同见，必可有成。以公才资，久当开府。困于庶事，实在可惜。果能趁此摆脱清楚，亦同志之幸也。”④袁世凯的这段话表达了两层意思：其一，他不想将铁厂和轮电一起接办，铁厂仍由盛氏主持。其二，如果盛宣怀真的要将铁厂收回官办，袁本人不会拒绝。

其实，盛袁两人的上述言语不能仅仅从字面上去理解，其中隐含着很深的权谋。盛宣怀提出铁厂收归官办，固然有从铁厂当时资

---

① 盛宣怀曾说：“电归官办二十八年已奉旨，实发端于南皮、项城”。参见《盛宣怀致陈壁》，王尔敏、吴伦霓霞编：《盛宣怀实业函电稿》上，香港中文大学中国文化研究所1993年版，第435页。胡钧所著《张文襄公（之洞）年谱》中记述：“此袁意也，过宁时曾言之。”参见该书卷4，第198—199页。

② 盛宣怀：《密陈各公司局厂艰难情形片》，《盛宣怀年谱长编》下，第667页。

③ 盛宣怀：《寄津袁宫保》，《愚斋存稿》卷59，电报36，总第1308页。

④ 《袁宫保来电》，《愚斋存稿》第59卷，总第1309页。

金困境考虑摆脱重负之意[1]，但更重要的是想以需要资金挹注为理由，通过把铁厂和电报局捆绑官办向袁世凯施压，以争取能够保住轮电两局、或者至少留住其中一局。铁厂改归官办，并非盛氏的真实意图。对此，袁世凯心知肚明并采取将计就计之策，一方面以清廷为挡箭牌把厂电分开，电要官办，铁厂却仍要盛氏主持；另一方面表明他本人有接办铁厂的野心，如果盛宣怀一味坚持官办，他也不会十分推让，心机十分狡猾和老到！拿铁厂体制做文章，盛氏棋输一着！

需要强调的是，袁世凯表达的接办态度，不能仅仅理解为权谋之计，他确有觊觎铁厂之意。[2] 盛宣怀对此很清楚，在致友人的信中表达了自己的忧虑，"今之议者皆云铁厂亦宜交慰帅一手办理，读慰帅来电亦愿自任"[3]。

令人不解的是，既然袁氏对铁厂有意，但为什么不将之和轮电一起接收过来呢？可能有人认为，汉阳铁厂亏累的经营状况使袁氏犹豫不决。这诚然有一定道理，但笔者觉得，以袁氏对盛所掌握的全国铁路总公司、中国通商银行等令人垂涎的经济事业没有采取行动来看，这远不具有说服力。事实上，这主要有以下两个至关重要的因素所决定。直接来看，是由袁世凯的身份和资格所决定。作为现任北洋大臣的袁世凯，具有继承前任北洋大臣李鸿章所创办的经济事业的"合法"身份，轮电二局正属于这种情况。而汉阳铁厂、中国通商银行、全国铁路总公司等，或由张之洞所创，或由张氏主持交给盛宣怀所办理，湖广总督张之洞是这些经济事业合法的保护人。袁世凯对这些事

---

① 1901 年，盛宣怀计划将萍矿归于轮局时，曾向张之洞试探将汉厂归还张，张在幕僚面前"怒诟久之"，坚于拒绝。参见《郑孝胥日记》二，第 811 页。

② 一个不可忽视的史实是，1902 年 11 月袁世凯从河南南下去上海途中，路经武汉，参观了汉阳铁厂，并要求相关人员提供了铁厂自 1896 年改行官督商办以来的资本筹借和亏折状况清单。参见《汉冶萍公司》二，第 297 页。此时正是盛袁轮电之争尚未公开化之前。袁世凯此举实际上表明了觊觎野心。

③ 盛宣怀：《致赵竹君函》，《盛宣怀年谱长编》下，第 770 页。

业不具备“合法”资格。从更深层次来说，是由袁、张政治势力的势均力敌和相互抗衡、相互制约所决定。甲午战后，张之洞成为清廷政治舞台上重要的政治力量，尽管袁世凯势力大有超越张氏之势，但还是无法取而代之。[①] 在这种情况下，袁世凯觊觎盛宣怀掌握的经济事业，也只能是有限度和有“合法”理由的。汉阳铁厂的情况即属于此，此期盛袁交涉汉阳铁厂的相关电文中，袁世凯往往都会提及张之洞，就是出于这一原因。[②]

在预见到拿官办做文章极可能拱手让出铁厂以后，盛宣怀在轮电之争正酣之际早早地将汉阳铁厂撤下阵来，不但突然放弃了和袁世凯玩弄铁厂官办的策略，而且也没有接受李维格的铁厂“国有官办”[③]的建议，而是坚持不改变铁厂的体制，由李维格继续办理。[④]后来，他在致张之洞函中公开表明了自己的态度：“李维格前请国家保借洋款，改由官办，一再筹度……中国目前局势只能作为公司商本商办，庶可持久不敝。”[⑤]

---

① 能够说明问题的史实有两个：一是袁世凯在抢夺轮电之前，曾经和张之洞在南京有过密谈。不管他们所谈细节如何及观点是否一致，至少袁世凯不敢绕开张之洞强行抢回轮电。二是关于铁路总公司人事问题。该公司也是肥缺之一，袁世凯不会不动心。张之洞在盛氏父亲去世几天后，立即保荐他保留该公司职务继续经办铁路，得到了清廷同意。同时，笔者也未见到袁氏此时觊觎铁路总公司的史料。

② 袁世凯于1902年12月17日回答盛宣怀关于“厂电统归官办”问题的询问，最能说明袁的态度。他说：铁事先与枢说明，并详细面奏。指厂借十兆，扩充整顿，以保大利，并述公言如上。不信，我可请另简员办，或派伍廷芳接。君相均许，可命与南皮妥商。惟此老在宁，谓铁厂尚可支持”。参见《袁宫保来电》，《愚斋存稿》第59卷，总第1308页。

③ 1902年12月25日，李维格再次向盛宣怀建议“国有官办”：“以矿厂欲借巨款，终难望成；而矿厂非有巨款，无可办之理。一再筹思，惟有归官之一法，由国家出面指一的款抵押，作为国债，或者竟以造路许之，借款方能有成”，“惟势难久支，务望宫保千万不可游移，急须向归官办法做去，早一日摆脱即一日之幸也。”参见《李维格致盛宣怀函》，《汉冶萍公司》二，第301—302页。

④ 郑孝胥于1903年2月1日记述到，盛宣怀当时告诉他：“约一琴来局事，复云：‘不能相让，汉阳铁厂终当以畀一琴。’”参见《郑孝胥日记》二，第861页。

⑤ 《盛宣怀致张之洞函》，《汉冶萍公司》二，第360页。

从盛、袁争夺的总体情况看，铁厂问题显得微不足道。但这场争夺对于铁厂的影响是潜在的和非常深刻的。第一，失去了轮电的资金挹注来源，而国内钱庄等金融机构所能提供的资金有限，铁厂不得不走上借洋债经营（主要是日债）的道路，为后来日本控制汉冶萍埋下伏笔。第二，盛宣怀深为明白，袁世凯没有将汉阳铁厂作为其争夺的目标，主要是因为他不具备“合法”的政治资格和足够的政治权威。这为他1907—1908年间推动汉冶萍的合并商办提供了深刻的经验教训。

二 举借外债与落入日本控制的端倪初现

汉阳铁厂资金困乏由来已久，然而，1902年之前只有一次对外借款，就是1899年4月为开发萍乡煤矿向德国礼和洋行的借款，款额为400万马克，以轮船招商局作保。①

张之洞、盛宣怀之所以没有采取对外借款的办法解决困境，主要是担心借款导致铁厂利权的丧失，“铁厂不难在抵借，难在抵借而权不外侵”②。基于此，官办时代的张之洞主要通过在湖北省内腾挪借拨。盛宣怀接办后主要通过轮船招商局、电报局和中国通商银行等为铁厂输血。当然，盛氏还采取了招股和向钱庄筹借短期高息借款等方式来筹资。然而，至1908年汉冶萍合并商办前，包括萍乡煤矿的股份在内，汉阳铁厂仅仅招到200万两。钱庄借款因利息过高，只能短期息借，应付紧急之需。铁厂资金主要靠轮电等企业的支持。对此，盛宣怀后来曾说：“所恃招商、电报、铁路、银行皆属笼罩之中，不必真有商股，自可通筹兼顾。”③盛氏此言可能有些夸张，但一定程度上道出了轮船招商

① 《萍乡煤矿公司与上海礼和洋行借款合同》，《汉冶萍公司》二，第96—99页。

② 盛宣怀：《寄袁宫保》，《愚斋存稿》卷59，第1309页。另外，1903年初盛宣怀致函赵凤昌说：“仅以矿厂作押，不准由外人执权断办不到。从前香帅不肯借洋款而交敝处承办，亦因不愿外人执权之故耳。”参见《致赵竹君函》，《盛宣怀年谱长编》下，第770页。

③ 《盛宣怀致张之洞函》，《汉冶萍公司》二，第539页。

局和电报局的资金挹注对于铁厂建设和生产的重要性。袁世凯抢走轮电二局，使铁厂再次陷入资金变局，和1890年时张之洞面临的变局十分相似。身为湖广总督的张之洞可以通过在湖北省内挖掘资金解决困难，而盛宣怀则没有这种条件。盛、袁争夺正酣之际，盛宣怀向袁氏提出了铁厂建设资金问题，他则回复道："指厂借十兆，扩充整顿，以保大利。"① 为了保证铁厂的正常运转，盛宣怀不得不走向依靠外债生存之路，"轮电两局接济之路已绝，实非另借巨款不办"②。

1903年以后，盛宣怀多次向日、俄等国借款，有短期息借，也有长期借贷，款额大小不等。仅就款额较大、期限较长者列举如下。

表3—5　　1903—1907年汉阳铁厂和萍乡煤矿外债表③

借款日期	债权人	借款数量	利率	期限	抵押或担保的条件	特殊的还款办法和条件
1903.12.24	日本大仓组	洋例银20万两	月息6厘	1年	汉厂栈存钢轨6000吨作抵	
1904.1.15	日本兴业银行	日金300万元	年息6厘	30年	大冶得道湾矿山、大冶矿局现有及将来接展之运矿铁路及矿山吊车并车辆、房屋、修理机器厂作担保	大冶聘用日本矿师；以制铁所按年所购矿石价值给还本息，不还现款
1904	俄国华俄道胜银行	库平银131971.44两				
1905.6.26	日本大仓组	日金30万元	月息7厘5	4年		

① 盛宣怀：《袁宫保来电》，《愚斋存稿》卷59，总第1308页。

② 盛宣怀：《致赵竹君函》，《盛宣怀年谱长编》下，第769页。

③ 因统计原因，现有很多资料集和著述关于汉阳铁厂和萍乡煤矿1899—1907年的借款次数多有差别。本表债项是参考徐义生编《中国近代外债史统计资料》（1853—1927）（中华书局1962年版）第28—53页债项和代鲁的《汉冶萍公司所借日债补论》（《历史研究》1983年第4期）所列债项选制而成。债项的具体信息，向华俄道胜银行的借款参考了徐义生的统计，其他则分别依次主要参考《汉冶萍公司》二，第382—383、387—389、502—503、546—548、588—589、659—660页。

续表

借款日期	债权人	借款数量	利率	期限	抵押或担保的条件	特殊的还款办法和条件
1906. 2. 28	日本三井物产会社	日金 100 万元	年息 7 厘 5	9 年	汉厂动产及所产钢铁和栈存煤焦材料作抵押	以三井销售汉厂的钢铁价款偿还；委托三井独家代销汉厂钢铁
1907. 5. 1	日本大仓组	日金 200 万元	年息 7 厘 5	7 年	萍矿所有生利之财产物件作抵	
1907. 12. 13	日本正金银行	日金 30 万元	年息 7 厘	5 年	借款担保和本表第二项相同	还款办法和本表第二项相同

从表 3—5 不难看出，汉冶萍对日借款占了绝大多数，并且担保条件是以汉阳铁厂、大冶铁矿、萍乡煤矿的财产作保。1904 年的兴业银行借款、1906 年的三井物产会社借款和 1907 年的正金银行借款，还规定了特殊的还款办法及其他条件，和其他借款有很大不同。

日本为什么会对汉冶萍公司借款呈现强势？从根本上说，是由日本政府控制汉冶萍公司为本国钢铁工业获得优质原料的战略所决定。日本的钢铁工业起步于 1896 年筹建的八幡制铁所，可是，日本国内缺乏优质的铁矿石原料。于是，日本政府把目光转向了富含优质铁矿石的大冶。1898 年 11 月，日本外务大臣青木周藏致驻上海总领事小田切露骨地说："现欲确定，在此情况下，购买现属中国人所有之大冶铁山某一特定区域内之全部矿山及商议在上述区域内之矿石由日人单独开采是否可能"①，这是日本侵略大冶意图的较早表露。12 月，小田切致函日本外务次官都筑，主张对汉冶萍借款："我相信此际由我国提供此项资金，将铁政局和大冶铁矿管理权，掌握到我国手中，实属极为必要之事"，"现在我国如能援其资金，则除营业上一般利益

① 武汉大学经济系编：《旧中国汉冶萍公司与日本关系史料选辑》，上海人民出版社 1985 年版，第 5 页。

外，还得获得下列利益：第一，有运出我国焦煤，而回运矿石生铁之利；第二，有在中国扶植我国势力之利；第三，有东方制铁事业由我国一手掌握之利；第四，有使中日两国关系密切之利……鉴于我国社会经济现状，如资本家自己不愿投资，则希望帝国政府予以相当援助，使其提供资金，以不失大好机会。总之，本领事认为，使汉阳铁政局成为我国制铁所之合作者，甚为有利；并确信欲尽合作者责任，全在乎供给资金。"[①]身为日本驻上海总领事的小田切对汉冶萍公司当时面临的资金困境深为了解，他上述这番话就是抓住了汉冶萍公司当时的软肋、企图通过贷款来达到控制汉冶萍公司的政治目的和野心。小田切的建议后来逐步被日本政府所接受，成为日本侵略汉冶萍的指导思想。1905年8月，日本政府通过"请求议决案"，确立了此后对汉冶萍公司借款的五条原则，更把上述思想进一步明确和制度化。此五条原则是：

一、为确实扶植帝国在汉口方面之利权，并对中国将来之形势有所准备起见，特采取下列手段。（一）将来看准时机，使大冶铁矿和萍乡煤矿的开采权完全归于日本；（二）上两矿局和汉阳铁政局、兵工局的经营，以任用日本人员负责业务为条件提供资金，使其管理权亦全归于日本。

二、实现上述目标，表面上可作为商业关系进行。

三、对同本事件有历史关系的兴业银行、三井会社、大仓组，将来仍可适当予以利用。

四、贷款金额当限在五百万日元之内。

五、尽量避免同英国以及德国发生冲突。

依据这一原则，日本政府接着制定了对驻汉口领事的训令：

---

① 武汉大学经济系编：《旧中国汉冶萍公司与日本关系史料选辑》，第28—30页。

> 关于汉阳铁政局及萍乡煤矿借款案：其金额要大，利息减低，条件是承诺延长冶矿采掘年限，再加铁政局、萍乡矿作抵押及聘用日本工程师负责业务，等等。①

在这一指导思想的支配下，日本政府想尽各种办法以争得借款，比如：提供较其他国家优惠的利率、和盛宣怀搞好私人关系等。在日本的软硬兼施面前，盛氏把借款的重心偏向了日本，逐步落入其圈套。就这样，日本政府在幕后几乎指使操纵了所有的对汉冶萍公司借款，且有些借款资金就出自政府。② 伴随着一笔笔借款，到1908年汉冶萍公司合并商办前已经渗入到汉冶萍公司的各个企业，且比其他任何列强都要大。

客观地说，日本的借款暂时缓解了汉冶萍公司建设的资金压力，并保障了1905—1907年的技术改造和扩建，为晚清末年及第一次世界大战期间的短暂繁荣奠定了技术和生产能力的基础。但是，日本的借款远远超出了一般的资本输出，所导致的深远后果则是其对汉冶萍公司的全面渗入和逐步控制。因此，1903—1907年间的对日借款，是汉冶萍公司迈上受日本控制不归路的开始。有学者称盛宣怀此举是“饮鸩止渴，作茧自缚”③，一语道破日债的潜在危险。

---

① 《旧中国汉冶萍公司与日本关系史料选辑》，第125—126页。

② 1904年初同日本兴业银行签订的那笔300万日元借款，就是出自日本大藏省的资金。日本兴业银行不过只是名义上的经手人，是日本政府用来遮掩中国人以及其他外国人耳目的。萍乡煤矿局同大仓组于1907年5月签订的200万日元借款，也是由于“大仓组因无资力承担此贷款的全部金额，请求政府协助”，“经外务省与大藏省磋商后，认为该矿局为现在华南惟一煤矿，保留其担保权实属有利，故决定全部金额由政府支出”的。其办法是先由日本兴业银行购入相当二百万日元的政府债券，由该行以六厘的利率贷给大仓组，再由大仓组以七厘五的利率转贷给萍矿局。转引自代鲁《汉冶萍公司所借日债补论》，《历史研究》1983年第4期。

③ 方显廷编：《中国经济研究》下，长沙商务印书馆1938年版，第650页。

通过本章研究可见，1896年汉阳铁厂的招商承办是中日甲午战争这场国际政治所直接引发的结果，无论是清廷还是张之洞都是迫不得已的。招商承办的实现则又是晚清传统政治运作的结果。因此，铁厂改制带给盛氏和铁厂两种不同的际遇和命运，其政治意义远大于经济意义。1902年冬至1903年初的盛、袁轮电之争再次为铁厂多舛的命运平添了几分悲色。盛宣怀不得不主要依靠日债来维持汉冶萍公司的建设和生产，而日债又潜在构成了日本控制的危险。在传统政治和国际政治的双重制约下，官督商办尽管带有股份制的一些特征，但也难以改变汉阳铁厂的命运。对此，盛宣怀和晚清传统官场政治负有主要的和不可推卸的责任。

第四章 盛宣怀与1908—1911年汉冶萍公司股份制

1907年夏至1908年春，汉阳铁厂和萍乡煤矿的命运又走到了一个转折关头。盛宣怀先后和蒋抑卮、沪汉商人商议汉冶萍合并商办事宜。经过盛氏长时间的努力，汉冶萍合并商办案于1908年3月最终获得清廷批准。紧接着，盛宣怀赴农工商部注册成功。汉冶萍合并商办的成功标志着其体制再次发生重大的变化，从官督商办转变为股份制的完全商办，这在汉冶萍发展史上有着重要的地位和影响。

关于合并商办的原因，盛宣怀在不同的场合多有表述，大体归为经济、政治、外交等三大方面。其中，盛氏把扩充招股募集资本和还洋债作为最重要理由来强调。史学界的主流观点也将经济因素视为第一位原因。笔者经过考察分析觉得，促使盛宣怀合并商办的决定性因素来自政治。张之洞调离湖广总督一职和当年袁世凯抢走轮电二局的教训，促使他要改变汉冶萍的归属权，从而实现自己对企业的完全控制。

然而，改变汉冶萍的地位并不容易，主要障碍来自于晚清官方。为达目的，盛宣怀从沪汉商界和官方同时着手，并利用了当时立宪的政治背景和自己的各种政治能量，最终获取成功。

合并商办实现后，盛宣怀公布了公司章程，搭建起股份制的公司法人治理结构。接着，他逐步建立起股东大会，董、监事会以及经理阶层，自己亲任总经理。但仔细考察该章程构建的公司法人治理结构及其运作，不难发现：盛氏采行股份制的目的和他合并商办的目的遥相呼应。这样，汉冶萍在人事、经营等管理方面，没有按照股份制的分权制衡模式运作，而是继续沿用了传统的方式。所谓的合并商办除了满足盛氏对企业的完全控制外，几乎没有多少脱胎换骨的新变化。

汉冶萍公司完全商办后，经营状况在晚清末年一反此前亏损的局面，出现了短暂的盈利和繁荣。这一局面的出现和当时企业建设及所面临的机遇有关。1907年时，汉冶萍的技术改建基本完成，扩建工程正在进行，此前铁厂存在的煤焦和技术设备问题得以解决，为其正常生产提供了条件。同时，晚清末年国内掀起的修筑铁路的高潮为其提供了广阔的市场。另外，走向人生第二次高峰、任邮传部重要职位的盛宣怀，利用自己的政治权力为铁厂提供了最大可能的官权保护。在所有的因素中，官权保护是汉冶萍公司此期能够盈利的决定性因素。

然而，汉冶萍公司短暂繁荣的背后潜藏着巨额日债的隐忧。盛宣怀此际继续大借日债，规模和额度远超此前，不仅使得日本进一步加强了对汉冶萍的控制，也使得该企业的盈利成了表面的假象。盛宣怀希图通过改变体制加强自身权力，却在事实上走向了其本意的反面。

第一节　盛宣怀合并商办汉冶萍公司决定性原因的考察

关于此次体制转变的原因，盛宣怀归为经济、政治、外交等三大方面，并把扩充招股募集资本和还洋债作为最重要理由来强调。史学界对此研究较为薄弱，学者们在谈及这一问题时往往简单地一笔带过。主流观点认为，汉冶萍的合并商办是出于经济方面的考虑，代表学者是全汉升和吴承明。全汉升先生从技术和资本两个层面分析了导致汉阳铁厂、萍乡煤矿合并的原因，认为：从技术上说，汉阳铁厂和萍乡煤矿的合并，可以在燃料的供应或者成本的计算上会比较方便和经济。从资本上说，由于亏欠很多，汉阳铁厂和萍乡煤矿的合并，可以使厂矿的对外信用增加，从而能够筹措或举借到巨额款项。①吴承明先生认为，汉冶萍合并商办是为了吸引社会投资，扩大招股，解决经费困难。②显然，史学界的主流观点深受盛宣怀说法的诱导。

近年来，随着对盛宣怀研究的深入，学者易惠莉和李玉提出了不同于主流观点的见解，将政治原因视为汉冶萍合并商办的最重要原因。易惠莉女士认为：盛宣怀合并汉冶萍的决策并非单纯的经济考虑，其中包含着重要的政治考虑；盛宣怀在尚有举借外债余地的情况下推动汉冶萍合并商办案，其着眼点在于适应时局变化的政治意义，而非资金来源之意义。就盛宣怀个人而言，他更关注自己对企业控制力的长期稳固性，至于企业商办、官办的区分在他看来并不重要。③李玉认为，汉冶萍三厂的合并和商办注册在很大程度上是三厂督办盛宣怀为乘机巩固、扩大自身的利益而积极推进的。④易惠莉和李玉透过种种资料的背后，更深刻透视到了盛氏推动汉冶萍合并商办的深层原因，将史学界的研究大大推进了一步。但是，此问题还没有深入地触及和展开。

笔者通过对大量汉冶萍资料的梳理，赞同两位学者的看法。为更清晰地廓清这一问题，笔者对盛宣怀所持理由作了较为详细地考察和分析。

一　盛宣怀合并商办的理由

根据盛宣怀在不同时间、不同场合对不同人的表达，笔者将其理由归纳为四类：一是从抵制日本觊觎挽回国家利权角度的考虑；二是从扩充招股募集资本和还洋债角度的考虑；三是从煤铁关系角度的考

---

① 全汉升：《汉冶萍公司史略》，第 123—125 页。

② 吴承明：《中国资本主义发展史》二，第 604—605 页。

③ 易惠莉：《盛宣怀与汉冶萍公司》下，分别见《二十世纪盛宣怀研究》，第 427—428 页和 455 页下注。

④ 李玉：《晚清公司制度建设研究》，人民出版社 2002 年版，第 85 页。

虑；四是从张之洞离任湖广总督的政治角度的考虑。1907年8月29日致张之洞函[①]，是他关于汉冶萍合并商办理由较为集中的表述，上述几个方面都有体现：

第一，从抵制日本觊觎、挽回国家利权角度的考虑。“外势日重，觊觎日险，汉冶滨江，尤难保护，明示中外此厂矿为全国商力团结而成，自较官办为稳慎。侄势孤力弱，遍求不应，何敢再事游移，坐误大局?”盛氏所说的“觊觎日险”，其实就是指日本对大冶的野心，两天前他在致外务部尚书吕海寰函中已经谈道：“近来日本兵官常赴大冶勘查铁矿，颇有觊觎之意。盖日本有铁厂而无好铁矿也……将来东人必有大志于我国，今欲保全我铁矿，惟有切实声明，我厂我矿全系商力团结而成。隐杜觊觎，方能永保权利。”[②]在盛宣怀看来，汉冶萍的合并商办有利于抵制日本的野心和维护国家利权。

第二，从扩充招股募集资本和还洋债角度的考虑。“因本厂（汉阳铁厂——引者注）所用商本已七百数十万两”，“尚需添本二百万两”，而“本厂实在商股只有一百万两，萍乡商股亦只有一百五十万两，其余皆属重息借贷之款，认利息不认盈亏，断非正办，尤非久计”。要解决资金问题，就“必应注册成一完全公司，庶可使人信从，添招商股”。后来他又说：“臣已函商前督臣张之洞力筹保守之策，拟将汉冶萍煤铁合成一大公司，新旧股份招足银元二千万元，一面拨还华洋债款，一面扩充炼铁……揆度商情，非将厂矿合并，不能放手扩充。”[③] 盛宣怀认为，汉阳铁厂和萍乡煤矿只有合并商办，通过招集股份的途径，才能获得所需要的资金，拨还债款，扩充发展。

第三，从煤铁关系角度的考虑。“若将铁厂、煤矿分招，则萍煤

---

① 参见《汉冶萍公司》二，第616—618页。本目下面所引资料凡未注明出处者，均出自该函。

② 盛宣怀：《盛宣怀致吕海寰函》，《汉冶萍公司》二，第615页。

③ 《盛宣怀奏汉冶萍厂矿现筹合并扩充办法折》，《汉冶萍公司档案史料选编》上，第232页。

招足甚易，汉厂人皆震惊于旧亏太巨，成本过重，虽老股亦不肯加本，新股更裹足不前，是以十年之久，屡招屡辍，竟致无从提起”，“若不将萍矿归入铁厂，商情仍复迟疑，故归并之举刻不容缓”。同时，“萍乡左近之湘东亦产铁矿……煤铁相距数十里，实属不可多得。萍矿股商每逢会认，皆请湘东设炉化铁，以省运费而轻铁价。侄恐碍汉冶，终未应允。若久听分办，将来必致纷争”。在此之前，盛宣怀已经向张之洞说明：“现因铁厂、煤矿相依为命，若仍前分作两公司，难免畛域。”①盛宣怀从招股和汉厂萍矿内部安定的角度出发，认为：萍乡煤矿合并到汉阳铁厂，不仅有助于铁厂招集到所需要股份，还可以避免两者之间将来可能出现的纷争和分裂。

第四，从张之洞离任湖广总督后汉冶萍公司可能面临的政治局面角度的考虑。“招股为第一难事，轮电则已得厚利，为官所夺，粤路则已集巨股，为绅所哄……且将来继公督楚，必是旗族，继侄办厂，必是部员，能俟至弥亏收利之后，尚可为轮电之续，如不待成功即归腐败，前人苦心，后人藐之，国人倒乱，外人攘之。”盛宣怀致张之洞该函时正是张氏即将调离湖广总督之时，重提当年袁世凯抢走轮电的史实表明，他当时最为担心的是，张之洞调离湖广后汉冶萍可能面临被新任总督掌控的局面。一旦这一局面真的出现，他将可能失去对汉冶萍诸企业的控制。

上述四条理由其实可归为外交、经济、政治三方面，第一条是外交方面，第二、第三条是经济方面，第四条是政治方面。在 1907 年 5 月至 1908 年 3 月筹划合并商办期间，盛宣怀讲得最多的是第二条——经济方面的原因，讲得最少的是第四条——政治方面的原因。那么，能不能由此就认为，经济原因是盛宣怀合并商办的主要动机呢？答案显然是否定的。这是因为，在中国古代的人际交往中，说和思在很多场合是分离的。也就是说，一个人口头上所说未必就是心里所想，尤

① 《盛宣怀致张之洞电》，《汉冶萍公司档案史料选编》上，第 204 页。

其是在潜规则盛行的晚清官场。如果仅仅从盛宣怀之言简单地将经济因素作为其合并商办的原因，未免要大错特错了。

二　关于外交、经济理由的分析

为了弄清楚盛宣怀合并商办的真实动机，笔者对其所列理由进行了详细的考察。

首先看外交理由。盛宣怀认为，“明示中外”汉冶萍是“全国商力团结而成”，就可以避免日本觊觎的危险。仔细分析，不免牵强。因为日本是否觊觎汉冶萍，不在于它的体制形式，也就是说，日本不会因为它是官办或者官督商办就觊觎它；是股份制商办就放弃其野心。日本能否控制汉冶萍，也不在于其体制形式，而在于晚清政府是否强大到足以保护它免受日本蹂躏，还在于汉冶萍本身是否经营有效益和强大。汉冶萍合并商办后最终仍然落入日本控制的历史充分反证了这一点。由此看来，合并商办和抵制日本觊觎之间不存在直接的、必然的联系。因此，外交理由基本没有说服力。

其次，看经济理由中的煤铁关系一层。盛宣怀从煤铁关系的角度强调汉阳铁厂和萍乡煤矿合并的必要性，认为：萍乡煤矿招股容易，而汉阳铁厂则相反，合并后能够以萍乡煤矿为旗帜，促进汉冶萍顺利招到所需要的股份。同时，“萍矿股商每逢会认皆请湘东设炉化铁”，如果汉阳铁厂和萍乡煤矿长期分办，可能会导致两厂纷争，甚至使萍乡煤矿脱离汉阳铁厂。这些说法的合理性存在疑问。

所谓“萍乡煤矿合并到汉阳铁厂有利于招股”，完全是盛宣怀故意渲染的欺骗之举。盛氏的逻辑是：“现在汉厂基址已定，凡商界之视线略远者，已私议此事之必有转机；惟蹈常袭故者流，尚谓制铁不如采煤得利之速，盖心目中念念不忘开平之利益。且阅厂矿账略，汉阳截至上年止，尚亏商本二百四十余万两，萍乡截至上年闰四月止，照估表已盈余银三十余万，有征益信”，“若不将萍矿归入铁厂，商情仍复迟疑，故归并之举刻不容缓。”盛宣怀以人们通常对“煤盈铁亏”

的思维定式和萍矿盈利、汉厂亏损的量化数据为依据，来说明合并对于汉冶萍顺利招股的重要意义。然而，“萍矿盈利”一说是虚假的。当时的萍矿不仅没有盈利，而且和汉厂一样严重亏损，盛宣怀对此一清二楚，在致函张之洞前他曾对李维格说：“萍矿实收实支，亏耗亦巨，而张故道（指张赞宸——引者注）呈送估价账单转得盈余卅余万两，以是商情看好萍矿而看坏汉厂，其实不然。”他还告诉李维格编制账目以掩众人视听的策略：“鄙见华商多看表面而不究内容，是以立定主意，须用账目三种：一系实在收支存该之数，即今日邱令（指邱瑞麟，时在汉厂任职——引者注）所造之表册；一系按照现在产业估价数，即仿照萍矿赖伦所列估单之式；一系将来利益之预算表，即仿照赖伦去年所列预算表之式，有此三项账单方能为招股目的。”①明知萍矿亏损、还要故意对外宣布盈利的假象，并以假象为前提故意制造“萍矿合并于汉厂有利于招股”的说法，盛宣怀是有着不可告人的动机的。由此也说明，“萍矿合并于汉厂有利于招股”事实上是不能成立的。

盛宣怀一再强调的“萍乡设铁厂之议可能导致汉厂和萍矿分离”之说，也是站不住脚的。诚然，1896—1904 年间确有在萍乡设炼铁炉之议。该议最早出现于铁厂改行官督商办不久，受盛氏委托在萍乡勘矿的德国矿师马克斯发现了那里的铁矿，于是建议就地设铁厂。② 1900 年之后，因“庚子事变”，在萍乡设炉炼铁的呼声顿起。主要建议者为李维格、盛春颐、张赞宸、赖伦等，均为盛氏倚重的汉冶萍的高层管理者或洋工师，他们的建议③是从汉冶萍长远发展的角度提出的，不存在割裂汉厂和萍矿经济联系、使两者分离的不良动机。事实上，

① 《盛宣怀致李维格函》，《汉冶萍公司》二，第 600 页。

② 参见马克斯《萍矿采运情形并筹改用西法办理节略》，《汉冶萍公司》一，第 280 页。

③ 关于他们的具体主张，分别参见《汉冶萍公司》二，第 310、312、317、955、959 页。

盛宣怀当时也倾向于在萍乡设铁厂，“准将醴潭路款移缓就急，先办萍一炉炼熟铁。另借日款设大冶一炉，专化生铁售日本，汉二炉专炼贝钢，则厂矿皆活”①。1904年，江南制造局内迁，盛宣怀还曾经希望将其移至湘东，和萍乡的炼铁计划结合起来。后经过仔细考虑放弃了这一计划。②同时，1900年后的萍乡设铁厂方案中所建议使用的铁矿石，则是远运自大冶，而不是萍乡本地铁矿。这样，汉厂和萍矿的经济联系并未减弱甚至割裂，只不过是铁厂厂址从汉阳转到了萍乡。后来，德国工师赖伦在比较了运萍乡之煤到大冶炼铁和运大冶之铁到萍乡炼铁的费用之后，认为：新钢厂“设在萍与设在大冶，所用成本若干，约略相同”③，仍建议厂设大冶。于是，1905年之后，盛宣怀及其汉冶萍属下放弃了在萍乡设炉炼铁的想法。由此看来，盛氏所谓的“萍矿股商每逢会认，皆请湘东设炉化铁，以省运费而轻铁价……若久听分办，将来必致纷争”之说，完全是一种背离事实的借口。当然，笔者不排除汉阳铁厂和萍乡煤矿因长期分办所可能出现的纷争或者分离，但导致这种局面的原因不会是股商要求在萍乡设炉化铁，而可能是内部的利益分配矛盾。盛宣怀利用上述人士的建议为借口，显然背离了事实和歪曲了他们的原意，也构不成汉厂和萍矿合并的有力原因。

再次，看扩充招股募集资本和还洋债一层。在盛宣怀看来，合并商办有助于提高汉冶萍的公信力，从而招集到企业建设和发展所必需的资金并偿还内外债务。客观地说，盛氏的这一思路是值得肯定的。更何况，1907年，萍乡煤矿建设基本完工，汉阳铁厂的技术改造即将完成，两者的形势确实令人乐观。盛宣怀多次对官场同僚憧憬汉冶萍的光明前景：

---

① 盛宣怀：《萍乡张道去电》，《汉冶萍公司》二，第963页。

② 关于这一计划的磋商，《汉冶萍公司》二，第424、999—1002页有部分相关的函电，可以参考。

③ 《赖伦致盛宣怀函》，《汉冶萍公司》二，第330页。

> 弟来鄂验收新钢厂，其电机之神速，钢质之精美，东西人阅厂者叹为观止，英美报章惊为意外。目前，两炉日出精钢二百吨，并已开造第三化铁大炉，约可日出三百吨（共五百吨），明冬工竣，足供各省路轨、各厂船械之用，不仅杜塞漏卮，尚欲溢出外洋，与欧美争胜，此铁厂已成之大效也。弟复顺道往验萍乡新通之大煤槽，乘矿内电车约行四里许，自取块煤而出。来年每月可出九万吨，以六万吨炼焦炭，以三万吨售块煤，并能制造火砖，此煤矿已成之大效也。①

然而，结合当时汉阳铁厂和萍乡煤矿的招股史以及中外商情，这一理由仍有值得斟酌之处。其一，合并后的汉冶萍能否如愿招到股份？官督商办时期，汉阳铁厂和萍乡煤矿在长达10年间只招到200万两股份，“十年之久，屡招屡辍，竟致无从提起”。盛宣怀将招股困难的原因归结到汉冶萍经营亏损上，“弟经手招股，如轮、电、银行、纱厂等，每处不下数百万两，深知附股衰旺只问有利无利，即市面通行股价，亦以给息之多寡定票价之涨落。厂矿只因十年不发现息，故人皆视附股为虚牝。弟不患股款不来，仍患我厂矿无以自立”②。1907年铁厂改建扩建的顺利展开使他对铁厂盈利的前途充满了乐观，也让他对招股抱有很大期望。然而，这只是为盈利提供了条件，能不能盈利以招到所需股份，仍然是不确定的。以汉冶萍多年经营亏损和巨额内外债务的现状，招股极有可能失败。对此，盛宣怀事先有所虑及③，对于招股能否成功心里也没有十分的把握。

其二，如果能招到所需的股份，这些股份对汉冶萍的经济意义又

① 《盛宣怀致吕海寰函》，《汉冶萍公司》二，第644页。1907年，盛宣怀对湖广总督张之洞也有如此表述，参见《汉冶萍公司》二，第650页。

② 《盛宣怀致李维格函》，《汉冶萍公司》二，第598页。

③ 易惠莉认为，1907年间盛宣怀是抱着喜忧参半的心情推动策划汉冶萍合并招商事情的。参见《二十世纪盛宣怀研究》，第440页。

有多大？中国近代企业有为招集的股份付出固定利息——官利的习惯和传统，企业不管盈利与否都要支出这一固定利息。如果企业盈利了，还要付出西方股份制企业一般意义上的红利。这样，一家盈利企业是需要为股份支出双倍利息的。像汉冶萍，资金需要量很大，盛宣怀当时制定的官利是8厘，于是，在企业盈利与否难以确定的情况下，招到的股份越多，股息的代价也就越沉重。在这种情况下，盛宣怀期望通过合并商办为汉冶萍招股，会产生两种后果：或者招股失败；或者招股成功，但给企业带来巨大的股息压力，在未来汉冶萍出现亏损或稍有盈利的情况下，这一压力都可能把它最终拖垮。久经沙场、富有商人头脑的盛宣怀不会不清楚这种结果的严重性。因此，盛氏的这一理由也没有足够的说服力。

三　关于政治理由的分析

外交和经济原因或不成立或不具有说服力，那么，到底是什么因素促使盛宣怀要合并商办呢？能不能从政治方面找到答案呢？有意思的是，政治原因是他讲得最少的，仅仅简单地提到了当年盛、袁争夺轮电的教训和张之洞调离湖广后的潜在影响。这就使政治因素在盛宣怀决策合并商办中的地位显得微妙和难以判断。然而，依据政治在近代中国社会的地位和盛宣怀的人生追求及轨迹判断，政治因素应该是左右他判断和行动的指南。

我们知道，中国古代封建社会形成了高度集权的封建君主专制制度及与之相适应的政治文化，权力及权力角逐往往是决定人们动机的出发点。晚清时代这一局面并没有发生根本改变。尽管盛宣怀从小深受其父影响，注重经世致用之学，没有像传统士子那样走上科举之路，而是选择了办理洋务新式企业的另类人生之路，但在思想深处仍然不能摆脱传统封建理念的束缚，把“办大事，兼做高官”作为自己的人生理想。从19世纪70年代步入李鸿章幕府开始，他的人生就是循着办理洋务新式企业和追逐官场升迁之路走来的，且两者相互影响相互促进，展示出政治与经济如环无端的密切关系，且其政治地位对其所办理的经济事务有着决定性的影响。有学者描述他的人生为“既似商又似官，由似官而为官；用商力以谋官，由倾向于官发展到利用官势以凌商”，从一个侧面准确反映出政治地位与经济事业在他人生中的位置和影响。

最能充分展示政治地位与经济事务之间在盛氏人生中关系的，是他在 19 世纪末 20 世纪初的政治沉浮和商界兴衰。通过第三章第四、五节盛宣怀在官商两界兴衰沉浮史实的研究可以看出，19 世纪末 20 世纪初盛宣怀的政治沉浮和商界兴衰是同步的，两者交互为用、相互影响，但前者为主、后者为辅。接办铁厂这一经济事业，促成盛宣怀在官场获得重要官职，且官做得越来越大；官场屡被提拔又促成他掌握更多的经济事业，一时间官商两界长袖善舞。此后，情况开始发生转机。能量太大遭到清廷疑忌，联络组织东南互保则埋下宦途失意的种子。1902 年冬，因丁忧守制，清廷将之从官场扫地出门，接着轮电被夺，铁路总公司督办一职由张之洞奏请才得以保留。因袁世凯新设国家银行，中国通商银行经营形势不佳。[①] 1905 年冬，在袁世凯势力的夹击下，他又交出了铁路总公司的权力。至此，盛宣怀手中有影响力的经济事业只有汉冶萍诸企业。这样，19 世纪末 20 世纪初盛宣怀的人生轨迹，呈现出从一般状况上升到顶峰、然后一下子跌至低谷的发展曲线。接办铁厂这一经济事业成就了他官商两界的升迁；而东南互保等政治事件所造成的政治隐患，在袁世凯的崛起和打击排挤下又给他带来了官场失意和经济事业的接连受挫。由此看来，盛宣怀发迹和失势的根本，归根结底在政治权力。对此，盛宣怀心知肚明。

1906 年至 1907 年的晚清政局，对盛宣怀来说依然黯淡。主要表现在：第一，袁世凯政治势力继续膨胀，1906 年下半年的官制改革

---

① 1903 年 1 月 25 日盛宣怀致张之洞电中说：“北洋现设国家银行，包含甚广，自必统中国财政出于一途，通商银行断站不住。”参见盛宣怀《寄张宫保》，《愚斋存稿》卷 59，第 1317 页。

中，袁世凯控制了新设的邮传部尚书一职，其地方督抚势力也得以进一步扩展。1906年的官制改革是庚子事变后清政府展开的清末新政的一部分，本意是加强自身的封建统治，但任何政治改革都是权力的再分配，清政府在调整中央的机构设置、中央和地方的人事安排时，清廷中各派政治势力为了自身的生存发展展开了激烈的争夺。新设邮传部管理轮船、电报、铁路、邮政等，邮传部尚书是争夺激烈的位置之一，最终落入袁世凯的北洋系之手。同时，袁世凯还极力争夺地方督抚的职位来扩展自己的地方势力。第二，盛、袁矛盾并没有缓解，而是在暗中较量，“卧雪（即袁世凯——引者注）宗旨，必使钧处能安然潜伏而后已，倘有动作，彼必按之，防意甚严，恐无论如何降首下心，亦不能接洽”①。1907年春，盛宣怀出于保护自己在各企业中已有权益的考虑，他走动庆亲王奕劻希图谋求邮传部尚书之职②，最终告败，该职由北洋系陈璧接任。1907年夏，盛宣怀暗中支持瞿鸿禨、岑春煊联手发起的倒袁世凯的政治活动③，最终仍然以失败告终。盛、袁争夺，盛宣怀再次处于下风。第三，张之洞调离湖广总督一职。1907年7月23日，清廷任命张之洞充体仁阁大学士。9月4日，又补授为军机大臣。这就意味着，长期担任湖广总督的张之洞即将离开湖北到清廷中枢任职。清政府在丁未政潮尚未结束之时将张氏调入中

---

① 参见《陶湘致盛宣怀函》，陈旭麓、顾廷龙等主编：《辛亥革命前后》（以下简称“盛档一”），上海人民出版社1979年版，第22页。

② 参见“盛档一”，第42—53页。

③ 1907年春瞿鸿禨、岑春煊联手发动的倒袁活动，被称为“丁未政潮”。事后袁世凯致两江总督端方亲笔密札，谓瞿岑倒袁活动“武进供给亦有人言及……其愿大谋或武进来代”。转引自张国淦《北洋军阀的起源》，杜春和主编《北洋军阀史料选辑》上，中国社会科学出版社1981年版，第56页。大谋指岑春煊，武进指盛宣怀。笔者并未在盛宣怀档案中发现关于这一事件的资料，但是，是年7月8日御史陈庆桂参奏岑春煊折子中牵连到了盛宣怀。受盛宣怀之命在北京打探政情的陶湘向盛宣怀报告了这一消息。从陶湘的语气看，盛氏似乎暗中确实支持了瞿鸿禨、岑春煊的活动。参见陶湘《齐东野语》“盛档一”，第56—57页。

央，是希望用他的力量来抑制袁世凯的势力。[①]

1906—1907 年的晚清政局必然深刻影响到盛宣怀对于铁厂体制的态度。盛袁的继续较量和此消彼长的政治地位反差以及张之洞调离湖广，使他强烈感受到汉冶萍的权力受到了严重的威胁。我们知道，1896 年铁厂改行官督商办是张之洞、盛宣怀政治交易的产物。其后公布的官督商办章程明确将湖广总督对于铁厂的保护权规定下来，而这一权力事实上是赋予张之洞的。铁厂改制十几年来，张氏以湖广总督身份兼任汉阳铁厂的官方监督，对盛宣怀和汉阳铁厂扶持有加。盛宣怀在为企业谋求政策保护时，多能得到一定程度的响应。一旦张之洞调离湖广，其后的继任者必然会继承这一职责，新任湖广总督很难具有张之洞在清廷中的影响和威望，也很难和盛宣怀形成以政治利益为基础的稳定关系。在这种情况下，盛宣怀和汉冶萍诸企业就将失去巨大的政治保护伞，盛氏作为督办地位就会变得十分脆弱。正如当年袁世凯抢夺轮电一样，接任者可能会以“合法”身份从盛氏手中抢走汉冶萍的控制权，而盛氏因政治地位低下对此无能为力。在这种情况下，他希望通过改变自己官方督办的身份来加强自己对汉冶萍的控制。而实现这一目标的最佳方式，就是通过成立完全商办的“汉冶萍煤铁厂矿有限公司”，将自己从官方委派到企业的督办变为商办股东推举的总理，来加固自己现有的力量基础。盛宣怀的这一举措不失为在政治上以攻为守、变被动为主动的策略，可以在“合法”的形式下杜绝清政府以后干预汉冶萍的可能。而这才是盛宣怀合并商办汉冶萍的真正原因。

既然政治因素是盛宣怀合并商办的真实动机，为什么他不提及或很少公开提及？经济因素既然不是主要因素，为什么他却总是多次强调呢？其实，这仍然是由中国传统社会潜规则所决定。盛宣怀深谙这一习

---

① 1907 年夏，清政府准备调张之洞为两江总督，但他予以拒绝。后接受体仁阁大学士一职。胡钧在张之洞年谱中有这样记述：“隐辞两江而不辞枢府者，张袁并用，宫廷具有深意。出处之际，朝局系焉。”参见胡钧《张文襄公（之洞）年谱》卷 6，第 257 页。

惯和传统，并且也很善于利用这一规则。他出于清廷的政局变动和维护自己对汉冶萍的掌控决定要合并商办，却很少提及。至于他屡屡提及的招股筹资，不过是为达到合并商办的手段而已。这是因为，要实现合并商办就必须招集股份、实行股东大会和董事会制以体现民意和商办性。而当时的汉冶萍确实招股不足、内外债务缠身，这就为盛宣怀打出招股筹资和还洋债等招牌提供了一个极为“合理”的“理由”。

第二节　盛宣怀扫除政治障碍、推动合并商办的实现

汉冶萍合并商办，意味着其体制又要发生重大变更。由于汉阳铁厂曾经采取官办，合并商办面临不少政治障碍。盛宣怀对此早有考虑，采取种种方式来推动实现这一目标。

一　1906—1907年盛宣怀推动合并商办的活动

从1904年起，盛宣怀就开始采取行动，加强汉阳铁厂和萍乡煤矿合并的趋势。这年八九月份，他在上海成立汉冶萍驻沪总局，来协调和管理汉阳铁厂和萍乡煤矿事务。[①] 1906年1月，他又产生了要将两者合并商办的念头，试探性地询问张之洞：“上海既设汉冶萍总局，以通有无，前年开平亦有此局，今既有商部，应否遵照商律注册?”[②] 此后，他展开了推进合并商办的具体活动。

盛宣怀首先从召集商人参与汉冶萍合股共办着手。1906年，他通过浙江籍商人宋炜臣[③]联系到上海绅商蒋抑卮、袁树勋等，开始商谈

---

① 《关于萍乡煤矿借款问答》，《汉冶萍公司》二，第477页。

② 《盛宣怀致张之洞函》，《汉冶萍公司》二，第539页。

③ 宋炜臣，字渭润，浙江镇海人，其中“炜”又写作“纬”，清末至民初武汉地区最有名的企业家之一。曾在上海与叶澄衷创办燮昌火柴厂，后到武汉发展，先后创办燮昌火柴厂、汉口既济水电公司等企业。宋炜臣很善于利用官方及其他各种公共关系，以创造良好的投资环境与经营条件。

合股共办的问题。[①] 1907 年春，随着瞿鸿禨、岑春煊发动的倒袁丁未政潮的展开，盛氏感到公开提出合并商办的时机已到，于是，一方面于 5 月 14 日向张之洞公开提出合并商办的主张；另一方面继续推进与蒋袁之间的谈判。随着谈判的进展，双方分歧日益暴露。6 月 8 日，盛宣怀在致李维格函中透露：

> 蒋挹之（即蒋抑卮——引者注）查阅厂矿回沪，拟有办法数条，由海观京兆交来，并属注明允与不允字样，再行商酌。弟逐款核阅，先言虚该虚存，必须厘剔，后言存件照商例折旧，亏款归老公司担任，实系因公之亏，新公司亦可酌认，而终之以各派公正人至汉估量，即可定局。玩其语气，直是倒盘召替，并非合股共办……弟当时即拟决绝回报，嗣念此事商榷数年，宁彼辞我，不宜自我辞彼。因另拟合股公司章程十二款，又邀京兆面谈，请勿误认宗旨，老股尽可不得额外利益，却不能使老股丝毫吃亏。[②]

从上述文字看出，在新公司的基本建设方面，蒋抑卮和盛宣怀的分歧在于：蒋氏主张在对汉冶萍诸厂矿做彻底清算的基础上，对现有设备作折旧，旧有的亏欠作合理的处理后归入新建公司的账务，即盛氏所说的“倒盘招替”；而盛宣怀则是在无条件全盘继承原有一切的条件下，扩大股本吸纳新资金组建公司，其核心是如何保证老商的利益。[③] 尽管盛宣怀不想让双方的商议破裂，但对于蒋抑卮等的

① 李维格在 1907 年 6 月 10 日至盛宣怀电中说：“蒋议忽变，必别有原因。去年宫保约袁京兆（指袁树勋——引者注）来厂，格所以赞成其事者，无非一片愚诚。”盛宣怀在该年 9 月 4 日至杨士琦函中也说：“上年承公指示，曾与海观乔梓（指袁树勋父子——引者注）有约，同扶此局，然非注册立定宗旨，仍不足鼓舞商情。”分别参见《汉冶萍公司》二，第 1279、625 页。由此可见，盛宣怀和蒋抑卮、袁树勋等联系合办，始于 1906 年。

② 《盛宣怀致李维格函》，《汉冶萍公司》二，第 598 页。

③ 在合并商办过程中，盛宣怀多次谈到保障老商利益问题。也正是这一问题使盛宣怀策划的沪汉商人参股商办，最终不了了之。

要求也没有妥协之意。至8月初，在蒋抑卮等作出一定的让步后，盛宣怀在自己方案的基础上以汉冶萍公司名义发布了第一次集资公告。但该项谈判终因合办的分歧过大而不了了之。[①]

清廷下达调张之洞到北京任职的上谕后，盛宣怀准备在张氏尚未交卸和新任总督尚未就任之时[②]，通过官场人脉加快推动合并商办的步伐。8月28日和29日，他分别致函张之洞和时任外务部尚书的吕海寰，陈述合并商办的原因以争取两人的支持。9月3日，他拟订上奏清廷的奏折及附片陈明合并商办的意图和方案，然后将之呈送张之洞，但张氏没有回复。[③] 同日，他还致函奕劻和袁世凯以求支持。[④]在争取清廷内部重要官员支持的同时，盛宣怀迅速抛出《汉阳铁厂、萍乡煤矿、大冶铁矿筹议合并招股章程》[⑤]、《汉冶萍钢铁煤焦股份公司章程》[⑥]。然而，无论是清廷要员还是商人，都反应冷淡。

难以在清廷和商人中获得必要的支持，接任湖广总督对于合并商办的态度又难以猜度，这促使盛宣怀继续在沪汉商人这里做文章。他通过宋炜臣、郑孝胥等在沪汉商人中有重要影响的人物，来推动沪汉商人的参与以达到目的。宋炜臣很善于利用官方和各种公共关系，为他的企业谋求发展的环境，因此，在武汉官商两界长袖善舞，颇有能

---

① 1907年9月27日，李维格致盛宣怀电中说："蒋不在汉，宋之议论劝宫保速办真实公司……格意真实公司恐难办到。"10月17日，盛宣怀致电李维格说："不管袁蒋来否，先当密速注册，方能招股。"分别参见《汉冶萍公司》二，第1318、1321页。由此可判断，与蒋抑卮等人的合股共办因分歧而没有结果。

② 张之洞正式离开湖北，是该年9月10日。参见胡钧《张文襄公（之洞）年谱》，第257页。继任总督赵尔巽到任时间大概在9月下旬。

③ 本年11月30日盛宣怀致函张之洞说："汉厂萍矿所拟归并招股以事扩充缘由，曾于七月间拟呈疏稿并将下情详达座右，未奉复函，故仍置未入奏。"参见《盛宣怀致张之洞密函》，《汉冶萍公司》二，第650页。由此判断，张氏未置可否。

④ 分别参见《盛宣怀致奕劻函》、《盛宣怀致袁世凯函》，《汉冶萍公司》二，第623—624页。

⑤ 参见《汉冶萍公司》二，第626—628页。

⑥ 同上书，第628—629页。

量。1907年，他曾和盛宣怀合作创办扬子电器厂，这表明两人关系十分密切。郑孝胥[1]有着很强的政治才干和极大的政治能量，在上海绅商中很有影响力。因1896—1903年同在张之洞幕府时交往甚多，盛郑关系也颇不一般。[2] 10月6日，郑孝胥在预备立宪公会慷慨陈词，将汉冶萍合并商办和国家的兴衰成败联系起来造势：

> 华人之为各国所践踏久矣，吾侪皆老，虽有腾身奋起之志，望之政府固已无及，若能以中国为大市场，华人自为主人，不过十年，当使列国仰我之鼻息，非难致也。盖世界为煤铁之世界，中国为煤铁之国，华人之社会宜为煤铁之股东，华人之财产宜为煤铁之资本，使举国专售煤铁，即以他业悉委之外人，计利相抵，犹十与三之比例耳。今盛氏内为政府所迫，外为商业所叛，铤而走险，将走投日本之罗网。苟汉冶萍公司一失，则煤铁遂亡；煤铁亡，则中国、华人与之俱亡。公等亟宜纠合中国煤铁公会，以图接办汉冶萍公司之策。公会成立，视立宪实行之效，孰难孰易，必有能辨之者。愿速营之！[3]

之后，由郑孝胥牵头经过预备立宪公会内部商定，约定7人作为上海商人的代表赴汉阳，具体商定联合招股事。10月底11月初，沪汉商人代表齐集汉口，商谈主要在盛宣怀、郑孝胥、宋炜臣之间展开。最后，正式签署了汉冶萍公司商办章程草案，即“草议十五条”。

草议十五条是盛宣怀一手操纵拟订的，郑孝胥、宋炜臣拉拢沪汉商人

---

① 郑孝胥，字苏戡，福建闽侯人，其号又写作“苏堪”、“苏勘”、“苏龛”等。1910年之前曾先后在李鸿章、张之洞、岑春煊等幕府活动。郑氏在张之洞幕府中时间很长，深得张氏信任，参与策划了张几乎所有政治、经济和文化的活动，显示了出众的办事能力。1905年后辞官寓居上海。1906年参与筹办预备立宪公会，被推为会长，任职至1910年初。

② 《郑孝胥日记》中有很多关于两人交往的记述，这显示出两人关系的非同寻常。

③ 劳祖德整理：《郑孝胥日记》，第1110页。

参与其中，给它罩上了民意的外衣。它除了能够满足盛宣怀以代表民意为借口继续推进合并商办外，不会在沪汉商人中引起积极的反应。因此，当该文件最后文本出台时，沪汉商人“众论骚然”[①]。即便如此，盛宣怀后来为争取张之洞支持商办案时仍然故意掩盖了这次商谈的真相：

> 侄自萍乡返汉，即有沪商代表到汉，会同汉商来议加股归并厂矿合成一大公司，认招新股一千五百万元，合之旧股共成二千万元，候股东会成立，即由股东公举总理，突如其来，意甚踊跃，盖皆新钢厂、大煤槽风声所播，不招自至也。[②]

二　政治障碍的扫除及合并商办的实现

盛宣怀推动合并商办是出于自身对企业控制的私利动机，这就决定了与蒋抑卮及沪汉商人等展开的商谈，因合办目标不同及利益分歧而作罢。

但是，合并商办实现与否不在于蒋抑卮或沪汉商人的态度，真正障碍仍然来自官方，尤其是被赋予官方监督职责的湖广总督。新任湖广总督是否愿意放弃其原有职责，是一个难以回避、且事关重大的问题，并且必然相应牵涉到官办时代的官款处理等问题。于是，盛宣怀采取先发制人的策略，在接任者赵尔巽到任之初，就立即询问其对于汉冶萍体制的态度。因刚刚到任，赵尔巽对于盛氏推进合并商办似乎并不知情，还以为是坚持1896年以来的官督商办体制，于是答复主张商办。[③]然而，当盛氏将“草议十五条”置于赵尔巽面前时，不出盛宣怀所料，赵氏的态度发生了变化，对创办时期官款的处理方式提出了自己的看法。他提出将铁厂尚欠官本460万两变

① 劳祖德整理：《郑孝胥日记》，第1113页。

② 《盛宣怀致张之洞密函》，《汉冶萍公司》二，第650—651页。

③ 参见1907年11月4日盛宣怀致赵尔巽函和21日赵尔巽复盛宣怀函，《汉冶萍公司》二，第641、647—648页。

做官股的主张，“照商股提息八厘”，并且“作股本永远提息，而本项仍在”①。对于赵尔巽的态度，盛宣怀是有准备的。他顺其势设定对策，提出官商合办的体制方案，在“官商同创其始者，官商亦同受其益”的原则下要求湖北政府在合并商办案中注入相应的资金。这确实令赵尔巽为难，但他回复提出“鄂省一时难筹巨款，应留优先空股，俟有款时附入”。盛宣怀不依不饶，一定要湖北政府“筹定现款，俟新商交股之时一气交付”②。在这种情况下，赵尔巽的态度缓和下来，复函盛氏：“就大局立论，以为归商办为宜……果必欲官商合办，似宜将此中利益与将来之无害于新商，先商之于新商诸人，如［翕］焉认可，再商之于冰相（张之洞——引者注），庶免哗散抵牾诸弊”③，将皮球一脚踢给了新商和张之洞。新商的问题全在盛氏驾驭之内。看来，真要实现完全商办，张之洞的态度还是有着至关重要的影响。④

此后，盛宣怀与张之洞展开了对话。11 月 30 日，盛宣怀连续致函张氏两封，主题商谈官商合办问题。在第一封函中，盛宣怀首先向张之洞陈述了与沪汉新商的筹议情况，接着提出了官商合办的方案：

---

① 《盛宣怀致赵尔巽函节略》，《汉冶萍公司》二，第 645 页。

② 同上，第 646 页。

③ 《赵尔巽复盛宣怀函》，《汉冶萍公司》二，第 648 页。

④ 张之洞尽管已经离开了湖北，但对湖北政务依然有着极大的影响力。日本驻汉口代理总领事在张之洞去世后说：“惟自张之洞逝世，咨议局开设，湖北诸政乃渐次摆脱张氏之牵掣。”参见宓汝成编《中国近代铁路史资料》下，中华书局 1963 年版，第 1203 页。从 1907 年 11 月 21 日赵尔巽复盛宣怀函的语气判断，官款变官股的主张似乎是张之洞的态度。参见《汉冶萍公司》二，第 647—648 页。11 月 24 日，盛宣怀致张之洞函中又谈道：“次帅（赵尔巽——引者注）从未共事，已见数面，于厂中官本讨论甚详，似无成见。此厂自中堂发起，钢铁关系国际，将来成败利钝亦不仅在鄂省，故次帅亦必候敝处，请商钧处而后定议也。”参见《汉冶萍公司》二，第 649 页。11 月 30 日，盛宣怀接连致函张之洞两封，都主要是谈纳入官股、官商合办的问题。参见《汉冶萍公司》二，第 650—657 页。所有这些都暗示：官款变官股极有可能是张之洞的主张。盛宣怀对此也有觉察。

现在所议招集新股一千五百万元，应先尽鄂省入官股五百万元，悉照商股一律掣股票，一律收取官余利，按照商律第三十条为官商合办公司，一体遵守商部定例办理，似最平允。盖厂由鄂省发起，利应鄂省同享也。至于筹集官股之法，另拟节略录呈钧览。究应如何办理之处，应请中堂俯察，与次帅电商，并示敝处，以便与沪汉新老商遵照议办。

惟官股一事，次帅虽以为然，而于一百数十万之款，能否移缓就急，仍须取决于中堂。大抵股份实为分利之权舆，非得现银，断难折服商人之心。况欲以现银作二百万元，博其股票五百万元，十年之内即欲分其优利一千万乎？如中堂以官股为然，必须切实电饬，方能上与次帅筹，下与商人议，否则放弃利权，固商人所深愿也。①

在第二封函中，盛宣怀仍然强调：

现在两局成效昭著，声名洋溢，商人重利，皆欲得而甘心。宣怀调停新旧，乐与周旋，而一念非常之原，似不可全去官质，免致将来国有大建造，转为商人所持。七月间拟呈合并公司奏片，即有请各省纳官股之议……莫如此时按照商律第三十三条改作官商合办之公司，仍一体遵守商律办理，实为一举两益，百年无弊之长策……庶不负中堂创始之本意，而宣怀十余年辛苦经营，亦得于国家稍尽报效之忱，不致徒为商人作马牛也。②

盛宣怀是反对官商合办的，之所以不厌其烦向张之洞强调官商合办，是因为他要以此作为抵制赵尔巽甚至包括张之洞的官款变官股的

① 《盛宣怀致张之洞密函》，《汉冶萍公司》二，第652页。

② 同上书，第656—657页。

主张。盛氏在信中还特意强调，官商合办的成败就在于张之洞的态度（笔者在引文中加有着重号）。然而，盛宣怀并未获得张之洞的支持①，合并商办几近陷入僵局。

事情的转机是在1908年初。1907年底江浙两省反对铁路借款运动酿成风潮，盛宣怀被召入京，12月15日，被清廷委以“随同外务部妥筹办理”沪宁、苏杭甬两路案。1908年1月27日，因处理沪宁、苏杭甬两路事被清廷恩赏红绸袍褂料各一卷。盛氏在清廷中政治地位的提高，为解决汉冶萍合并商办案带来了积极的影响。笔者没有找到盛氏在北京采取行动的相关资料，但从1908年一二月份盛宣怀和汉冶萍管理层中重要人物已经谈及招股的具体方案和事宜看，汉冶萍合并商办问题此时已经取得了重大进展。②可以肯定的是，盛宣怀是通过自己在北京官场的政治地位和人脉关系，为汉冶萍的合并商办扫除了政治障碍。③

政治障碍排除了，而李维格等与沪汉商人的协商却陷入僵局。2月29日，李维格致盛宣怀函中谈到了与沪汉商人协商的情况及双方矛盾的焦点：“格十九到沪，即觅苏堪谈，出示章程，渭润亦在座。苏阅后云：老股独自注册、总理不公举、老股必得优先三层均与原议不

① 笔者的判断主要有二：其一，没有找到相关的张之洞回函或回电；其二，盛宣怀在本年12月中下旬自行炮制了几份文件：《退圃老人致盛宣怀函》、《湖北铁厂铁山煤矿公司股商致盛宣怀公启》、《汉冶铁厂、萍乡煤矿股商致盛宣怀公启》等，在老股股权上做文章，有向赵尔巽、张之洞等施加压力之意。参见《汉冶萍公司》二，第660—663页。

② 参见《汉冶萍公司》二，第664—671、1348—1360页。

③ 1908年9月，盛宣怀曾对李维格说：“查汉厂弟在京时，先请官办，张袁均主商办，陆军部则云官厂必须避去沿江沿海。两宫面谕不如藏富于商，乃定此局。”参见《盛宣怀致李维格函》，《汉冶萍公司》三，第26—27页。1909年5月，盛宣怀又说，1907年冬“适奉诏入都，遂以官办、商办请政府决议，皆主商办。疏上，奉旨责成盛宣怀加招华股，认真办理”。参见盛宣怀《汉冶萍公司注册商办第一届说略》，《汉冶萍公司》三，第93页。由此可以推断，他是通过官场的政治能量和人脉关系扫除了合并商办的政治障碍的。另外，1908年3月9日，清廷又授盛宣怀为邮传部右侍郎，管摄路、电、航、邮四政。而3月13日清廷批准了汉冶萍的合并商办。盛氏提升为邮传部右侍郎对汉冶萍合并商办必然起到推动作用。

符，新股必反对，章程不宜布告，恐起风潮。如推托政府不允，老股一面亦未议妥。用此宕笔，前议不废而废，我之所以发起此事者，因宫保前有名誉会之举，意在招集新股并合公司。"①在难以达成妥协的情况下，盛宣怀抛开沪汉商人、准备以老股名义独自注册。3月13日，盛氏上奏《汉冶萍厂矿现筹合并扩充办法折》，得到清廷批准。该方案是按照盛宣怀的意愿筹划的，既打破了赵尔巽的官款变官股主张，也排除了沪汉商人的意见。事后，盛宣怀颇为感叹地说："费尽心力。"②

1907—1908年盛宣怀推进汉冶萍合并商办案，充分利用了自己在企业、官场、绅商社会中的经验和人脉，一方面通过沪汉商人造势给张之洞、赵尔巽施加政治压力；另一方面周旋于湖北地方政府和清廷中央，终于使汉冶萍合并商办按照他的意图得以实现。当然，该案的实现还与20世纪初清政府展开的新政和预备立宪等有利的社会背景分不开。清政府大力推动私有化并于1904年公布《公司律》，为合并商办提供了合法的经济政策前提；而1906年后展开的预备立宪活动，中心在上海，呼应了盛氏合并商办的行动和目标。

第三节　汉冶萍公司股份制及其运作透视

一　实例一：1908年公布的公司章程

汉冶萍合并商办得到清廷批准并在农工商部注册后，盛宣怀于4月筹划颁布了《商办汉冶萍煤铁厂矿有限公司推广加股详细章程》（以下简称《推广加股详细章程》）③，1924年之前，未被修改过且一

① 《李维格致盛宣怀函》，《汉冶萍公司》（二），第670页。

② 《沪杨绶翁面致赵竹翁电》，《汉冶萍公司》（二），第1369页。

③ 参见《汉冶萍公司档案史料选编》（上），第236—239页。本目以下所引章程条款未加注者，均出自该处。

直适用。[①]因此，该章程在汉冶萍历史上有着重要地位。章程是公司发展战略、公司制度、经营管理的具体目标和方式等的全面展现，研究该章程构架的体制并透视盛宣怀如此构建的目的，对研究汉冶萍的体制变迁有着重要意义。

该章程包括宗旨、股本、股东会、董事查账员、总协理等十章八十八节，内容翔实而丰富，在构建股份制商办体制上几乎涉及了所有的问题。组织结构上，构建起股东大会，董、监事会，总经理三层[②]的公司法人治理结构。

关于股东大会，章程的主要规定有：

> 第二十五节　本公司股东会分定期会与临时会两种。
>
> 第二十七节　股东定期大会一年一次。在每年三月发给利息之前，由办事员将前一年盈亏及收支账略报告交董事局总协理宣布……
>
> 第三十节　股东会之会期、会场并所议事件，距会期二十日前，凡整股在一百股以上者皆用函告，其余不及函布，登报通知。
>
> 第三十二节　股东会有集股本四分之一以上并股东人数十分之一以上到会者，均议决事件。

---

① 1924年汉冶萍公司公布的《汉冶萍公司事业纪要·章制》中最后有这样的说明："本章制共十章八十八节。民国二年五月股东大会，以时代改革，多不适用，即提议修改。嗣因股东中有主张先交审查者，有主张登报征求意见者，有主张开会共同讨论者，纷无定见，以致迄未修改。"参见《汉冶萍公司档案史料选编》上，第16页。从这段话可以看出，汉冶萍公司的章程应是1913年之前制定的，而所列十章八十八节和1908年的《推广加股详细章程》是一致的。由此判断，至少在1924年之前该章程是没有被修改过的。

② 在原章程中，股东大会、监事、总理的名称，分别是股东会、查账人和总协理。参见《汉冶萍公司档案史料选编》上，第237—238页。

关于董事会、监事会，章程的规定也相当全面。主要有：

第四十七节　注册之后，应公举权理董事九人、查账二人，先将老公司账目会查清楚签字，即行会议续招新股。

第四十九节　续招新股一千五百万元全行足数，即由新旧股东公举董事十一人、查账二人。

第五十一节　董事限有本公司股份五百股以上，查账人亦限一百股以上，均于股东中选举之。

第五十二节　董事须常川到本公司与总协理会议随时应办事件。

第五十三节　董事有为本公司职员者，其董事之任务即应解除。

第五十四节　查账人之任务系监察本公司股份、银钱及厂矿出货、售货、材料、工程各项月结年结各表各册是否符合。

第五十七节　董事、查账人不能兼任，查账人并不得兼本公司之职员。

第五十八节　董事任期限二年，查账人任期限一年，任满仍可续举。

关于总经理及经理层的规定在“第六章 总协理”部分列出，内容较为简单：

第六十三节　本公司现在奏明：督办改为总理并添派两协理，不另派董事长。

第六十四节　总协理会同董事议决事务。

第六十五节　总协理之任期由股东会议决，呈部查照。

不可否认，该章程所构建的股东大会，董、监事会，以及经理阶层三个层面的公司法人治理结构，在当时的历史条件下具有鲜明的时代感。从汉冶萍体制官办→官督商办→完全商办的发展历程和当时中国企业制度发展的潮流看，具有历史进步性。

仔细研读，可以发现其中的一些微妙之处。第一，总协理的职权和产生办法仍然带有鲜明的官督商办体制下督办的特征。第二，董、监事会和股东大会的职权及其行使，规定不明确。我们知道，西方股份制的公司法人治理结构，职责和权利是十分明确的。股东大会是由所有出资者组成的公司最高权力机构，公司的重大决策、重大事项都必须经股东大会决议通过。董事会是股东大会选举产生的公司常设决策机构，受股东大会以及全体股东的委托，代理股东负责实施企业的大政方针、战略决策、投资方向等。监事会作为股东大会选举出的监督机构，通过有效的监督，保障经理层行为规范、公司有序经营。经理阶层是由总经理、副总经理以及各部门经理组成，受聘于董事会并对董事会负责，在董事会的授权范围内全权负责日常经营和管理。和西方股份制结构相比，该章程构建的公司法人治理结构有着本质的不同。笔者不由产生疑问：盛宣怀如此安排是不是故意为之？

事实上，盛宣怀对于总协理的职权和产生办法的安排是处心积虑的。1906—1907 年与蒋抑卮、沪汉商人谈判中，他一直不放弃 1896 年官督商办章程中所规定的老商应享有的特权。这表明他在竭力维护自身的利益。1908 年 2 月，在汉冶萍合并商办案取得重大进展的情况下，盛氏拟订的“老股独自注册、总理不公举、老股必得优先”的注册方案，典型体现出他加强个人控制权的动机。3 月 13 日，也就是上奏汉冶萍合并商办的当天，他同时呈上《奏请改督办为总理并改铸关防片》，对于总理的职权和产生办法做出如下安排：

> 臣自光绪二十二年，经督臣张之洞奏准，钦遵谕旨，督商经理，曾刊有督办湖北铁厂事务关防，行用有年。现在煤矿告成，添集商股，合并公司，众股商援照各省商办铁路总理名称，拟请

> 销去“督办”字样，仍推臣为总理……将来总理一席，自应遵照张之洞原奏，有股众商推举，湖广总督奏派。但改督办名目，仍重总理责成……嗣后该厂矿总理，应由股商公举二三员，仍由湖广总督查明向来办事有效、名实兼孚，可期胜任者，择定一员，咨明农商部，奏请钦派。①

盛宣怀为“总理”设计的职权和产生办法与官督商办时代的“督办”在本质上无异，唯一不同就在于名称。在此，盛宣怀走了一招高棋，将自己加强控制的动机和灵活多变的策略结合起来，即：通过总理继承督办的职权和产生办法，既避免了来自反对合并商办的政治势力的阻挠，又可以此实现自己对汉冶萍的独裁，避免公司法人治理结构下总经理受制于董、监事会的局面。心计相当高明和巧妙！清廷批准合并商办后，盛宣怀致李维格电从侧面再次显示出他的老谋深算。他说：“厂矿廿二年奉旨招商承办，本是股份公司。前则两公司，今一之；前则小股份，今大之；前则专制，今立宪。注重办有成效，合并扩充，自然有理，实未便尽翻成案。”② 既减轻了合并商办的社会阻力，又实现了在新体制下自己的完全控制，盛氏此举可谓一箭双雕。最后，盛宣怀所要做的，就是将自己处心积虑策划的目标通过章程这一合法形式固定下来。我们在章程中所见到的条款，就是这一目标的合法展现。由此可见，盛宣怀是围绕自己对企业的控制和专权来设计总协理一职的。

既然盛宣怀是围绕自己对企业的控制和专权来设计总协理一职，那么，对董、监事会和股东大会的权力和职能，不可避免也是围绕这一目标来制定。尽管章程中对于董、监事会和股东大会的职权及其行使规定不少，但总体上远不全面，而其中的某些条款明显有加强盛氏控制权的作用。如：董事资格和不设董事长的规定。章程第五十一节

---

① 《汉冶萍公司档案史料选编》上，第233页。

② 盛宣怀：《又去电》，《汉冶萍公司》二，第1355页。

规定，董事必须拥有公司股份500股以上。这一门槛相当高，不是一般的投资人所能达到的。从后来的招股情形看，在汉冶萍拥有股份最多的是盛宣怀自己和其亲属。因此，这一规定对盛宣怀专权最为有利。另外，章程规定不设董事长，其职权事实上赋予了总协理，进一步加强了盛宣怀的权力。从后来召开的第一届股东大会以及选举董、监事会的具体操作看，这是盛宣怀加强自身控制的有意安排。①

通过以上分析可见，《推广加股详细章程》所设计的公司法人治理结构，主要是围绕加强盛宣怀对企业控制的需要而设计的。因此，该章程构建的股份制只是借鉴了股份制的形式，把盛氏对汉冶萍的控制权通过公司法人治理结构的组织形态"合法"地保存下来。它很难按照西方公司制分权制衡原则的精髓来运转。

当然，用历史和理性的眼光来看待《推广加股详细章程》，我们可以认为，它存在着先天不足的不成熟性，是中国近代企业制度发展中的必经之路。然而，这种不成熟性是由企业掌控者顽固的传统理念和主观故意所导致的，无论如何是不可原谅的。

二　实例二：1908—1909年的招股活动

《推广加股详细章程》公布以后，汉冶萍展开了招股活动。因该章程难以得到商人的积极响应，② 招股活动并不顺利。在这种情况下，

---

① 参见本节下面"商办体制运作中的人事因素"一目。

② 对于《推广加股详细章程》的股份设置和利益分配，沪汉商人多有异议。1908年6月23日盛宣怀致李维格函，仍然谈到关于这一问题的不同意见。其后李维格就此和宋炜臣等又进行了磋商，但8月9日盛宣怀致函李维格，坚持"所有八十八条章程暂不更改"。参见《汉冶萍公司》三，第14—18页所辑录的盛宣怀与李维格之间的函件。此后的九十月份，盛宣怀也策划了积极的招股宣传活动，但总体上效果不好。1908年8月初，盛宣怀在对时任山东巡抚的袁树勋称，"已得八百余万"。参见北京大学历史系近代史教研室编《盛宣怀未刊信稿》，中华书局1960年版，第119页。1909年1月，盛氏对湖广总督陈夔龙谈及招股情况时又说："适值南北钱荒，招股未便下手，据全司禀报尚未满九百万元。"参见《盛宣怀致陈夔龙函》，《汉冶萍公司档案史料选编》上，第245页。就是说，从1908年8月到1909年1月，基本上没有招到多少股份。可见商人对汉冶萍招股反应之冷淡。

盛宣怀不得不利用自己的政治能量为招股打开局面，主要通过两种途径：

一是利用自身在清廷中的地位和影响，促使清廷收赎电报股份，使那些买回电报股份的人士能够将资金投入汉冶萍公司。

1908年3月14日，也就是在清廷批准汉冶萍公司商办注册后第二天，清廷决定将电报局收赎官办，盛氏被指定经办该事，“担任回沪劝导”电报股东的重任。对于此次电报收赎，盛宣怀极力否认自己的倡导和推动作用，在1908年8月致邮传部函中辩解说：

> 前奉大咨，以电报商股系敝处一手招集，创办多年，属即“查照在沪与公正最大股东酌中核拟发还股价数目，克日见复，以便具奏”，并准函开：“股商或以所执股票已获二十余年利息，一旦收回别营他业，恐难如此稳厚，现在汉冶萍煤铁厂矿已奉谕旨注册，实为完全之商办公司，众商尽可收回票价转购汉冶萍股票，一转移间受益颇多。”仰见硕画周详，所以为股商谋者实已无微不至。弟深维两局情形，似尚不难就范，故敢一力担当。孰料到沪之前，报纸先已播传，均谓收赎之议倡自鄙人，群言诋毁。①

但笔者觉得，此次收赎和盛宣怀有着密切的关系。这是因为：第一，此次收赎和1906年盛宣怀推动的电报收赎官办存在内在一致性。我们知道，电报局收归国有始自1902年冬盛、袁轮电之争时，但当时因收赎费用过巨而保留了部分商股。1906年，出于对袁世凯斗争的需要，盛宣怀以国家可“渐收拓广之大利，并可免官占商产之恶名”为由积极推动电报收赎官办。从这一发展渊源看，1908年的电报收赎实为1906年政策的继续。邮传部于1908年6月致盛宣怀电中称：“此事

① 《盛宣怀致邮传部函》，《汉冶萍公司档案史料选编》上，第240页。

系上年四月十九日由公发起，仍望一力担承始终其事，为国家成一美举。"[1]第二，电报收赎前发生在盛宣怀身上的一连串事件，暗示出他极可能起到了重要的作用。1908 年 3 月 9 日，盛宣怀被清廷任命为邮传部右侍郎，管摄路、电、航、邮四政；3 月 11 日，他又被命仍充会办商约大臣；3 月 13 日，清廷批准汉冶萍公司商办注册，并责成盛宣怀认真办理；3 月 14 日，清廷决定电报收赎官办，盛氏被指定经办该事，"担任回沪劝导"电报股东的重任。这些接连发生的事件，一方面表明盛宣怀在清廷中的政治地位得到了很大提高；另一方面又暗示它们之间存在着某种必然的联系。盛宣怀极有可能利用了自己的政治影响力，推动清廷实行电报收赎政策。第三，盛宣怀引导电报收赎后的资金流向汉冶萍，也意味着电报收赎的本意。电报收赎和汉冶萍招股恰在同一时间，盛宣怀在致上海电报大股东书中号召电报股东将收赎后的资金投向汉冶萍：

> 前昨两日有人陆续来买汉冶萍二千余股。据云，系收回电报每股一百八十元，加洋二十元来买。厂矿四股计票本二百元，即可稳收官利十六元，与本年电股利已相埒，加以余利并优先红利，合并何止二十元。票价亦可盼望如轮电必有一股作两股之日，且属注册实行商办公司，非同昔年官督商办之局，可得股东会议选举董事查账之权，似胜于勉强附股于电政多矣。其言如此，乃命总公司收支员金菊蕃逐一收款掣发优先股收条而去。似此看来，尚蒙诸绅商念及鄙人劳苦一生，创办实业，历有效果，期望弥深，不胜愧对。即如敝戚属所执电股九百股，亦皆移入厂矿，绝不愿做附股之举也。[2]

---

① 《邮传部来电》，《愚斋存稿》卷 73，电报 50，总第 1570 页。

② 《盛宣怀致电报大股东书》，《汉冶萍公司档案史料选编》上，第 241 页。

显然，电报收赎和汉冶萍招股不是简单的偶然巧合，作为邮传部右侍郎的盛宣怀导演了电报收赎工作，其意在使收赎后的资金转投向汉冶萍，推动汉冶萍的招股工作。

盛宣怀的这一做法确实达到了目的。8月7日，他在致函时任山东巡抚袁树勋时透露：

> 近日收电股而来入厂矿约有十之三四，当与一琴、渭臣诸君商定，以一千万元为优先股，（老商居三百万元，新商居七百万元）以示招徕。昨日截算已得八百余万元，大约容易招足。[①]

有意思的是，电报收赎后转投汉冶萍的资金主要是盛氏及其亲戚友朋的。

二是利用自己的官场人脉来推销股票。1907年底及其后，盛宣怀不断以回报优厚的优先股吸引官场中的同僚投资。笔者见到的时间最早的，是他于1907年11月17日向吕海寰兜售股票的函件："现拟先招商股……定议官利八厘，半年一付，余利必在一分以外，共有二分稳利，已成之利，趋之若鹜……弟所认旧股五百万，尚有数十万未齐，每股五十元。如此好股份，不敢不致意阁下，（相处数年，从不提及，因无把握，今则实有大利，胜于轮、电多矣）似可将所存别处数厘轻息之项，附此优股两三万元……如相好之中，有人愿附股者，敬祈费神，代为招徕。"[②]1908年8月至1909年5月间，盛宣怀多次分别致函清廷中的要人，招揽股份，表述方式和上述大体一致。[③]因种种原因，具体招股效果很难统计，但在1908年七八月间，盛宣怀在与李

① 盛宣怀：《致山东袁中丞函》，《盛宣怀未刊信稿》，第119页。

② 《盛宣怀致吕海寰函》，《汉冶萍公司》二，第644—645页。

③ 《汉冶萍公司档案史料选编》上，第241—249页，辑录了盛宣怀分别致熊希龄、陈夔龙、袁钰生、左廉访、绍英、宗耿吾、奎俊、溥伦、吴重熹、沈瑜庆、陈邦瑞、恽毓鼎、吴蔚若、陆润庠、韩古农、杨士琦等人的一系列函件，其中都是兜售股票的。

维格商讨招股事宜及方案时曾提到京股的说法："老股原议五百万，悉照票面收条一律优先酌分红利；兄谓真老股只有三百万元，此外老股加一百万元，京股作为老股一百万元，须有分别。绥卿谓宜准新股先入者五百万亦作优先。"[①]这里所谓的京股，应该是指盛氏准备在北京同僚中吸收到的资金。另，1908 年 9 月初，盛宣怀称，已经招到 800 余万元；此后至 1909 年初，招股基本上没有新的进展。由此判断，盛氏同僚的投资应该主要集中在 1908 年 9 月之前，数额可能在 100 万元以内。

盛宣怀通过运用自己的政治能量而不是企业的市场感召力来招集股份，必然存在严重缺陷：投资人主要是其亲属友朋及官场同僚，所招股份有限。1908 年至 1909 年初的招股形势反证了这一点。原预期招集 2000 万元的目标，至 1908 年 8 月只招到 800 余万元，此后至 1909 年初也没有多少进展。连为召开股东大会筹足 1000 万元的股份目标，都不可能实现。[②]对此，盛宣怀颇为焦急。[③]为了按时召开股东大会，1909 年 3 月左右，盛氏不得不将自己的个人私产大笔投入汉冶萍以充实股份。[④]与此同时，盛宣怀宣布"股份一千万已招足，准于三月十五在沪开会，三月底发息，即日登报，并函致百份之上股东届期赴会投标公举董事及查账员"[⑤]。

---

① 《盛宣怀致李维格函》，《盛宣怀实业函电稿》下，第 848 页。

② 《推广加股详细章程》中并未有股份招足半数即可开会的规定。但盛宣怀于 1908 年 9 月 1 日致李维格函谈及开股东会事说："凑成一千万元，得半之数即可开会，照章办事。"参见《汉冶萍公司》三，第 22 页。

③ 1909 年 3 月，盛宣怀致函李维格等说："查去年原咨农工商部订明照章开会，举董查账，如再稽延，不特后批股份无可再招，即以前股份亦多纷纷谣豚〈诼〉，于信义上实说不起。况弟入都，政府问起将何以对。"参见《盛宣怀致李维格、邱瑞麟函》，《汉冶萍公司》三，第 69 页。

④ 在招股已冷清多日的情况下，短短的两个月时间内要招到 200 万元的股份是很困难的事情。据易惠莉估计，这可能是盛宣怀个人资金的大笔投入。易惠莉：《二十世纪盛宣怀研究》，第 451 页。

⑤ 《盛宣怀致李维格、邱瑞麟函》，《汉冶萍公司》三，第 69 页。

正常情况下，公司招股是要依靠市场来运作。然而，1908—1909年汉冶萍的招股却是依靠盛宣怀的政治能量来进行的，是极具中国特色的现象。联系本章前述内容，这一看似奇特的现象，实则盛宣怀加强对汉冶萍控制目的的正常反应。同时，这也更进一步说明，在中国政治权力支配一切的政治制度和文化背景下，管理者的思想、眼界、决策动机以及经营理念是股份制的企业制度能否正常运作的根本保证。

1909年5月16日，汉冶萍历史上的第一届股东大会顺利召开，会议选举出权理董事、查账董事，董、监事会成立。会上还由股东议决了一些相关问题。因此，这次大会在汉冶萍历史上有着里程碑的意义，标志着汉冶萍公司股份制商办体制的正式建立。然而，由于该股东大会是在非正常的前提条件下召开的，其真实意义大大降低。

三　实例三：公司法人治理结构的运作

分权制衡是股份制公司法人治理结构的本质特征。然而，盛宣怀构建的汉冶萍公司法人治理结构在运作上都脱离了这一原则。

分权制衡原则下，总经理、副总经理等受聘于董事会并对董事会负责。然汉冶萍经理层的产生根本上脱离了这一原则。盛宣怀的总协理职位继承于官督商办时代的督办，对于其他人员则由其一手包办任命。管理阶层的重要人事，他基本上承继了官督商办时代的原班人马（参见表3—3），只不过是职位名称换了名头。最典型的是对于李维格的安排。在盛宣怀心中，李维格并不是他最为亲近的人员，但李氏的品格、业务知识、工作能力和态度是他所看重的，于是，他通过上奏，将李维格的协理职位从传统总办承袭下来①，且任期是无限制的。通过这样的安排，盛氏基本保证了汉冶萍的大小事权完全集中在他本

① 《盛宣怀奏委李维格为公司协理片》，《汉冶萍公司档案史料选编》上，第233页。

人和李维格手中，“在辛亥以前，事权集于总、协理”，“办事实权皆在汉阳，北京、上海遥为节制，无实在执行之权”①，董事会对此无权过问。

董事的产生及董、监事会的职权则是按照盛宣怀的意志运转的。盛氏很重视董事的人选。1908 年 8 月 9 日，他致函李维格谈汉冶萍招股和董事人选时说：“权理董事，上海、北京拟订五人，汉口四人，渭臣以外三人请速酌定，密示。查账员二人，一系顾晴川，一系孙法臣即周扶翁之旧伙计，徽州人，此公极明白公正。届时须请阁下与渭臣到沪一行，俟定期再行预告。”②一个月后，当在日本的盛宣怀听说美国要办理汉阳铁厂的谣传后，迅速致函李维格要他加快准备汉冶萍的公司制建设步伐，并对董事人选再次作出安排：“至于权理董事，上海李云书（浙人）、顾永铨（苏人，或顾晴川，亦是苏人。晴川或须留以查账）、何伯梁（皖人，即何芷舫之子）、王子展（杭人，或由招商局另举一人）、何晓初（粤人），汉口宋渭臣之外应举何人，请即与渭翁酌拟示知，或四或五均可。如目前先集只有二百万，便只可四人。倘无人充补，李幼云曾愿意，其考察制币，年内即回汉也。鄙见此权理董事九人，弟回沪开会即须举定。”③而这些人员最终都如期选进 1909 年 5 月第一届股东大会的董事和查账人名单（参见表 4—1）。在董事会筹备阶段已经拟订好了董事人员名单，这不符合董事、董事会产生的程序。由第一届股东大会董事人选的安排，很容易推想第二届股东大会董事人选安排情况。为有助于了解董事的身份，笔者将这两届股东大会所选查账董事和权理董事列表 4—1。

笔者试图对表中所列人员的身份及和盛宣怀的关系做出翔实的考证，限于资料，收获不大。但从轮船招商局和中国通商银行的资料中发现：这些人身兼招商局或中国通商银行的股东或董事，有的还在招商局

① 《公司股东联合会致董事会函》，《汉冶萍公司档案史料选编》上，第 420 页。

② 《盛宣怀致李维格函》，《汉冶萍公司》三，第 19 页。

③ 同上书，第 26—27 页。

任重要的职务。联系上述投资人主要是盛宣怀亲戚、友朋和官场同僚的史实，不难推测，他们基本上都是盛宣怀亲近和信赖的人物，并构成了一个势力集团，在招商局、通商银行、汉冶萍中居于重要地位。

表4—1　　第一、二届股东大会选出的查账人和权理董事名单

第一届股东大会	查账董事	顾晴川、施禄生
	权理董事	王子展、顾咏铨、宗子戴、张月阶、何伯梁、罗焕章、严子均、聂云台、李云书
第二届股东大会	查账董事	冯晓卿、邵子愉

资料来源：《汉冶萍公司档案史料选编》上，第253—254、256页。

显然，任人唯亲和暗箱操作仍然是盛宣怀安排董事人选的原则和方法。对此，他丝毫不隐讳，在第一届股东大会召开前的4月29日，邀请宗子戴参加会议并安排他充任董事时公开说：

> 按照商律开股东会选举董事。执事精于会计，似可在选举之列。惟照章必须有自己股份五百股以上者方能合格。除尊处经招各股附上广告入场券外，兹特将外埠商股五万七千元计一千一百四十股花名字号抄单附上，届期即请台驾来沪，并请就近邀数人到会，以便投筒。此间揆臣经手，各股皆可心领神会也。①

“心领神会”一词传神地表明，汉冶萍的董事及董事会不过是一张粉饰企业现代性的牌子，本质上是盛氏用来专权的一种手段。所谓的董事“选举”不过是走过场和给盛宣怀的决策以“合法”外衣而已。

作为盛宣怀亲信，董事们在执行职责时，很难按照分权制衡的原

① 《盛宣怀致宗子戴函》，《汉冶萍公司档案史料选编》上，第250页。

则行事，而只是依据私人关系无原则地按照盛氏的意图行事。即便如此，盛宣怀对董事会还不放心，时刻准备改变董事会的组成以加强控制。辛亥革命前夕，汉冶萍公司与日本商谈“1200万元预借生铁价值续合同”时，盛宣怀对日本正金银行驻北京董事小田切说：“公司董事中不同色彩人物有二、三名，如将该合同提交董事会，恐有引起意外纠纷之虞”，“目前常为此焦心苦思……俟最近董事改选后，将总管理处设在汉阳，由上海之杨学沂和萍乡煤矿总办等心腹董事组成，然后履行本合同。”①为达到完全控制公司董事会的目的，盛宣怀一直在策划成立一个新的机构，以与董事会相抗衡。

既然经理层、董监事会的人事完全受控于盛宣怀，股东大会作为公司最高权力机构的职能，自然形同虚设了。按照《推广加股详细章程》规定，股东大会一年一次，且在发放股份官利的三月（中国传统农历年——引者注）之前。然而，晚清末年汉冶萍股东大会难以及时正常召开。1910年的第二届股东大会一直推迟到该年12月才召开，1911年却没有召开股东大会（当然，与该年爆发辛亥革命有一定的关系）。同时，就第一、二届股东大会所议问题看，基本上没有涉及公司的重大问题。第一届股东大会只是由盛宣怀、李维格等人作了相应的报告，并选举出查账人、权理董事了之。②第二届股东大会上，除了李维格等人的报告外，有两个议题：一是公司轮驳是否另立公司，二是选举新的查账人和讨论查账人的任期。③而同一时间内发生的公司重大事务，如：生产、对内对外销售、外债等主要和重点问题都没有涉及。股东们通过投票对公司重大事务决策的神圣权力根本没有得到行使。如果用“地位低下”来描述股东大会的作用，还能够显现出其具有一定地位的话，那么，当时汉冶萍的股东大会根本就是形同虚设。

① 《旧中国汉冶萍公司与日本关系史料选辑》，第212页。

② 参见《汉冶萍公司档案史料选编》上，第250—253页；《汉冶萍公司》三，第77—94页。

③ 参见《汉冶萍公司档案史料选编》上，第254—256页。

正如1912年3月公司临时股东大会议案中所揭示的：

> 凡股东之于公司，有议决改革及查账之权，所以防办事员之舞弊也。中国股东向来习惯放弃权责，股票到手，视同田业，只求官息之得失，不问成效之有无，即如本公司去年续借日款六百万元即此次擅订合办之约，是类重大事件，盛氏独断独行，股东尚无一知者，遑言其他。①

不可否认，股东对于自己在企业中的地位和权力还没有充分的认识，这直接影响到了股东大会决策权力的发挥。但盛宣怀的独断专行，是股东大会难以发挥其应有作用的至关重要因素。联系本章前述内容，这又何尝不是盛宣怀的一手安排呢？

由上可见，汉冶萍公司的股份制公司制度基本上背离了近代股份制企业制度分权制衡的运作模式，其实质是构建起了盛宣怀的专权，汉冶萍的大小事务都由盛氏一人决策和做主。而以盛氏亦官亦商的身份，他在管理企业的理念和方式上根本脱不了封建传统政治的思维逻辑和方法，致使汉冶萍诸企业中充斥着浓厚的官场气息，状况和传统的官办企业有着更多的雷同之处。因此，汉冶萍公司建立的近代股份制，只是做到了“形似”而远未达到“神似”。②

第四节　官权护卫下汉冶萍公司的表面繁荣和潜在隐忧

一　官权保护与汉冶萍公司的国内钢轨销售

产品销售是企业实现利润的一个重要环节。如果产品销路不畅，

① 《公司临时股东大会议案》，《汉冶萍公司档案史料选编》上，第256页。

② 吴承明先生认为，汉冶萍公司合并商办后，清廷派孙武为督办，盛宣怀为总理。盛为邮传大臣，亦官亦商。因此，汉冶萍公司实际仍是官督商办。参见《中国资本主义发展史》二，第818页。

企业必然亏损甚至倒闭。晚清末年，汉冶萍公司的销售和盈亏状况怎样呢？

作为一家大型煤钢铁联合企业，汉冶萍公司的产品种类很多，生铁、钢货、矿石、焦炭、生煤等都属于它用于销售的产品。但是，其主打产品是生铁和钢货，钢货中以钢轨为主。产品主次形成的原因，和汉、冶、萍三厂矿的功用、地位以及汉冶萍的产品定位有关。

汉冶萍公司的主体是汉阳铁厂，大冶铁矿和萍乡煤矿的主要职能是满足铁厂的原料需求。盛宣怀曾确切地描述三者之间的关系："汉冶萍三处如身首尾之相联属，若有萍冶而无汉厂，犹有身尾而无头目，不得谓之完人，况两矿盈亏全视汉厂为伸缩"，"汉、冶、萍三处惟汉厂局面最大，用款亦最多"①。为更直观地显示汉阳铁厂的主体地位，笔者以1908—1911年公司各种产品销售总值及所占比重来说明。请看表4—2。

表4—2　　1908—1911年公司各种产品销售总值及所占比重②

年份	单位＼品种	生铁	钢货			矿石	焦炭	生煤	总计
			钢轨及附件	其他钢料	小计				
1908	总值：千两	892.8	774.1	79.4	853.5	303.6	1085.3	887.0	4022.2
	折银元：千元	1253.9	1087.2	111.5	1198.7	426.4	1524.3	1245.8	5649.2
	比重:%	22.20	19.25	1.97	21.22	7.55	26.98	22.05	100
1909	总值：千两	1134.5	1491.4	140.1	1631.5	243.8	1155.3	1584.0	5749.1
	折银元：千元	1593.4	2094.7	196.6	2291.4	342.4	1622.6	2224.7	8074.6
	比重:%	19.73	25.94	2.44	28.38	4.24	20.10	27.55	100
1910	总值：千两	1428.6	2025.0	131.1	2156.1	266.0	1888.0	1841.1	7579.8
	折银元：千元	2006.5	2844.1	184.1	3028.2	373.6	2651.7	2585.8	10645.8
	比重:%	18.65	26.72	1.73	28.44	3.51	24.91	24.29	100

① 《盛宣怀致李维格函》，《汉冶萍公司》三，第72—73页。

② 转引自代鲁《汉冶萍公司的钢铁销售与我国近代钢铁市场（1908—1927）》，《近代史研究》2005年第6期。

续表

年份	单位＼品种	生铁	钢货：钢轨及附件	钢货：其他钢料	钢货：小计	矿石	焦炭	生煤	总计
1911	总值：千两	1979.6	1328.4	75.6	1404.0	268.7	1223.5	1444.3	6320.1
	折银元：千元	2780.3	1865.4	106.2	1971.9	377.4	1718.4	2028.5	8876.5
	比重:%	31.32	21.02	1.20	22.22	4.25	19.36	22.85	100

资料来源：除1909年引自湖北省档案馆藏《汉冶萍公司商办调查历史》（公司自刊本，未注出版日期），余均据湖北省档案馆藏历届《公司账略》。

说明：（1）总值单位原为汉口洋例银两，银元数值按1元=0.712两折算，此折合率系据公司历年所用平均得出，或更接近实际。（2）1909年因《调查史》未列矿石一项，该年矿石销售值，由交售日本矿石量按交价3日元计算，再以0.85折合率，折为洋例银两。（3）1911年各数值，均为至旧历八月即武昌起义前夕的销售值。

表4—2显示，生铁和钢货的销售值在1908—1911年的所有产品年销售总值中分别占到43.42%、48.11%、47.09%、53.54%，占年销售总值的一半左右。矿石销售值所占比重较小。生煤和焦炭两项的销售值在1908—1911年的所有产品年销售总值中则分别占到49.03%、47.65%、49.20%、42.21%。从比重上看，萍乡煤矿的生煤和焦炭销售值，与汉阳铁厂的生铁和钢货销售值几乎是不相上下。可是，需要注意的是，当时汉阳铁厂、萍乡煤矿和大冶铁矿的会计是独立核算的，表4—2所列出的销售总值，是各单位所有的年销售额，其中包括这三家单位之间的互销售。换句话说，表4—2所列销售总额包括了公司各种产品销售值的自用额。如果将汉冶萍作为一个整体来核算的话，是应该剔除这部分自用额而考察销售净值的。因缺乏完整资料，这部分自用额是无法剔除的。但据现在能够查到的1923、1924年的资料看，铁和钢货的自用额很小，生煤达到近20%，矿石达40%，焦炭更达80%—90%。①因这一数字具有一定的代表性，由此可

① 转引自代鲁《汉冶萍公司的钢铁销售与我国近代钢铁市场（1908—1927）》，《近代史研究》2005年第6期。

以推断，晚清汉冶萍公司各种产品的净销售总值中，生铁和钢货净销售值约占到70%左右。也就是说，公司各种产品净销售值的约70%，是通过钢铁产品来最终实现的。

汉阳铁厂的产品从铁厂筹建开始就主要定位在生铁和钢轨上。张之洞当年的主要目标是为满足芦汉铁路的钢轨之需。1896年盛宣怀接办铁厂后仍然坚持这一定位，并为铁厂赢得在全国销售钢轨的权利。这在官督商办章程第六条中写得很清楚。这样，产品的历史定位和厂矿自身特点决定了汉冶萍的主打产品是生铁和钢轨。于是，晚清汉冶萍钢铁销售的畅旺与否，直接决定着企业生存和发展的成败。

就晚清国内外钢铁市场形势看，汉冶萍公司面临着良好的市场机遇。当时，国内掀起修筑铁路高潮，钢轨需求量剧增，本已享有向各省铁路公司售轨特权的汉冶萍公司获得了大赚利润的良机。同时，国际市场上对钢铁的需求量也很大，汉冶萍公司的对外生铁销售一度扩展到日本、美国、越南、泰国、新加坡、印尼、缅甸等地。

然而，汉冶萍也面临着洋轨的强有力竞争。晚清时期中国自建铁路中，自有资金很少，主要靠借洋债修路，外债融资额约占82%①，这样，列强在和清廷签署铁路借款合同时，基本都把使用钢轨等钢货的用料特权写进协议中，这对汉冶萍的钢轨等钢货销售又非常不利。②再加上随着技术改建、扩建的顺利进行，铁厂的生产规模越来越大。洋轨的竞争必然使汉冶萍的钢轨销售面临较为严峻的形势。牢牢抓住

---

① 严中平等编：《中国近代经济史统计资料选辑》，科学出版社1955年版，第190页。

② 如：与英国华中铁路有限公司、德国上海德华银行签订的《津浦铁路借款合同》(1908年1月13日)、《津浦铁路续借款合同》(1910年9月28日)中的第十八款都规定："此铁路南北两段于造路期内，德华银行暨华中铁路有限公司，作为此铁路经理购买须由外洋运来各材料机器什物之人……德英所制货物，若质料及价值，与他国所制者相同，南北段应先尽由德英购买……中国材料及经在中国制造之货物，若质料价值，与德英或他外洋材料相同，自应先尽购买，以鼓励中国工艺。"参见沈云龙主编《中国铁路借款合同汇编》上，台北，文海出版社，第267—268、283—284页。汉冶萍公司失去了优先购买的优惠特权。

国内的钢轨销售市场对汉冶萍来说显得非常关键。

适逢其时，盛宣怀在清廷官场中的政治地位得以提升，这为汉冶萍获得政治保护提供了有利条件。1908 年 3 月，他被任命为邮传部右侍郎，旋又被任命为商约大臣。1911 年 1 月升为邮传部尚书；5 月清廷建立责任内阁，他又任邮传部大臣。至此，盛氏在清廷官场中的地位颇为显赫，达到了人生的第二个顶峰。于是，盛宣怀用政治权力不断为汉冶萍提供各种优惠和便利，最典型的莫过于不遗余力为公司的钢轨销售保驾护航。

事实上，盛宣怀一直致力于用自己手中的政治权力为铁厂提供所需的保护。1905 年辞去全国铁路总公司督办之前，他努力将汉阳铁厂钢货销售的优惠权利写进他所经手的铁路外债合同中，典型的是芦汉铁路借款合同。[①] 1908 年之后更是不遗余力。8 月，升任邮传部右侍郎的盛氏致函自己的顶头上司、邮传部尚书陈璧，表达了官权保护的意向，“汉冶萍已经注册商办，各省路局应用轨料，尚蒙提倡而卵翼之”[②]。此后，他主要展开了以下几项活动。

其一，谋求将汉冶萍的优惠特权写进津浦铁路借款合同中。在 1907 年底 1908 年初津浦铁路合同签字之前，李维格曾奏请“铁路材料悉归汉厂自造”，但最终结果“未能如京汉等路合同，先尽中国材料自用，竟为英德所持”。津浦铁路督办吕海寰与盛宣怀是儿女亲家结交深厚。他极力争取将汉冶萍钢货销售写进合同，但“屡争无济”[③]，汉冶萍不得不降至与其他外国企业一起竞标的地步。后经吕海

① 1897 年 5 月 27 日签订的《芦汉铁路借款合同》第十一款规定：“凡造此铁路应用料件，除中国自行制造，以及将来自造之外，其中国尚未能自造之件，欲向外国购办，由督办大臣与比国公司所派监察之员酌定”。1898 年《芦汉铁路比国借款续订详细合同》第二十五款进一步规定：“营造汉保全路，及行车后所需制造材料，除汉阳各厂所能造者先尽购办外，皆归比公司承办。”参见沈云龙主编《中国铁路借款合同汇编》下，台北，文海出版社，第 338、362 页。

② 《盛宣怀致陈璧函》，《汉冶萍公司档案史料选编》上，第 241 页。

③ 盛宣怀：《寄北京张中堂梁尚书》，《愚斋存稿》卷 74，电报 51，总第 1584 页。

寰争取，汉冶萍公司赢得了津浦铁路北段的钢轨销售权。

其二，1909 年他还谋求粤汉、川汉铁路对汉冶萍公司的优惠。2 月 4 日，他致电主持粤汉、川汉借款谈判的张之洞等人，“汉厂添造化铁大炉及马丁大钢炉四座，下半年每日可出钢铁六百吨之多……闻粤汉、川汉借款已定，请检查比国京汉合同第二十五款、美国粤汉合同第九款、津浦合同第十八款，务求留意自保利权……若将此数干路轨料甘让外人，则此厂永难起色矣”①。以张氏对于铁厂的渊源和感情，他会竭尽全力来保证这一条款。尽管如此，盛氏仍不放心，5 月 19 日，他再次致电张之洞说：“闻洋公司争购洋料甚力……此两干路独屏除中国之料而不用，中堂谅不出此……川汉、粤汉倘不能如京汉得‘尽先’字样，降至如津浦中外一起开标，汉厂不得亦必不止一半。厂为中堂创成之厂，成败利钝关系非小，谅无俟乎乞恩也。”② 5 月 26 日张之洞回电说“现正与外人磋商，列入借款草约”③，盛宣怀心中的石头才落了地，回复说：“借款尽先购用本国材料，仰蒙极力维持，感铭肺腑……钢货销场专恃铁路，铁路用轨莫多于川粤。如川粤不用本国材料，钢炉钢厂势必停闭大半……务求中堂放手大胆订立合同，勿稍怀疑退让。”④ 6 月 6 日，在最后签署的粤汉、川汉铁路借款草合同的附件中明确规定了汉冶萍钢轨销售优先权：“至钢轨，言明一半购买承办借款之国及其他国之货，一半购买汉阳铁厂所造之货，如汉阳铁厂所造钢轨实在不敷应用，亦可多购承办借款之国及其他国之货，以免延误工程，如汉阳铁厂所造钢轨足敷应用，亦可多购。”⑤可是，该草合同最终未能实施。

---

① 盛宣怀：《寄北京张中堂梁尚书》，《愚斋存稿》卷 74，电报 51，总第 1584 页。

② 盛宣怀：《寄张中堂》，《愚斋存稿》卷 74，电报 51，总第 1587 页。

③ 《张中堂来电》，《愚斋存稿》卷 74，电报 51，总第 1587 页。

④ 盛宣怀：《寄张中丞》，《愚斋存稿》卷 74，电报 51，总第 1587—1588 页。

⑤ 王铁涯主编：《中外旧约章汇编》中，生活·读书·新知三联书店 1957 年版，第 581 页。

其三，1910年初，盛宣怀为锦（州）瑷（珲）铁路和吉长铁路的用轨问题进行交涉。锦瑷铁路借款是由东三省总督锡良负责谈判、借英美之款办理的。1月25日，在锦爱铁路借款草合同签字后5天，盛宣怀致电锡良："锦珲路长款巨，用轨必多，务求台端主持列明合同，以免外人攘夺。至汉厂现炼钢货为最上品。各省铁路均已购用。"①同日，他还致电外务部、邮传部、农工商部寻求支持②。第二天，锡良回电告知："昨定草合同本有'先尽购用'中国合宜材料一条，将来如该路开工，自应极力主持，以免利权外溢。"③接着，邮传部也连回两电，给予答复。但最终该借款未成。吉长铁路酝酿很早，但直到1909年8月才与日本正式签订借款细目合同，其中未有用料规定。1910年2月，盛宣怀致电梁士诒要求他主持定议。④梁氏本为袁世凯北洋系人物，但在2月19日的回电中仍然给予支持："吉长购轨，按例本应投标……投标一经拟定，当即函知汉厂。倘汉厂价与他厂相等或稍有参差，将来仍择用汉厂之标，以保商利，而副尊意。"⑤3月，吉长铁路开始招标后，梁士诒直接把标价"电商汉厂"，并"饬知吉长总办与汉厂订定合同"⑥。盛宣怀的努力赢得回报，1908、1909年汉冶萍公司订货充足，几有应接不暇之势。⑦

1911年，因扩建工程基本完工，汉冶萍公司的钢铁生产成倍增长，需要拓展更广大的钢轨销售市场。于是，1月升任邮传部尚书、5月改任邮传部大臣的盛宣怀，为汉冶萍的钢轨销售提供了更大的保护

---

① 盛宣怀：《寄奉天锡清帅》，《愚斋存稿》卷75，电报52，总第1603页。

② 盛宣怀：《寄外务部、邮传部、农工商部》，《愚斋存稿》卷75，电报52，总第1603页。

③ 《锡清帅来电》，《愚斋存稿》卷75，电报52，总第1603页。

④ 《寄北京梁燕生京卿》，《愚斋存稿》卷75，电报52，总第1604页。

⑤ 《邮传部梁参议士诒来电》，《愚斋存稿》卷75，电报52，总第1604—1605页。

⑥ 《北京梁参议来电》，《愚斋存稿》卷75，电报52，总第1606页。

⑦ 1910年8月，盛宣怀上奏要求再次扩充汉冶萍公司时说，钢轨"随造随售，毫无压积"。参见《盛宣怀：再事扩充汉冶萍公司奏稿节略》，《汉冶萍公司》三，第149页。

力度。5 月 9 日，盛氏所支持的铁路干线国有政策获清廷批准。5 月 20 日，盛宣怀与英德法美四国银行团重签粤汉、川汉铁路借款合同，将 1909 年 6 月借款合同中“一半购买汉阳铁厂之货”条款，改为钢轨并其附件等“应由汉阳铁厂自行制造供用”①。7 月 1 日，盛宣怀还主持签订了邮传部款项处与汉阳铁厂订定预付轨价的合同，为汉冶萍提供销售市场和资金支持双重保护。② 8 月，盛宣怀还以邮传部的名义，公布了《八十五磅钢轨及附属品制造验收通行章程》（即标准），并通知全国各干路一律遵守。③ 这样，晚清末年汉冶萍的国内钢轨销售市场相当广阔。见表 4—3：

表 4—3　　1908—1911 年公司销售钢轨料件铁路客户④

年份	铁路客户
1908	京汉、苏、浙、闽、粤
1909	苏、浙、闽、广九、南浔、津浦、长株
1910	京汉、苏、浙、京张、津浦、广九、道清、长吉
1911	京汉、京张、津浦、潼洛、粤汉、道清、长吉、同浦、张绥

资料来源：湖北省档案馆藏历届《公司账略》。

二　1908—1911.9 汉冶萍公司的短暂繁荣

以 1908 年为分水岭，汉冶萍公司的经营状况判若两人。在此之前一直是亏损经营。而 1908 年后的晚清最后几年中呈现出一派繁荣景象，其生产和效益都呈现出良好的发展势头。这在汉冶萍的发展历史上尚属首次。笔者仅就公司的钢铁产量和历年盈亏列表如下：

---

① 《湖北、湖南两省境内粤汉铁路、湖北境内川汉铁路借款合同》，《中国近代铁路史资料》下，第 1230 页。

② 《邮传部款项处与汉阳铁厂订定预付轨价合同》，《汉冶萍公司》三，第 187 页。

③ 参见《汉冶萍公司档案史料选编》上，第 491—495 页。

④ 转引自代鲁《汉冶萍公司的钢铁销售与我国近代钢铁市场（1908—1927）》，《近代史研究》2005 年第 6 期。

表4—4　　公司历年生铁、钢产量及指数（1906—1912）①

年份	生铁		钢		附：全国总产量	
	产量（吨）	指数（%）	产量（吨）	指数（%）	生铁（吨）	钢（吨）
1906	50622	76.23	—	—	50622	—
1907	62148	93.58	8538	37.74	62148	8538
1908	66410	100	22626	100	66410	22626
1909	74405	112.04	39000	172.37	74405	39000
1910	119396	179.79	50113	221.48	119396	50113
1911	93337	140.55	38640	170.78	93337*	38640
1912	7989	12.03	3321	14.68	7989	3321

资料来源：（1）公司生铁、钢：据湖北省档案馆藏《汉冶萍公司商办调查历史》。（2）全国生铁：据严中平等编《中国近代经济史统计资料选辑》，科学出版社1955年版，第127页。有*号的数字，据公司产量作了调整。（3）全国钢：据公司产量。

表4—5　　1908—1912年汉冶萍公司历年盈亏表②　　单位：元

年份	盈数	亏数
1908	61883.50	
1909	15400.53	
1910	64151.71	
1911		2301500.85
1912		2872075.52

资料来源：《汉冶萍公司事业纪要》、《汉冶萍商办历史调查》、《汉冶萍公司档案》。

先看表4—4的钢铁产量。笔者以1908年的钢铁产量为参照，指数定为100，那么，1909、1910、1911这三年的钢铁产量都呈大幅度增长之势。1910年生铁和钢产量的指数分别达到179.79和221.48，

① 该表部分数据转引自代鲁的《汉冶萍公司的钢铁销售与我国近代钢铁市场（1908—1927）》（《近代史研究》2005年第6期）的统计，部分则引自《汉冶萍公司志》第26页。

② 转引自《汉冶萍公司志》，第125页。

是这几年中形势最好的，达到一个高潮。1912 年钢铁产量跌到了低谷。再看表 4—5 的历年盈亏状况。1908、1909、1910 这三年，经营都是盈利的，1910 年的状况最好。1911 和 1912 年则都又出现了亏损。值得注意的是 1911 年，本年钢铁产量呈增长态势，但经营却是亏损的。导致这一局面的直接原因是该年 10 月爆发的武昌起义，“是年正月至八月，出货顺利，销场畅旺……自八月十九日武昌起义，烽火弥天，警耗迭至，保护洋匠出险，资遣工匠回籍，机炉息火停炼，材料委弃遍地。当南北鏖战之时，移铁作墙，炉顶架炮，其不至全局被毁者，诚邀天幸……事后修治经年，甫得开炉，而商业未复，元气大伤，金融恐慌尤达极点”①。因地处起义中心的武汉遭受战火蹂躏，汉冶萍良好的发展势头受到了遏制。上两表直观显示出 1908—1911 年 9 月间汉冶萍公司短暂繁荣的局面。

客观地说，导致汉冶萍公司此期能够盈利的因素很多，与汉阳铁厂技术改建扩建的完成、全国掀起的修筑铁路高潮及海外市场的开拓都有密切关系。汉阳铁厂技术改造的完成，使制约汉冶萍生产的技术瓶颈得以彻底消除。同时，随着技术扩建工程的顺利进展，汉冶萍的生产能力大大提高。这为此期汉冶萍的繁荣奠定了基础。另外，当时全国掀起的修筑铁路高潮及海外市场的开拓，也为晚清汉冶萍公司的盈利提供了良好的机遇。还有一个不可忽视的因素是，因欧洲处于第一次世界大战的前夕，对钢铁需求的增加又带动了钢铁价格大幅度上扬。这都为汉冶萍公司在晚清末年的盈利提供了条件。

然而，笔者认为，汉冶萍短暂繁荣的决定性因素来自盛宣怀提供的官权保护。盛宣怀提供的政治保护是多方面的，即如上述的确保国内钢轨销售一项来说，就足以决定汉冶萍公司的命运。具体请看汉阳铁厂 1908—1911 年的产品销售情况：

---

① 《汉冶萍公司第四届账略》，《汉冶萍公司档案史料选编》上，第 568 页。

表4—6　　1908—1911年汉冶萍钢铁销售比重变化表①　　单位：%

年份	汉阳铁厂销售额	钢轨销售比重	生铁销售比重	钢料销售比重	其他销售比重
1908	100	37.5	43.2	3.8	15.5
1909	100	49.5	37.7	4.7	8.1
1910	100	51.5	36.1	3.0	9.4
1911	100	35.0	52.0	0.2	12.8

资料来源：汉冶萍公司历届账略。

表4—6显示，作为汉冶萍主打产品的生铁和钢轨，其销售情况大体平分秋色。需要强调的是，有部分生铁是用来生产钢轨了，也就是说，部分生铁价值是通过钢轨的最终销售实现的。这样算来，钢轨的销售比重要远高于表4—6所列。笔者在前面已经初步估计，汉冶萍70%的净销售值是通过钢铁产品销售实现的，而钢轨又占到其中的很大部分，由此可以肯定，钢轨销售对于汉冶萍盈利与否具有决定性影响。在这种情况下，盛宣怀不遗余力为钢轨销售寻找市场，实际上成为汉冶萍盈利的最主要保证。下面这段话从一个侧面暗示出盛宣怀政治保护的作用和力量：

> 汉厂之大希望在路轨，乃新厂既成，各路停滞；及各路开工，而洋厂竞争……清廷铁路干路国有之政策亦定，钢轨可望畅销，公司前途方相庆幸，而武汉事起，炮火连天，破坏之不暇，尚何进行之有。②

因此，在诸多导致盈利的因素中，盛宣怀所提供的官权保护是决定性因素，和汉冶萍股份制体制功能的发挥关系不大。

① 转引自《汉冶萍公司志》，第31页。

② 《汉冶萍公司历史说略》，《汉冶萍公司档案史料选编》上，第316页。

三　巨额的外债隐忧与步上日本控制的不归路

晚清末年，与汉冶萍公司生产和效益同步增长的，还有其外债。继1903—1907年一系列对外借款后，1908年至1911年武昌起义前，汉冶萍公司的外债急剧增长，主要的大额债项列表如下：

表4—7　　1908—1911年汉冶萍公司所借外债表①

借款日期	债权人	借款数额	利率	年限	抵押和担保
1908.6.13	日本横滨正金银行	150万日元	年息7厘5	10年	汉冶萍公司原有矿山及其他财产和九江大城门铁矿山作抵押
1908.11.14	日本横滨正金银行	50万日元	年息7厘5	10年	同上
1908	麦加利银行	158308 库平两			
1908	汇丰银行、德华银行、礼和洋行、捷成洋行	656440 库平两			
1909.3.21	日本汉口正金银行	洋例银50万两	年息8厘	2年半	公司汉口地契自一至六号共二十六张作抵，盛宣怀本人作保
1910.4.23	华俄道胜、法国汇理银行	935100 库平两	年息8厘		

① 关于此期汉冶萍对外借款的次数和数额的计量单位，许毅等著的《清代外债史论》（中国财政经济出版社1996年版，第653—669页）、徐义生编的《中国近代外债史统计资料（1853—1927）》（中华书局1962年版，第28—53页）和武汉大学经济学系所编的《旧中国汉冶萍公司与日本关系史料选辑》（上海人民出版社1985年版，第1114—1116页）等，在统计上有较大出入。在债项统计和1908年的麦加利借款，汇丰、德华、礼和、捷成借款，1910年的华俄道胜、法国汇理银行借款，1910—1911年的日本义品洋行借款上，笔者采用了许毅的统计；其他信息则分别参阅了《旧中国汉冶萍公司与日本关系史料选辑》第1114—1115页；《汉冶萍公司》三，第12—13、40、151—152页等。

续表

借款日期	债权人	借款数额	利率	年限	抵押和担保
1910.4—1911.10	日本义品洋行（六合公司）	300 万库平两			
1910.9.10	日本横滨正金银行	100 万日元	年息 7 厘	2 年	与本表第一项同
1910.11.17	日本横滨正金银行	912375 库平两	年息 7 厘	10 年	与本表第一项同
1911.3.31	日本横滨正金银行	600 万日元	年息 6 厘	15 年	合同未提抵押担保事

表4—7显示，日本几乎独占了对汉冶萍的借款，延续了1903—1907年日本对汉冶萍借款的强势。纵观1903—1911年间的日债，它们在抵押、担保及预借矿价或生铁价款的还款方式上有着诸多相似之处。但和1903—1907年间借款相比，此期借款的款额越来越大，次数越来越多，短短三年间的借款额超出了前5年的两倍以上。①

从日本政府的指导思想看，1908—1911年间和1903—1907年间的日债在本质上是一致的，都是由通过贷款进而控制汉冶萍、从而为八幡制铁所谋求优质铁矿原料的战略所决定的。1905年，日本的这一指导思想已经制度化。汉冶萍合并商办后，日本通过和盛宣怀建立起良好的私人关系来加强对汉冶萍的渗透。这在《愚斋东游日记》中有充分的体现。在这种良好关系的背后，日本逐步建立起对汉冶萍的特殊地位。②这种"特殊地位"实际上就是通过对汉冶萍借款以及由此获

① 代鲁：《汉冶萍公司所借日债补论》，《历史研究》1983年第4期。

② 对此，日本方面毫不隐讳。1911年2月15日，日本正金银行董事小田切致总行代理总经理山川勇木函说："我国与汉冶萍公司之关系，今日已处于不易分离状态。"4月26日，日本驻中国公使伊集院致外务大臣小村电说："如本案（1200万元借款案——引者注）终不能成功，则对将来恐别无保障之途，而且从前经过种种苦心与策划所逐渐赢得的我方对汉冶萍公司的特殊地位，亦将难免毁于一旦。"分别参见《旧中国汉冶萍公司与日本关系史料选辑》，第190、198页。

得的种种特权而保证的、日本优于其他列强的、对汉冶萍的控制。基于此，日本对于汉冶萍的野心越来越大，态度也越来越蛮横。1910 年 4 月，日本驻大冶技师西泽公雄关于中美之间签署的售卖生铁协议，致函制铁所长官中村说："牺牲我国在长江两岸极其重要之利权，并将合同担保品亦任美国人蹂躏，此则为下官所绝对不能容许之事。尤其对我国无一言之知照，便签订美中合同，此不仅过于轻率，且导致漠视外交后果，不能不说是有损于中日两国之邦交……鄙意认为，亟须利用此时机，使该矿山成为我国专用，中止汉阳铁厂之供应"①，口气十分霸道。1911 年在商谈 1200 万元借款合同涉及担保问题时，日本方面坚持要以汉阳、大冶作保。因实现这一目标必须得到清政府的许可，盛宣怀暂时终止了这一谈判。对此，日本正金银行总经理高桥强词夺理地说："日本之所以重视此次借款，其目的旨在汉阳、大冶取得优先权，如实际上不能确保汉阳、大冶之担保，而即于此时进行巨额借款则殊无意义……对方既已暂时停止汉冶萍公司之借款谈判，则应约定如今后再进行借款当应同我方交涉。其间，不能以汉阳、大冶全部财产作为向他国借款之担保。如以此作为担保进行借款，则必尽先同日本商谈。"②最终，该要求被写进了该次借款的草合同中。连汉阳、大冶作为担保都要先和日本商量，可见日本对于汉冶萍的控制已经渗透得相当深了。对此，1912 年的《时报》一针见血地指出，汉冶萍"名系中国，实为日人也"③，颇有预见性。可见，汉冶萍因背负巨额日债已经踏上了受控于日本的不归路。

正如在第三章所总结的，汉冶萍沦落到受日本控制的命运，直接地是由日本政府的野心所导致的，但根本上还是由中国传统政治所左右的。亦官亦商的盛宣怀在涉及和汉冶萍相关问题时，首先是将个人

① 《旧中国汉冶萍公司与日本关系史料选辑》，第 163 页。

② 同上书，第 197 页。

③ 《武汉督办汉冶萍谈》，《时报》1912 年 12 月 22 日，转引自《中国近代工业史资料》第 2 辑上，第 502 页。

的私利放在了首位，这和以前他对汉冶萍所采取的各种行为在本质上是一致的。在这种情况下，汉冶萍自身的发展前途及中国钢铁工业的成败并不是他关注的重点。最典型的是他有将日债挪作私用的情况。1907年，当盛宣怀向大仓组借款200万日元时，日驻上海总领事永泷于5月2日致外务大臣林董函谈到借款用途时说："据观察，本项借款金额，虽有一部分系充萍乡矿局费用，但另一部分似将供盛氏自己私用。"①1911年2月在交涉1200万日元大借款时，日本正金银行驻北京董事小田切致总行代理总经理山川勇木函，有这样言论："盛氏几乎把自己全部财产充作制铁事业之资金，由于铁厂事业已逐步得到整顿，而盛氏亦渐入老境，拟于此时，募集约三千万元的公司债，一方面用以偿还盛氏通融之款项；另一方面，用充事业扩张之资金"，"他很想由哪里举一笔债收回其资金，以预防在万一时发生汉冶萍公司与自己资产之间的纠纷"②。因盛宣怀和日本方面良好的私人关系，永泷和小田切的话还是非常可信的。由此可以推断，其他债项亦可能存在这种情况。既然盛宣怀不是纯粹从扩展汉冶萍事业的角度来借和用日债的，而是把自己的私人利益放在了首要地位，那么，巨额日债在建设汉冶萍中的积极作用到底发挥多大，也就值得怀疑了。再加上日本对于汉冶萍的野心，汉冶萍落入日本控制的命运实际上在向日本借债的一开始就已经注定了。内因是事物变化的根据，外因是事物变化的条件。相比而言，盛宣怀对于借用日债的动机和目的对汉冶萍造成的伤害，比日本的野心危害更大。可以说，晚清末年汉冶萍走上日本控制不归路的真正根源，在于盛宣怀对汉冶萍抱有的控制欲及满足个人需要的私欲。

通过本章研究可见，盛宣怀合并商办汉冶萍是出于保护自己对于企业控制的目的所采取的行动，新颁布的企业章程、企业招股、股份

---

① 《旧中国汉冶萍公司与日本关系史料选辑》，第152页。

② 同上书，第188、190页。

制的公司法人治理结构运作都是服务于这一目的展开的。盛宣怀从督办摇身变为总理，但对于企业拥有的权限基本没有变化，公司大小事务全由他一人做主。从官督商办到股份制的转变，最主要的变化是企业从形式上摆脱了官方的束缚，盛氏对于企业的掌控不仅没有削弱，反而进一步加强了。晚清末年，由于内外形势，也由于身处官场高位的盛宣怀所提供的有力官权保护，汉冶萍出现了短暂的繁荣。伴随着大量的日债以及由此带来的利权丧失，汉冶萍的繁荣并不能说明其采用的股份制取得了成功。相反，巨额日债及利权丧失带来的潜在危险又深刻昭示出，盛宣怀希图通过采行股份制达到控制的目的，结果却事与愿违！

结　语

汉冶萍公司的早期源流始于19世纪七八十年代李鸿章、盛宣怀办理的湖北煤铁事务。在办理中他们对官办和官督商办体制都有尝试。1889年张之洞正式创办汉阳铁厂后，汉冶萍诸企业采用何种体制成了晚清时期相关人士议论的一个焦点问题之一，其间先后采用过三种体制，即：1890—1896年的官办、1896—1908年的官督商办和1908—1911年的股份制商办。在每次体制决策前都有较长时间的酝酿和争议，甚至矛盾和斗争。另外，在1892年冬1893年初、1901年至1903年初，即分别在官办和官督商办期间，变更体制问题也被屡屡提及，只是最终不了了之。为更清晰显示其体制变迁脉络，笔者简要绘图如下：

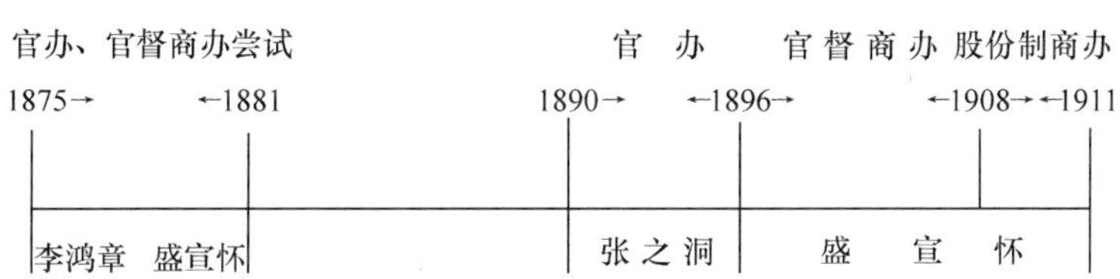

以取得的经济效益为标尺来衡量汉冶萍在晚清时代的企业制度变迁，显然，这一变迁是失败的。官办时代，汉阳铁厂存在严重的技术设备质量和缺乏生产所需的适宜煤焦问题，生产极不正常，经营一直严重亏损。官督商办时期，盛宣怀采用近代化的机器开采方式开办萍乡煤矿，并对铁厂的技术设备进行改建和扩建，解决了官办时期铁厂存在的问题，为汉冶萍取得良好经济效益提供了条件，但生产效益仍然没有起色，呈现继续亏损之势。到了股份制商办时期，汉冶萍公司虽然扭转了前两个阶段亏损的局面并取得了良好的经济效益，但沉重的日债压力及由此带来的利权丧失所致的被日本控制的潜在危险，使得汉冶萍的盈利显得微不足道。

鉴于汉冶萍体制变迁失败的这一结局，能不能由此就得出结论：这三种体制安排都不适合汉冶萍呢？或者说，这三种制度都存在严重缺陷，不能拯救汉冶萍的命运呢？联系19、20世纪欧美和日本分别采取的股份制和官办体制办理钢铁工业的巨大成效，答案显然是否定的。汉冶萍尝试了三种体制都没有获得想要的成功，肯定不是简单的体制问题。

一般来说，作为企业制度，体制的功能在于组织起有效的企业组织形态、形成良性运作机制，从而使企业获得巨大的经济效益。实践证明，企业制度的成败和其经济绩效呈正相关关系。成功的企业制度不仅能够促进企业本身的发展，还能够带动整个社会经济的健康、快速发展；反之亦然。但是，我们不能忽视这样的事实：任何制度都是由人制定和执行的，且是在一定的社会政治、经济、文化制度的平台上运作的。研究企业制度的学者往往易于撇开上述诸因素，单纯地谈论某一体制的优劣和成败。从防止弊端和经济效益最大化的制度设计看，学者们的观点无疑是正确的，但仅仅限于这一层面，似乎有些机械化。这是因为，不同的人在采用和执行某一企业制度时并不一定就是以经济效益为最终追求目标，这样，在不考虑各种客观因素影响企业经营绩效的条件下，不同的执行者采用同样制度的效果就会大相径庭。进一步说，同一种企业制度在不同的社会制度平台上运作，因不同的政治、经济、伦理价值观等因素所导致不同的经营理念和采用不同的管理方式，运作的结果极可能走向两个极端。以官办体制而言，其主要特征是政府出资、经营和获得全部的收益，这一点在任何政治、经济、文化制度下的界定都是一样的。但因运用于不同的社会制度平台，人们对于官办的认识和经营理念可能反差很大，运作的效果也会大不相同。张之洞采用官办难以取得成效而日本采用官办却获得巨大成功的史实，在很大程度上支持了笔者的看法。同时，执行者这一人的因素和社会政治、经济、文化等这一制度因素通过互相影响，进一步加强了对企业制度运作和结果的左右。

由于本课题重在揭示主事官员采用和改变企业制度的动机及其身份、地位和伦理价值观对于制度变迁的作用和影响，我们回过头来再仔细审视和归纳一下盛宣怀、张之洞等在每一次采用和改变体制时的动机。主要可以归为以下几个方面：第一，加强个人控制的需要，这是整个体制变迁过程中典型的主旋律。1875 年底，因李鸿章有将湖北煤厂归并轮船招商局的意图，盛宣怀为了控制该事业，坚持将之由官督商办改为官办。1890 年铁厂创办之初，李鸿章、盛宣怀建议实行官督商办。尽管该体制在当时来说较为现实和可行，但显示出李盛意欲插手铁厂事务的企图。为对抗李、盛的企图，张之洞决然采用官办体制将两人势力排除在外。1907—1908 年，因政治前途暗淡和张之洞调离湖广总督，盛宣怀决定将汉冶萍合并商办以加强控制。第二，以改制为契机行接办掌控之实，以此为晋身之阶捞取更多的政治经济利益。1896 年盛宣怀接办铁厂并改行官督商办，是最为典型的例子。第三，为了能够借到建设资金打体制牌。1892 年冬 1893 年春，张之洞为了能够从李鸿章那里借到铁厂建设的资金，以铁厂改行官督商办为招牌，同李鸿章周旋。第四，为了官场政治斗争的需要。1902 年冬 1903 年初的盛、袁轮电之争中，盛宣怀则以汉阳铁厂改行官办为名，来对抗袁世凯抢夺轮电的行为。第五，是出于摆脱该项事务的目的。1878—1879 年，因盛宣怀坚持继续办理湖北煤铁事务，李鸿章为了摆脱该事务指示盛氏，荆门矿务局要实行官督商办。第六，为了筹资的需要。湖北煤铁事务办理之初，李鸿章、盛宣怀主张官督商办，主要是希望通过民间招股的方式筹到企业开办和发展的资金。张之洞创办汉阳铁厂时，李鸿章、盛宣怀从湖北煤铁事务办理中吸取了深刻的教训，坚持官督商办，为企业发展筹资。事实上，张之洞、盛宣怀、李鸿章等人的动机比上述所列远为复杂，且很多时候是多种动机同时并存。就上述所列各种动机看，除了第六点招股集资属于经济因素外，其他各项基本都可归为政治因素。尤其是前四项，和主事者的官场前途及政治命运息息相关。而这四项本质上又是一致的。

关于盛宣怀、张之洞、李鸿章等人具体的政治动机，笔者在本书正文部分已有详细的叙述。作为封建官僚，他们选择汉冶萍体制以维护自身的政治地位和利益为转移，不愿意也不可能把办理汉冶萍作为纯经济的事务来对待，最为典型的是盛宣怀合并商办汉冶萍的史实。作为控制企业政治动机的延伸，盛张等在管理中把传统的官权机制引入企业，在人事管理上把任人唯亲作为用人的标准。这样，尽管企业的体制、管理机构名称和具体经营人员在变，但企业的运作和经营效果并未发生实质的改变。对此，有美国学者曾深刻指出："中国在清末没有建成一个坚强的工业基础……官员对企业的支配和国家对企业的控制常被视为中国失败的唯一原因"，"明治时期的日本在工业发展的同样阶段中，是极力依靠强有力的国家推动的，但是在 19 世纪 80 年代初期，日本政府把大多数国营工厂卖给了私人企业家。相反，中国官员则不愿意放弃控制，甚至参预工业的管理而不能自拔，因为他们把官方的名义和个人的私利纠缠在一起了。"①当然，美国学者将清政府对企业的控制和官员对企业的控制相提并论。笔者无意考察清政府的动机，单就官员控制这一点，汉冶萍公司的情况是当时晚清类似企业的一个典型，有力地证明了美国学者的观点。

盛宣怀、张之洞、李鸿章等将个人政治私利置于汉冶萍公司的发展前途之上，直接是由晚清政府对于地方督抚的政策所引起。本书在揭示铁厂初创时盛张政治动机以及 20 世纪初盛、袁轮电之争时，已经较为分散地揭示了这一问题。19 世纪 60 年代以后，晚清中央政权势

---

① 费正清：《剑桥中国晚清史》下，中国社会科学出版社 1985 年版，第 513 页。

力式微，地方督抚专权，形成内重外轻局面。清廷中枢为加强对地方督抚势力的控制，采取抑制、利用、打击、分化、瓦解的手段，在地方实力派集团中制造矛盾，运用驾驭之术，使地方督抚相互制约，以达到分而治之的目的。19 世纪后期利用张之洞抑制李鸿章、20 世纪初利用张之洞抑制袁世凯等等，都是很典型的例子。具体到汉冶萍诸企业，清政府最初采取“扬张抑李”政策，1890 年初支持张之洞的官办体制，承诺答应从海军衙门项下每年拨款 200 万两的建设经费。然而，李鸿章以自身的政治强势，于该年 4 月说服清廷将 200 万两经费挪为关东铁路建设之用，一举断了汉阳铁厂的财路。清政府接纳李鸿章建议放弃对张氏的支持，撇开冠冕堂皇的战略因素，在张、李之间制造矛盾的意图是显而易见的。20 世纪初，清政府支持袁世凯抢走轮电之举，则是直接打击盛宣怀和间接打击张之洞的传统抑制督抚政策的又一重要表现。①清廷中枢的政策给当朝大小官僚心理上造成了这样的影响：要获得政治权力必须仰仗清政府的存在和倚重；要想保持政治权力的长久和政治地位的稳固，又必须加强自身的政治资本和实力，以影响清政府和与政敌对抗。于是，在中国政治装模作样的文雅门面后面，隐藏着一个半遮半露的地下世界，这个世界充满了激烈的派系斗争，个人小集团、朝秦暮楚式的忠诚和凶狠残酷的暗斗。②在办理经济事业时，他们认识到经济事业与他们政治势力兴衰之间如环无端、相辅为用的关系，一方面把它作为维护清政府统治的重要措施；另一方面又将之视为加强自身政治资本和提高自身政治地位的手段。至于该项经济事业本身的成败等等，并不在他们首要考虑的范围之内。由此，也就可以深刻理解盛宣怀、张之洞等人在采用和改变汉冶萍公司体制上的政治动机了。

---

① 盛宣怀当时的官职属于中央级别的要员，不是典型意义上的地方督抚。但清政府对其实施的打击政策，和对地方督抚的政策在本质上是一致的。

② ［美］福尔索姆：《朋友·客人·同事——晚清的幕府制度》，刘悦斌等译，中国社会科学出版社 2002 年版，第 181 页。

盛宣怀、张之洞追求个人政治私利动机的更深刻根源，则是来自于中国封建社会传统的政治制度和政治文化。中国历史上长期实行高度集权的君主专制制度。其突出的政治特征就是皇权至上，“天下之事无小大皆决于上”①，皇帝集立法、行政、司法于一身，在其周围不存在任何平行的相互牵制的多元机构和分权机制，以及足以监督、约束、压制皇帝的法律制度和权力主体。同时，封建君主专制制度还以血缘关系为纽带，将政权与族权、君统与宗统结合在一起，宗法族制与专制主义政治互为表里。于是，在历代王朝的政治统治中，建立在血缘氏族基础之上的宗族制产生了意想不到的家国同构的奇妙效应。为了使社会成员对权力的服从不仅出于强制，而且要出于主动认可，统治者需要一套从宗法族制中总结提炼出来的理论去对之加以阐释、提升和倡导，使人们能自觉认同现存制度、秩序，使君臣官民、主从上下、贵贱尊卑关系成为一种冠冕堂皇、无可置疑的伦理顺从。而儒家学说将家族的人伦关系政治化、提出的忠孝合一、家国合一的人伦政治思想正适合了统治阶级的口味。统治阶级遂通过种种措施将之不断社会化，使之塑造着社会成员的心灵，导轨着中国政治生活的方向。对此，学者刘泽华简练地总结说，中国古代是专制权力支配的社会，专制权力的影响是相当广泛的，它不仅形成了一套体制，也形成了一种文化心态。②

在封建君主专制制度和儒家伦理价值观支配下，一方面，政治地位成为衡量一个人身份的标准，人们将获取政治官职作为人生价值取向和追求目标，官本位意识浓厚。一旦获取官僚职位，就可以享受种种封建特权。另一方面，古代官僚职位具有危险性大、保护性差、竞争性强的特点，一旦进入封建官场，官僚们就不得不对皇帝和对自己的直接上级形成人身依附关系。皇帝一人决定着每一个官僚个人的升

① 司马迁：《史记·秦始皇本纪》，中华书局1972年点校本，第258页。

② 刘泽华等：《专制权力与中国社会》再版序言，天津古籍出版社2005年版。

迁贬谪、祸福安危。官僚们对于皇帝，只有义务，没有权利，在官僚体制中也没有为保护官僚的私人利益而设置的法律、法规。官僚们为了自己在官场上的生存，为了获得升迁的机会，得到更多的权力和恩宠而你争我夺，竞争激烈。为了获得政治升迁和规避各种危险，他们从儒家正统的伦理价值观出发，利用血缘、地缘等人脉关系拉帮结派，寻求支持和保护。当然，最有效保护自己的方式之一，是能够在关键时刻为王朝做出较大贡献。为此，封建官僚不惜代价寻找各种机会，用儒家伦常所推崇的种种方式和手段为自己捞取政治资本。办理经济事业就是他们用以实现目标的追求之一，从中既可以达到维护王朝统治的目的，又可以在很大程度上增进个人利益。因此，在几千年遗留下的政治权力控制一切的政治格局和文化心态中，官僚们从事任何经济活动，都必须既要从政治出发，又要以政治为归宿，否则就将一事无成。

运作于政治权力及政治文化至上的社会平台上，主事者盛宣怀、张之洞等人是以政治为出发点和归宿来考虑问题，那么，汉冶萍公司无论采用何种体制，都不可能取得像欧美、日本等国钢铁工业所取得的成就，正如中国古代史上历代王朝“其兴也勃焉，其亡也忽焉”的兴衰更替规律一样。更何况，作为一项经济事业，汉冶萍公司从一开始就面临着诸如资金困乏、技术设备质量缺陷等种种问题，在近代中国政治、经济、文化等种种因素交织的情况下，是不可能取得成功的。

在此，有几个需要补充说明的问题。

第一，有学者提出，张之洞、李鸿章都深受儒家传统文化的熏陶，都经历了科举考取进士的晋身之路，为什么两人在铁厂创建初期在体制上的态度差别很大呢？不可否认，两人在受儒学熏陶和科举晋身这些问题上的一致性，对于他们具有相近官僚人格的塑造有着重要影响。但这并不意味着两人在每一件事情上都会持有相同的看法。更何况，在封建专制主义支配的晚清，潜规则盛行，潜规则和明规则交织，封建官僚从自身利益出发，对待儒家文化和传统政治制度的笃信差别很大。尽管笔者对于张之洞、李鸿章没有深入的研究，但可以肯定的是，两人是晚清时代反差很大的两个典型个案。在张幕多年的辜鸿铭，对比曾国藩、李鸿章后认为："张文襄儒臣也，曾文正大臣也，非儒臣也。三公论道，此儒臣事也；计天下之安危，论行政之得失，此大臣事也。国无大臣则无政，国无儒臣则无教……文忠步趋文正，更不知有所谓教者……文襄之效西法，非慕欧化也；文襄之图富强，志不在富强也。盖欲借富强以保中国，保中国即所以保名教。吾谓文襄为儒臣者为此。"①辜氏之言在一定程度上道出了张李二人不同的性格和为官政风。最明显的事例是两人对于物质财富的不同欲望。19世纪70年代，时人曾将张、李分属于清流和浊流两个阵营。李鸿章一生重视物质财富的积聚，死后拥有巨额的遗产。张之洞则淡于此道，为官一生两袖清风。另外，两人处理政务的态度和做法有明显的区别。李鸿章通过镇压太平天国、获取军功起家，处理政务更现实和灵活；办理洋务事业较早，对晚清时代的中国国情了解得更清楚，采用官督商办符合当时的现实，也较为可行。对于张之洞为政方式，李鸿章曾讥讽为"书生习气"。可以说，张氏"书生习气"的清流作风源自其父早期的家教及树立的榜样，并伴随其一生。张之洞对清政府的无限忠诚和对儒家纲常执著的信仰和追求，也正基于此。②因此，他对官办体制怀有深深的情愫，坚持官办不动摇。

第二，主事者捞取私利的个人政治动机与其办理政绩之间的关

---

① 辜鸿铭：《张文襄公幕府纪闻·清流党》，黄兴涛等编译《辜鸿铭文集》上，海南出版社1996年版，第418—419页。

② 史学界较多的学者认可张之洞对于清政府的忠诚。但美国哈佛大学费正清东亚研究中心研究员孔祥吉认为，张之洞在1900年时曾经有过在南京建立独立政府的想法。参见《张之洞在庚子年的帝王梦——以宇都宫太郎的日记为线索》，《学术月刊》2005年第8期。作为封建官僚的张之洞有很深的危险和自保意识，同时又有着超人的心机和权术，在1900年义和团运动和八国联军侵华的形势下，产生独立政府的闪念是有可能的。这再次深刻反映了张之洞复杂的官僚心态。

系。笔者将主事者捞取私利的政治动机视为汉冶萍体制变迁失败的决定性原因，不免有人认为：对主事者来说，企业经营有成效是其政绩的重要表现，和捞取个人私利的政治动机所能加强其政治地位相比，政绩更有助于其个人政治地位的巩固。这一看法有将两者对立起来的倾向。事实上，捞取私利的政治动机是主事官僚办理企业的主要目标，企业成效则是办理的直接结果，两者不是平行的概念，不存在任何矛盾。

在封建政权下，封建政府和官僚在利益上构成了对立统一的关系。一方面，封建政府基于自身统治稳固的需要，官僚则基于自身政治地位和特权的需要，两者相互依赖，官僚需要政府的倚重和保护才能巩固和加强自身的政治地位，政府需要官僚的尽心服务才能长治久安。另一方面，两者之间又存在着利益的对立。这是由封建专制政府的本性所决定。我们知道，封建专制政权的本质特征是“家天下”、“溥天之下，莫非王土；率土之滨，莫非王臣”[①]，“敲剥天下之骨髓，离散天下之子女，以奉我一人之淫乐，视为当然”[②]。封建政府这种极端自私和残暴的本性决定了它和封建官僚地位上的不平等。于是，正如前面刚刚分析的，封建官僚无论从事何种事情，都首先要把自身的安危祸福放在首位，这也正是他们怀揣个人政治动机的心理根源。在这种情况下，封建官僚办理企业的目标是双重的，既要维护封建政府的统治，又要加固个人的政治地位。在个人政治利益大于封建政府利益的前提下，主事官僚愿意将企业办理得卓有成效，既有助于安定王朝统治，并由此加固自身的政治地位。对封建官僚和封建政府来说，这是一件双赢的事情。但是，因现实的复杂性，官僚和政府之间在很多情况下很难找到一个利益共赢的平衡点，主事官僚往往将利益的天平大大地倾向自身利益这一端。于是，对封建政府利益的考虑就被逐

① 金开诚等选注：《中国古典文学精华》第1卷，十月文艺出版社1994年版，第232页。

② （明）黄宗羲：《明夷待访录·原君》，中华书局1981年版，第2、3页。

步地压缩，最终甚至可能被完全忽略。在这一指导思想下，企业经营的绩效对封建官僚来说，就不是最重要的事情，企业能否盈利甚至显得无关紧要。重要的是，封建官僚能否通过办理企业从而加固个人的政治地位。晚清政府对地方督抚采取的地方平衡术，则又加剧了封建官僚捞取个人私利政治动机的极端膨胀。清政府的疑忌、压制甚至打击，政敌的对抗和拆台等，都使主事官僚感受到了种种危险，在办理企业时将个人的政治私利无限放大，只求有助于维护个人利益，不求企业的经营成败和效益。

第三，主事者和学界对于汉冶萍失败原因的看法和主流观点。张之洞、盛宣怀往往从资金和技术等因素寻找原因，这在张之洞和盛宣怀的相关资料中多有展现，笔者在此不再列举。具体管理者李维格、盛春颐以及其他参与人员等则进一步深入到人才和管理层面上。官办时期在铁厂工作过的钟天纬，就提出了种种管理问题。李维格曾将铁厂亏损原因归为“四病”，即：章程未定、人才未养、料贵、货呆。李维格、盛春颐还曾归纳为“四难”：创始之难；款项之难；人才之难；销路之难。[①]上述所列代表了主事者的看法。学界的主流观点基本上没有超脱这一视野。民国时期的吴景超归为四点：计划不周、经营不善、用人不当和环境不良。[②]吴氏所研究的是包括民国时期的整个汉冶萍，环境不良主要是指社会的动荡不安。中国台湾学者全汉升在吴氏的基础上，又增加了“成本高昂”这一因素。[③]总体上，主事者和学界是把资金匮乏、技术要求高、具体管理不善等因素作为汉冶萍失败的主要原因。以汉冶萍本身的性质及其在晚清时期面临的资金、技术困境看，他们的观点很有道理。

但是，一些当年参与汉冶萍工作的人员和后世学者，提出了不同于上述的看法。在本书第三章第四节中，笔者曾列举了郑观应和比利

---

① 参见《盛春颐、李维格致盛宣怀说帖》，《汉冶萍公司》二，第 289—290 页。

② 吴景超：《中国经济建设之路》，第 31—36 页。

③ 参见《汉冶萍公司史略》第五章，第 243—254 页。

时人吕柏对于汉阳铁厂复杂的人脉关系及高层管理者追求个人私利的有关见解。美国学者费维恺曾对汉冶萍失败原因有全面的分析，从张之洞对钢铁知识的无知和其官僚思维到盛宣怀对汉冶萍的控制，从缺少技术人员和合适的管理者到企业经营中的任人唯亲和腐化，从张、盛关注个人私利到清政府对于汉冶萍的冷漠，从面临的列强侵略和国内动荡造成的恶劣政治环境到赔款及国内借款高利率等形成的不利经济环境等，几乎面面俱到，见解也十分深刻。① 总体上，他更强调张、盛的控制及经营管理，和郑观应、吕柏的看法较为接近。

当突然面对这些不同看法时，也许会对汉冶萍失败的决定性原因感到难以判断。当然，就汉冶萍公司致败的具体情况看，我们很难说清楚哪一条因素所负责任的多少。另外，在欧美或日本，谁也无法完全肯定，他们经营的所有钢铁企业就一定都会成功。受经济规律的支配，经营的成与败在正常的市场条件下都是十分正常的结果。但是，汉冶萍公司采取了三种体制都经营不成功的事实，让我们无法将微观、具体的致败因素作为其失败的决定性因素。其根源只能从主事者自身去找。因此，尽管郑观应、吕柏、费维恺等人声音微弱，但其对汉冶萍公司体制变迁失败根源的看法，更本质更深邃。

第四，关于盛宣怀、张之洞等人对于体制认识的评价问题。历史学界在评价历史事物时，往往以历史局限性来对当事人的过错和责任一语了之。笔者觉得，一分为二诚然是历史唯物主义的评价方法，但就盛宣怀、张之洞等对于体制认识的评价而言，以历史局限性简单地盖棺定论，似乎不妥。客观地说，由于当时中国对外开放程度不够，盛、张等对于各种体制的优劣势及其真正的经济功能没有深刻和正确的看法，在借鉴和采用这些制度时没有真正领会各种制度的实质和精髓，不可避免会导致徒袭皮毛的现象。但要分清楚，这种陷入认识误

---

① 参见 Albert Feuerwerker：*China's Ninteenth-Century Industrialization*：*The Case of The Hanyehping Coal and Iron Company*，*Limitted. Cowan*：*The economic Development of China and Japan*，University of Michigan Press 1958，pp. 79—110。

区的事实，是出于主观故意还是一种不自觉的行为。

通过本书的叙述和研究可知，盛宣怀、张之洞等人在体制决策上的思路是很清楚的，他们对于体制的认识错位，更多的是由于个人的主观故意。因此，我们可以承认他们陷入了认识误区，但因主观故意造成的这种认识错位是不可原谅的。如果简单地以历史局限性来评价，有为其开脱责任之嫌。

总之，汉冶萍公司是晚清企业的代表，其体制变迁中存在的要害问题算得上当时类似企业的缩影。对此，吕柏还曾把汉冶萍高层管理人员昧于经营管理而精于官场利害算计给企业造成的危害，进一步上升到官僚参与经营的晚清企业的普遍性层面：

> 不管在什么地方只要是由清朝官员担任管理工作，则他们所在的工厂和企业就无法发展。反之，如这个清朝官员只是担任较低的职位，并且由一些充满活力，认真负责的外国人担任经理进行领导，对工厂和企业进行严格的监督，那么工厂和企业就会发展。①

再联系19、20世纪欧美和日本钢铁工业分别采用的股份制和官办体制所取得的巨大效益，笔者由此得出这样的结论：以体制和主事者的经营理念与动机对于企业的影响而论，企业采用何种体制并不是最重要，最重要的是主事者的经营理念和动机。如果晚清政府官僚能够摆脱个人政治私利、从发展民族经济和增进国民收入的目的出发，那么，他们所主持的企业无论采用何种体制，都能够带来企业的发展和经济的繁荣，都是具有进步意义的。

主事者经营企业的理念和动机，受制于他所处时代的政治制度和

① ［比］吕柏：《中国采矿业和钢铁工业》，慕峰涛译，转引自《汉冶萍公司志》，第278页。

文化背景。晚清官僚的思维和行为从根本上来源于中国传统的封建专制制度和儒家伦理的政治文化。当然，那些民族资本企业也由于深受传统社会政治和文化制约，其经营难以取得巨大的经济效益。而“潜规则”无处不在。因此，晚清实业发展的桎梏根本上来源于中国传统政治和政治文化。办了一辈子实业的郑观应，晚年时深刻认识到了实业和政治的辩证关系：“政治关系实业之盛衰：政治不改良，实业万难兴盛。”[①]于是，解决问题的有效办法，就是在采用先进企业制度的同时，同步改良政治和主事者、经营者的经营理念和动机。正如晚清末年的一位有识之士所大声疾呼的：

> 试有人问我以中国振兴实业之第一义从何下手？吾必答曰：改良政治组织。然则第二义从何下手？吾亦答曰：改良政治组织。然则第三义从何下手？吾亦惟答曰：改良政治组织。盖政治组织诚能改良，则一切应举者自相次毕举；政治组织不能改良，则多举一事即多丛一弊，与其举之也，不如其废之也。[②]

上述之言为我们认识和解决晚清乃至当今企业制度变迁中存在的问题，提供了有益的参考和借鉴。

① 郑观应：《〈盛世危言后编〉自序》，《郑观应集》下，第11页。

② 沧江：《敬告国中之谈实业者》，《国风报》（宣统二年十月初一日）第27期，第21—22页。

征引文献

一　专著类

1. 全汉升：《汉冶萍公司史略》，香港中文大学 1972 年版。

2. 林援森：《中国近代企业史研究——汉冶萍公司个案分析》，中国经济史研究会、香港书识会社有限公司 2003 年版。

3. 郑润培：《中国现代化历程——汉阳铁厂（1890—1908）》，台湾新亚研究所、文星图书有限公司 2002 年版。

4. 袁为鹏博士论文：《清末汉阳铁厂布局研究》打印稿。

5. Albert Feuerwerker, *China's Ninteenth-Century Industrialization: The Case of The Hanyehping Coal and Iron Company, Limited*, in C. D. Cowan, *The economic Development of China and Japan*, University of Michigan Press, 1958.

6. Albert Feuerwerker, *China's Early Industrialization: Sheng hsuan-Huai and Mandarin Enterprise.* USA: Harvard University Press, 1958.

7. 夏东元：《盛宣怀传》，四川人民出版社 1988 年版。

8. 夏东元：《盛宣怀传》，南开大学出版社 1998 年版。

9. 夏东元：《盛宣怀传》，上海交通大学出版社 2007 年版。

10. ［美］费维恺：《中国早期工业化——盛宣怀（1844—1916）和官督商办企业》，虞和平译，中国社会科学出版社 1990 年版。

11. 易惠莉、陈吉龙：《二十世纪盛宣怀研究》，江苏古籍出版社 2002 年版。

12. 张国辉：《洋务运动与中国近代企业》，中国社会科学出版社1979年版。

13. 冯天瑜、何晓明：《张之洞评传》，南京大学出版社1991年版。

14. 李玉：《晚清公司制度建设研究》，人民出版社2002年版。

15. ［美］陈锦江：《清末现代企业与官商关系》，王笛等译，中国社会科学出版社1997年版。

16. ［法］马克·布洛赫：《历史学家的技艺》，上海社会科学院出版社1992年版。

17. 陈景华：《晚清巨人传——盛宣怀》，哈尔滨出版社1996年版。

18. 朱荫贵：《国家干预经济与中日近代化——轮船招商局与三菱·日本邮船会社的比较研究》，东方出版社1994年版。

19. 谢放：《张之洞传》，广东高等教育出版社2004年版。

20. 陈峰、张笃勤：《张之洞与武汉早期现代化》，中国社会科学出版社2002年版。

21. 陈钧：《儒家心态与近代追求》，湖北人民出版社1990年版。

22. 何立胜：《中外企业制度嬗变的比较研究》，中国财政经济出版社2004年版。

23. 苏同炳：《中国近代史上的关键人物》上、下，百花文艺出版社2000年版。

24. 李细珠：《张之洞与清末新政研究》，上海书店出版社2003年版。

25. 吴承明等编：《中国资本主义发展史》，人民出版社2003年版。

26. 苑书义、秦进才主编：《张之洞与中国近代化》，中华书局1999年版。

27. 谢世佳：《盛宣怀与他所创办的企业——清末工业化运动挫折的原因》，台湾中央图书供应社1971年版。

28. 石泉：《甲午战争前后之晚清政局》，三联书店 1997 年版。

29. 刘伟：《晚清督抚政治》，湖北教育出版社 2003 年版。

30. 方显廷编：《中国经济研究》，长沙商务印书馆 1938 年版。

31. 朱英：《晚清经济政策与改革措施》，华中师范大学出版社 1996 年版。

32. 楚双志：《晚清中央与地方关系演变史纲》，中共中央党校出版社 2006 年版。

33. 张忠民：《艰难的变迁》，上海社会科学院出版社 2002 年版。

34. 周育民：《晚清财政与社会变迁》，上海人民出版社 2000 年版。

35. 刘广京、朱昌峻编：《李鸿章评传》，上海古籍出版社 1995 年版。

36. 易惠莉：《郑观应评传》，南京大学出版社 1998 年版。

37. 苑书义：《李鸿章传》，人民出版社 1994 年版。

38. 豆建民：《中国公司制思想研究（1842—1996）》，上海财经大学出版社 1999 年版。

39. ［美］福尔索姆：《朋友·客人·同事——晚清的幕府制度》，刘悦斌等译，中国社会科学出版社 2002 年版。

40. 郑若山：《公司制的异化》，北京大学出版社 2003 年版。

41. 民国时期中国工程师学会三十周年纪念刊：《三十年来之中国工程》，1946 年版。

42. 阎文华硕士论文：《汉冶萍厂矿的公司制研究（1908—1925）》打印稿。

43. 孙宝瑾：《现代钢铁工业的回顾和展望》，上海人民出版社 1982 年版。

44. 江满情：《中国近代股份有限公司形态的演变——刘鸿生企业组织发展史研究》，华中师范大学出版社 2007 年版。

45. 杨勇刚编著：《中国近代铁路史》，上海书店出版社 1997

年版。

46. ［美］费正清主编：《剑桥中国晚清史（1800—1911）》下，中国社会科学院历史研究所编译室译，中国社会科学出版社 1985 年版。

47. 刘泽华等：《专制权力与中国社会》，天津古籍出版社 2005 年版。

48. 江眺：《公司法：政府权力与商人利益的博弈——以〈公司律〉和〈公司条例〉为中心》，中国政法大学出版社 2006 年版。

49. 朱琴芬编著：《新制度经济学》，华东师范大学出版社 2006 年版。

50. 杨勇：《近代中国公司治理》，上海人民出版社 2007 年版。

51. 吴景超：《中国经济建设之路》，商务印书馆 1944 年版。

52. 许毅等著：《清代外债史论》，中国财政经济出版社 1996 年版。

53. 杨在军：《晚清公司与公司治理》，商务印书馆 2006 年版。

54. 王国华：《外债与社会经济的发展》，经济科学出版社 2003 年版。

55. 俞辛焞：《辛亥革命时期的中日外交史》，天津人民出版社 2000 年版。

56. 李玉：《北洋政府时期企业制度结构史论》，社会科学文献出版社 2007 年版。

57. 吴相湘编撰：《孙逸仙先生传》下，台北，远东图书公司 1982 年版。

58. 刘厚生：《张謇传记》，龙门联合书局 1958 年版。

59. 王致中：《中国铁路外债研究》（1887—1911），经济科学出版社 2003 年版。

60. 吴承明、江泰新主编：《中国企业史·近代卷》，企业管理出版社 2004 年版。

61. 司马烈人解译：《张之洞谋胜心策》，中国华侨出版社 2002 年版。

62. 马道宗解译：《张之洞权经》，台海出版社 2003 年版。

63. 吴维健主编：《张之洞绝学：近代官场奥秘集成》，时代文艺出版社 2001 年版。

64. 吴剑杰：《张之洞的升迁之路》，湖北人民出版社 2005 年版。

65. 刘登阁：《张之洞纵横官场的三十六种韬略》，吉林摄影出版社 2002 年版。

66. 史哲解译：《〔张之洞〕磨砺人生处事绝道》，中国致公出版社 2003 年版。

67. 司马烈人解译：《境经——张之洞一生的九大心智》，中国华侨出版社 2002 年版。

二　资料类

1. 湖北省档案馆编：《汉冶萍公司档案史料选编》上，中国社会科学出版社 1992 年版。

2. 湖北省档案馆编：《汉冶萍公司档案史料选编》下，中国社会科学出版社 1994 年版。

3. 陈旭麓、顾廷龙等编：《汉冶萍公司》一，上海人民出版社 1984 年版。

4. 陈旭麓、顾廷龙等编：《汉冶萍公司》二，上海人民出版社 1986 年版。

5. 陈旭麓、顾廷龙等编：《汉冶萍公司》三，上海人民出版社 2004 年版。

6. 陈旭麓、顾廷龙等编：《湖北开采煤铁总局·荆门矿务总局》，上海人民出版社 1981 年版。

7. 王尔敏、吴伦霓霞：《盛宣怀实业函电稿》，香港中文大学中国文化研究所 1993 年版。

8. 王尔敏、吴伦霓霞：《盛宣怀朋僚实业函电稿》，香港中文大学中国文化研究所1994年版。

9. 盛宣怀：《盛宣怀日记》，江苏广陵古籍刻印社。

10. 盛宣怀：《愚斋存稿》，台北，文海出版社1975年版。

11. 北京大学历史系近代史教研室编：《盛宣怀未刊信稿》，中华书局1960年版。

12. 夏东元编：《盛宣怀年谱长编》上、下，上海交通大学出版社2004年版。

13. 苑书义等主编：《张之洞全集》，河北人民出版社1998年版。

14. 胡钧：《张文襄公（之洞）年谱》，台北，文海出版社。

15. 许同莘：《张文襄公年谱》，台湾商务印书馆1947年版。

16. 刘明汉主编：《汉冶萍公司志》，华中理工大学出版社1990年版。

17. 海王邨古籍丛刊：《张文襄公全集》卷2，中国书店1990年版。

18. 陈旭麓、顾廷龙等主编：《中国通商银行》，上海人民出版社2000年版。

19. 朱寿朋：《光绪朝东华录》，中华书局1958年版。

20. 陈旭麓、顾廷龙等编：《轮船招商局》，上海人民出版社2002年版。

21. 陈旭麓、顾廷龙等主编：《辛亥革命前后》，上海人民出版社1979年版。

22. 武汉大学经济系编：《旧中国汉冶萍公司与日本关系史料选辑》，上海人民出版社1985年版。

23. 李鸿章：《李鸿章全集》，时代文艺出版社1998年版。

24. 上海图书馆历史文献研究所编：《盛宣怀档案名人手札选》，复旦大学出版社1999年版。

25. 雷禄庆：《李鸿章年谱》，台湾商务印书馆1977年版。

26. 赵尔巽等编：《清史稿》，中华书局 1998 年版。

27. 王彦威：《清季外交史料》，台北，文海出版社。

28. 常州市地方志编纂委员会：《常州市志》，中国社会科学出版社 1995 年版。

29. 中国人民银行总行参事室编：《中国清代外债史资料 1853—1911》，中国金融出版社 1991 年版。

30. 夏东元编：《郑观应集》上下，上海人民出版社 1988 年版。

31. 武钢大冶铁矿矿志办公室编：《大冶铁矿志：1890—1985》上下，1987 年版。

32. 年子敏编：《李鸿章致潘鼎新书札》，中华书局 1960 年版。

33. 汪敬虞：《中国近代工业史资料（1895—1914）》第二辑上，科学出版社 1957 年版。

34. 陈真、姚洛：《中国近代工业史资料》第三辑，生活·读书·新知三联书店 1961 年版。

35. 孙毓棠：《中国近代工业史资料（1840—1895）》第一辑下，科学出版社 1957 年版。

36. 中国大百科全书编辑部：《中国大百科全书》经济卷 I，中国大百科全书出版社 1988 年版。

37. 黄兴涛等编译：《辜鸿铭文集》上，海南出版社 1996 年版。

38. 台北“中央研究院”近代史研究所编：《海防档》。

39. 台北“中央研究院”近代史研究所编：《矿务档》。

40. 徐义生编：《中国近代外债史统计资料》（1853—1927），中华书局 1962 年版。

41. 陈义杰整理：《翁同龢日记》第 3 册，中华书局 1993 年版。

42. 中国近代经济史资料丛刊编委会：《中国海关与义和团运动》，中华书局 1983 年版。

43. 顾明远：《中国教育大系——历代教育名人志》，湖北教育出版社 2004 年版。

44. 王铁崖主编：《中外旧约章汇编》中，生活·读书·新知三联书店1957年版。

45. 中国历史博物馆编、劳祖德整理：《郑孝胥日记》，中华书局1993年版。

46. 武汉地方志编委会：《武汉市志·工业志》上，武汉大学出版社1999年版。

47. 《清实录》编辑部：《清实录·德宗景皇帝实录》，中华书局1985年版。

48. 沈桐生辑：《光绪政要》卷21，台北，文海出版社。

49. 李宗侗、刘凤翰：《李鸿藻先生年谱》上，中国学术著作奖助委员会丛书之28，台北1969年版。

50. 陈玉堂：《中国近现代人物名号大辞典》，浙江古籍出版社1993年版。

51. 杜春和主编：《北洋军阀史料选辑》上，中国社会科学出版社1985年版。

52. 廖一中、罗真容整理：《袁世凯奏议》中，天津古籍出版社1987年版。

53. 盛钟健、黄绍筠等选译：《隋唐嘉话·唐国史补》，浙江古籍出版社1986年版。

54. 辞海编辑委员会：《辞海》上，上海辞书出版社1989年版。

55. 宓汝成：《中国近代铁路史资料》，中华书局1963年版。

56. 严中平：《中国近代经济史统计资料选辑》，科学出版社1955年版。

57. 中国史学会主编：《洋务运动》七，上海人民出版社1961年版。

58. 黄濬：《花随人圣庵摭忆》，台湾文海出版社1988年版。

59. 沈云龙主编：《中国铁路借款合同汇编》上，台北，文海出版社。

60. 刘禺生：《世载堂杂忆》，辽宁教育出版社 1997 年版。

61. 郭廷以编：《近代中国史事日志》，中华书局 1987 年版。

62. 梁启超：《饮冰室合集》，中华书局 1989 年版。

63. 胡思敬：《国闻备乘》卷 1，近代中国史料丛刊 446，台北，文海出版社。

64. 司马迁：《史记·秦始皇本纪》，中华书局 2000 年版。

65. 钱仪吉：《清碑传合集》四，上海书店出版社 1988 年版。

66. 麦仲华：《皇朝经世文新编》，台北，文海出版社。

67. 盛康：《皇朝经世文编续编》，台北，文海出版社。

68. 杨凤藻：《皇朝经世文新编续集》，台北，文海出版社。

69. 陈忠倚：《皇朝经世文三编》，台北，文海出版社。

70. 何良楝：《皇朝经世文四编》，台北，文海出版社。

71. 吴永：《庚子西狩丛谈》，岳麓书社 1985 年版。

72. （明）黄宗羲：《明夷待访录》，中华书局 1981 年版。

73. 金开诚等选注：《中国古典文学精华》第 1 卷，北京十月文艺出版社 1994 年版。

三　论文类

1. 沧江：《敬告国中谈实业者》，载《国风报》第 27 期。

2. 曾述棨：《调查汉冶萍公司报告书》（1914 年 7 月），北京大学图书馆藏汉冶萍公司档案抄本。

3. 《东方杂志》第六卷第八号、第七卷第七号、第九卷第三号。

4. 全汉升：《汉冶萍公司之史的研究》，《中国近代经济史研究》下，台湾新亚研究所 1991 年版。

5. 全汉升：《清末汉阳铁厂》，《中国近代经济史研究》下，台湾新亚研究所 1991 年版。

6. 代鲁：《清末汉阳铁厂的“招商承办”述析》，《清史研究》1994 年第 3 期。

7. 代鲁:《再析汉阳铁厂的“招商承办”》,《近代史研究》1995年第4期。

8. 代鲁:《汉冶萍公司所借日债补论》,《历史研究》1983年第4期。

9. 代鲁:《从汉冶萍公司与日本的经济交往看国家近代化的政治前提》,《中国经济史研究》1988年第4期。

10. 代鲁:《汉冶萍公司的钢铁销售与我国近代钢铁市场(1908—1927)》,《近代史研究》2005年第6期。

11. 代鲁:《对张之洞办铁厂几条指摘的辨析》,《张之洞与中国近代化》(苑书义、秦进才主编),中华书局1999年版。

12. 汪熙:《从汉冶萍公司看旧中国引进外资的经验教训》,《复旦学报》1979年第6期。

13. 朱峙三:《香涛文情及其上层路线》,《武汉文史资料·张之洞遗事》1986年第1辑。

14. 郝晏荣:《试论张之洞“官倡民办”的经济思想》,《张之洞与中国近代化》(苑书义、秦进才主编),中华书局1999年版。

15. 彭泽周:《汉冶萍公司与日本的初期关系》、《辛亥革命与汉冶萍公司》,《近代史外国史研究论集》,台湾“大陆杂志社”1975年版。

16. 徐元基:《洋务派经办湖北开采煤铁总局的几个问题》,《江汉论坛》1981年第5期。

17. 张国辉:《论汉冶萍公司的创办、发展与历史结局》,见《张国辉集》,中国社会科学出版社2002年版。

18. 夏东元:《论盛宣怀所走的“U”字型路程》,《近代史研究》1988年第4期。

19. 赵晓雷:《盛宣怀与汉冶萍公司》,《史学月刊》1986年第5期。

20. 车维汉:《论近代汉冶萍公司的衰败原因》,《辽宁大学学报》1990年第1期。

21. 车维汉：《日本帝国主义侵掠汉冶萍公司述论》，《日本研究》1989 年第 2 期。

22. 孙立田：《民初汉冶萍公司中日“合办”问题探析》，《历史教学》1998 年第 3 期。

23. 谢国兴：《民初汉冶萍公司的所有权归属问题》（1912—1915），《中研院近代史研究所集刊》（1986）第 15 期上。

24. 杨华山：《郑观应与汉阳铁厂》，《郧阳师范高等专科学校学报》（哲社版）1998 年第 3 期。

25. 赵葆惠：《张之洞与汉阳铁厂》，《齐鲁学刊》1988 年第 2 期。

26. 刘佩芝：《张之洞创办近代钢铁工业得失之我见》，《宁德师专学报》（哲社版）2002 年第 4 期。

27. 李海涛：《清末民初汉冶萍公司制度初探》，《河南理工大学学报》（社科版）2006 年第 1 期。

28. 易惠莉：《清末新政时期上海官、绅、商结合的实业活动——主要考察浙路公司和汉冶萍合并商办案》，华东师范大学中国现代思想文化研究所编：《思想与文化》第 4 辑，华东师范大学出版社 2004 年版。

29. 李海涛、自在：《李维格与汉冶萍公司述论》，《苏州大学学报》（哲社版）2006 年第 3 期。

30. 尹承国：《论汉冶萍公司经营失败的内在因素》，《当代财经》1984 年第 2 期。

31. 易惠莉：《盛宣怀在汉冶萍公司成立前的日本借款论析》，《近代中国》第 11 辑，上海社会科学院出版社 2001 年版。

32. 王尔敏：《盛宣怀与中国实业利权之维护》，《二十世纪盛宣怀研究》（易惠莉、陈吉龙主编），江苏古籍出版社 2002 年版。

33. 田鸿钧：《张之洞兴建汉阳铁厂的教训》，《决策探索》1987 年第 3 期。

34. 李培德：《汉冶萍公司和八幡制铁所——中日近代科技交流的

努力与挫折》,《日本研究》1989 年第 1 期。

35. 王亮停:《张之洞所办民用企业经营方式的变化》,《历史教学》2004 年第 9 期。

36. 罗肇前:《由官办向商办的转变——张之洞经济思想研究之一》,《中国经济史研究》1997 年第 3 期。

37. 杨华山:《论南京临时政府期间汉冶萍“合办”风波》,《学术月刊》1998 年第 11 期。

38. 黄德发:《汉冶萍公司中日“合办”事件试探》,《中山大学学报论丛》1988 年第 3 期。

39. 李晚成:《汉冶萍公司与官僚主义》,《党政论坛》1987 年第 10 期。

40. 方一兵、潜伟:《汉阳铁厂与中国早期铁路建设——兼论中国钢铁工业化早期的若干特征》,《中国科技史杂志》2005 年第 4 期。

41. 梁小民:《张之洞与汉阳铁厂》,《商界》2007 年第 2 期。

42. 纪大元:《盛宣怀与中国的钢铁工业》,《档案与史学》1998 年第 6 期。

43. 赵晓雷:《论汉阳铁厂》,《财经研究》1995 年第 8 期。

44. 徐立亭:《章太炎与汉冶萍公司》,《中外企业家》1997 年第 5 期。

45. 徐元基:《荆门矿务总局停办原因简论》,《社会科学》(上海)1981 年第 5 期。

46. 孔祥吉:《张之洞在庚子年的帝王梦——以宇都宫太郎的日记为线索》,《学术月刊》2005 年第 8 期。

47. 夏冬:《中国近代和现代钢铁工业发展道路的得与失——汉阳铁厂和宝山钢铁总厂比较研究的启示》,《社会科学》1986 年第 10 期。

48. 张实:《关于叶景葵及其〈述汉冶萍产生之历史〉的考证》,《黄石理工学院学报》2008 年第 4 期。

后　记

这部书稿是我对自己的博士学位论文润色修改后完成的，内容和文字上都做了不小的调整。

本书能够得以完成和出版，首先要感谢我的导师朱荫贵教授。我于 1991 年 7 月从山东大学本科毕业后，从事高中历史教学工作长达十多年。因高中历史教学对知识的要求较浅和长期游离于学术界之外，当 2002 年开始攻读中国近现代史专业硕士之时，我备感自身知识储备的缺乏和能力的不足。同时，硕士阶段主要从事近现代外交史研究，对经济史少有涉及，经济史领域成为我知识体系中最为薄弱的环节之一。因此，当我考取复旦大学跟随朱先生攻读中国近现代经济史时，我感到十分吃力，并因此产生焦虑情绪。对此，朱老师先是耐心劝导我，帮我克服不良情绪，同时教会我如何快速掌握经济史知识和研究方法。为了帮助我顺利毕业，他在繁重的教学和研究事务中抽出时间，多次与我讨论文章的选题、论文的结构、档案的征引等，还为我提供相关资料，并字斟句酌地为我修改文字。正是朱老师不厌其烦地为我倾注大量心血，才使我能够按时完成博士学位论文。另外，在与朱老师的相处中，最使我感动的是他的谦和、勤勉、求实、豁达与宽容，当然，还有他儒雅的学者风度和气质。对于我有时在谈话中表现出来的无知甚或张狂，朱老师总是大度地一笑置之；而当我对于课业感到气馁时，他又总是给予我最及时的鼓励，让我重树信心。可以说，朱老师给予我的不仅仅是学业的成长，更重要的是人品和性情的修炼。我将永远铭记和感激尊敬的朱老师所给予我的帮助、鼓励、扶持和宽容。总之，本书稿能够完成，是与朱老师的指导分不开的。

其次要感谢复旦大学给予我方方面面的帮助。2005 年，当我成为复旦一员之时，正赶上学校的百年华诞，复旦大学上下整装一新，人工装饰的各种景观，使人感到目不暇接，美不胜收。一场场高水平的学术活动，展示出这所百年名校的实力和名望。所有这些都使我震撼、陶醉和感到无比骄傲，也成为我不断提升自己的动力。在之后求学的三年里，复旦大学从硬件到软件、从自然到人文，提供了方方面面的条件和帮助。多位师长帮我论证课题，梳理思路；复旦图书馆和历史系资料室的老师们，不厌其烦为我提供所需资料；历史系的领导几次给我申请困难补助；多位朋友和师弟师妹们也都给予了不同程度的帮助，使我能够顺利完成博士论文的写作。真心感谢复旦的日子，那是我生命中的黄金岁月。

最后，还要感谢许昌学院科研基金的大力支持。正是得到了学院的资助，才使本书最终能够顺利付梓出版。

李玉勤

2009 年 2 月 4 日于河南许昌